★★★★★★
모두의 팀장
★★★★★

★★★★★★

모두의 팀장

★★★★★

상하좌오 리더십
신뢰, 소통, 업무를 잇다

김문경·김종원·노유진·서인수·오준엽·우시혁·
이재하·이종찬·이치영·전수정·정보미

"위에서는 못 잡아먹어 안달이고, 밑에서는 너도 나도 기어오르
니 정말 힘드네요." 최근 만난 A 팀장의 절박한 하소연에 나도 모르
게 그만 쓴웃음을 지으며 의미 없는 말을 내뱉고 말았다. "그러게
말입니다. 요새 리더들이 참 힘든 것 같아요." 몇 마디 대화를 나누
고 헤어진 뒤 집으로 향하는 길에 곰곰이 생각을 해 보았다. '만나
는 팀장들마다 힘들다고 하는데, 요새 팀장들의 진짜 고충은 무엇
일까? 그들이 가지고 있는 고민을 어떻게 해결할 수 있을까?'

리더가 되기 위한 준비 부족, 업무 전문성 부족, 의사소통 역량
미흡 등 예전부터 팀장들이 들어왔던 고민들이 머리를 스쳐지나갔
다. '과연 이것이 진짜 고민일까?' 의심의 물음표가 뇌를 감싸는 가
운데 함께 대화를 나눈 팀장들과의 상황을 종합해 보니 공통적으
로 이야기한 한 가지 키워드가 떠올랐다. 바로 '낀 세대 팀장'이다.

위 세대와 아래 세대 사이에 낀 세대의 팀장으로서 겪는 다양한 고충들이 현재 리더들이 해결해야 할 가장 큰 이슈가 되었다.

대부분의 기업 조직에서 MZ세대들이 주요 구성원으로 자리 잡으면서 세대 간 갈등에 대한 이슈들은 최근 핫한 주제였다. A부터 Z까지 라이프 스타일이 너무나 다른 세대가 매일 8시간씩 주 40시간 이상을 한 공간에서 대화하고 밥을 먹고 일을 하니 당연히 갈등이 생길 수밖에 없는 구조다. 이러한 갈등을 해결하기 위해 조직에서는 교육, 캠페인 활동, 제도 개선 등 다방면으로 노력하고 있지만 쉽지 않다. 이미 무수히 많은 학습의 과정을 통해 문제를 해결할 수 있는 방법은 알고 있지만, 인식의 개선이 리더십의 실천으로 이어지기 어렵기 때문이다.

팀장들은 다들 요즘 MZ세대와 일하기 힘들다고 말한다. 본인이 신입이었을 때와는 너무 다르다며, 요즘 세대들은 개인주의가 강하고 워라밸만 중요하게 생각하지 팀워크를 고려하지 않는다며 하소연한다. 하지만 정작 MZ세대들은 기성세대들이 있는 그대로의 자신들의 모습을 인정하지 않기 때문에 더욱 소통이 어렵다고 말한다. 이와 같은 상황에서 문제를 해결하기 위해서는 결국 리더들이 먼저 손을 내밀고 경청하는 노력이 필요하다. 특히, 학습된 하나의 정답과 같은 리더십 스타일을 고수하는 것이 아니라 다양한 관점을 통해 상대방의 특성에 맞는 리더십을 발휘해야 한다. 다름을 인정하고 긍정적인 영향력을 발휘하여 그들의 성장을 도와준다면 조직 내 세대 간 갈등을 극복하는 데 도움이 될 것이다. 결국 문제를 해결할 열쇠는 팀장의 리더십에 달려 있다고 해도 과언이 아니다.

반면, 팀장들에게는 상사로부터 발생하는 리더십 이슈를 잘 해결해 나가는 것 역시 매우 중요한 일이다. 조직에서 팀장의 상사는 직책과 직급이 꼬여 있는 특수한 경우를 제외하고는 임원이 대부분일 것이다. 특히 임원들은 결과로 평가받는 자리에 있기 때문에 그들의 문제 해결을 위한 리더십은 모두 실적과 성과를 내는 것으로 귀결될 위험성이 높다. 세계적인 리더십 전문기관인 창의적 리더십 센터CCL의 조사에 따르면, 신임 임원의 40%가 18개월 이내에 자신의 역할 변화를 제대로 인지하지 못해 실패했다고 한다. 이미 전문성을 인정받아 임원으로 승진했음에도 성과와 인간관계 사이에 균형을 잡지 못하고 지나치게 단기적 성과를 내기 위해 압박하거나, 일방적 의사소통으로 인해 조직 내 관계를 망가뜨려 실패를 초래하는 것이다.

이러한 임원의 리더십 문제는 단순히 임원의 문제로 끝나는 것이 아니라 팀장의 리더십에 큰 영향을 끼친다. 자신의 의사 결정 실패로 업무에서 성과가 나지 않았음을 팀장의 탓으로 돌리는 상황,

좋은 관계를 맺지 못한 팀장을 자신의 경쟁자로 인식하여 대립하는 상황, 잘못된 의사소통으로 인해 전체 팀워크가 무너진 상황 등으로 인해 팀장은 팀원들에게 긍정적인 영향력을 발휘하기가 더욱 힘들어지게 마련이다. 이와 같은 상황에서 팀장들은 임원을 믿고 임원의 리더십 스타일에 따라 선제적이고 체계적으로 대응하는 노력이 필요하다. 임원이 원하는 방식과 내용에 맞춰 팀을 관리하고 행동하되 임원의 역할을 명확히 수행할 수 있도록 유도한다면 상사의 리더십으로부터 발생하는 여러 이슈들을 슬기롭게 해결할 수 있을 것이다.

지금까지 상사와 팀원, 즉 180도 측면에서 팀장들에게 요구되는 리더십의 역할 변화를 살펴보았다. 고정된 리더십 스타일을 지향하는 것보다 상대방의 특성과 상황에 맞춰 유연한 리더십을 발휘하는 것이 필요하다는 점을 알 수 있었다. 특히 스스로 유연한 리더십을 발휘할 수 있는 리더인지를 빠르게 파악하고 방법을 학습하고 실천하는 것이 더욱 중요해졌다. 14년 동안 글로벌 인터넷 스트리밍 기업인 넷플릭스의 최고인사책임자CHO로 일하며 혁신적인 인사정책을 완성한 패티 매코드에 따르면 "최고의 직장은 복지가 좋거나 급여가 많은 곳이 아니라 탁월한 동료들과 함께 일할 수 있는 곳"이라고 한다. 이 말의 핵심은 탁월한 동료가 다른 어떤 보상책보다 중요하며, 팀에서 함께 일하고 싶은 사람이 되기 위해 노력해야 한다는 점이다.

패티 매코드는 특히 관리자들은 전략, 목표, 역할, 투명성 등과 같은 맥락을 적절하게 설정해 팀원들로부터 최고의 성과를 이끌어내야 하며, 이와 같은 철학을 실천하기 위한 리더십이 중요하다고 강조하고 있다. 여기서 우리는 나의 리더십뿐만 아니라 동료 팀장들의 리더십을 높은 수준으로 향상시켜 함께 일하고 싶은 리더가 되기 위해 힘써야 한다는 것을 알 수 있다. 그만큼 조직에서 리더는 다양한 사람 및 계층 간 관계를 맺고, 업무적으로 높은 성과를 내는데 커다란 영향력을 끼치는 사람이기 때문이다. 결국 리더는 상사와 부하, 나와 동료 즉 360도 측면에서 리더십을 전체적으로 조망하고, 다양한 문제를 해결할 수 있는 방법(필살기)을 스스로 체득하는 것이 필요하다. 더 나아가 조직에서 상사와 팀원의 신뢰를 얻고, 그들과 원활하게 소통하며, 함께 일할 수 있는 동료로서 탁월한 영향력을 행사하는 팀장이 되어야 한다.

이 책은 '상하좌오(퓸,나 오)', 360도 측면에서 팀장의 리더십을 전반적으로 향상시키기 위한 필살기들로 그 내용을 구성하였다. 특히 신뢰, 소통, 업무 관점으로 구분하여 현장에서의 실질적인 문제 해결 방법을 구체적인 사례를 통해 체화할 수 있도록 제시하였다. 첫 번째는 '[상] 상사 편'으로 나 스스로뿐만 아니라 팀의 성과를 좌우하는 상사와의 관계에서 훌륭한 리더십을 발휘하기 위한 방법이 나와 있다. 상사를 효과적으로 설득하고, 상사의 스타일에 맞게 커뮤니케이션하며, 상사에게 필요한 정보와 피드백을 수시로 주어 조직이 더 나은 방향으로 갈 수 있도록 돕는 구체적인 사례를 확인할 수 있다.

두 번째는 '[하] 팀원 편'으로 팀장의 성공을 위해 중요한 팀원과의 관계에서 팀원들이 업무 몰입을 통해 탁월한 성과를 낼 수 있도록 리더십을 발휘하기 위한 방법이 나와 있다. 팀원과 같은 공감대를 형성하고, 자발적으로 업무에 몰입할 수 있도록 도와주며, 상호 존중과 신뢰를 통해 진정성 있게 소통할 수 있는 다양한 해결책을 확인할 수 있다.

세 번째는 '[좌] 동료 팀장 편'으로 함께 일하고 싶은 동료 팀장이 되기 위해 긍정적인 관계를 형성하고 서로 Win-Win 하며 성과를 낼 수 있는 구체적인 방법이 나와 있다. 존중과 배려는 기본이고, 비난과 비판이 아닌 인정과 칭찬이 필요하며, 어려움이 닥쳤을 때 전략적으로 대화하고 현명하게 문제를 함께 극복할 수 있는 솔루션을 담았다.

네 번째는 '[오] 자신 편'으로 팀장 스스로 감정 관리를 하고, 성과를 창출하며, 자신감 있게 조직생활을 잘 헤쳐 나갈 수 있는 방법이 나와 있다. 나의 인식 수준 확인을 통해 자존감을 높이고, 강약점을 파악하여 스스로 보완해 나가며, 리더로서 조직 내외에서 지속적으로 성장하기 위해 필요한 막강한 힘을 기르는 구체적인 내용을 소개하고 있다.

이 책을 쓴 이유는 11명의 저자들이 궁극적으로 팀장들이 겪고 있는 현실적인 고충을 조금이나마 해결하기 위한 실질적이고 구체적인 방법을 공유하기 위함이다. 그리고 인사 현장에서 오랫동안 리더들의 학습과 성장을 돕는 전문가로서 고민하고 해답을 찾아온 우리들의 실천 지침서이기도 하다. 책을 쓰기 위해 우리는 저마다의 관점과 경험적 사례를 바탕으로 서로를 이해하고, 논리적으로 설득하며, 말이 아닌 글을 통해 행동하고자 노력했다. 특히 이 과정에서 우리는 함께 배우고 성장하며 서로에게 탁월한 동료로서 모두의 마음속에 자리매김할 수 있었다.

'말은 흩어지고 글은 남는다'라는 명언처럼 우리 모두가 쏟은 피, 땀, 노력의 결과로 이 책을 보여드릴 수 있게 되었다. 부디 이 책을 통해 '상하좌오', 360도를 전체적으로 조망하며 상황에 맞는 효과적인 리더십을 적용하고 실천하기를 바란다. 마지막으로 이 시대 모든 팀장들의 눈부신 성취와 성장을 진심으로 응원한다.

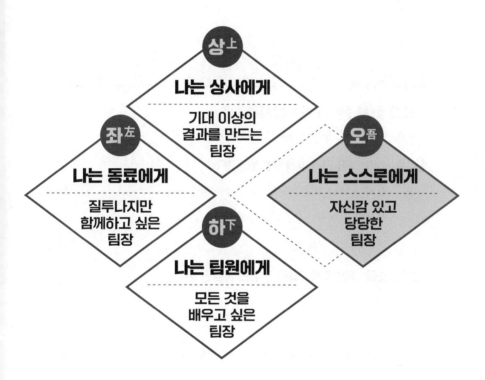

상上
나는 상사에게
기대 이상의 결과를 만드는 팀장

좌左
나는 동료에게
질투나지만 함께하고 싶은 팀장

오른
나는 스스로에게
자신감 있고 당당한 팀장

하下
나는 팀원에게
모든 것을 배우고 싶은 팀장

목차

○━ Chapter 2

[하] 팀원 편: "나는 팀원에게"

⚬━ Chapter 3

[좌] 동료 팀장 편: "나는 동료에게"

⌐ O—🔑 Chapter 4

[오] 자신 편: "나는 스스로에게"

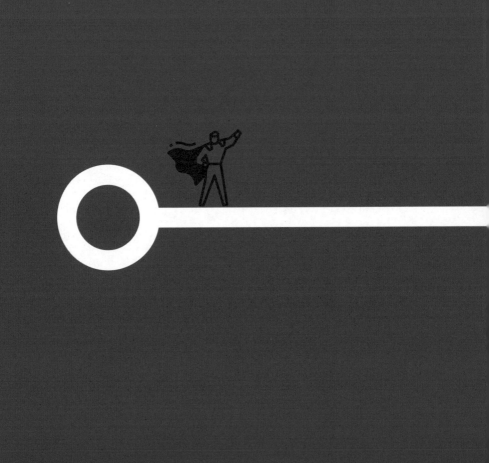

Chapter 1

[상] 상사 편

"나는 상사에게"

스스로 훌륭한 리더십을 발휘하기 위해 지금 이 순간에도 끊임없이 노력하고 있는 리더들. 갈수록 불확실해져가는 미래, 당장 내일을 예측하기 힘든 시장과 고객, 트렌드의 변화는 오늘날 많은 리더들을 힘들게 하고 있다. 다행히 우리에게는 아직도 든든한 상사(상)도 있고, 기꺼이 믿고 따라와 주는 팀원(하)이 있으며, 배우고 싶은 동료 팀장(좌)과 그 누구보다 스스로를 믿는 내(오)가 있다. 이 중에서 적어도 회사 생활에서만큼 가장 중요한 부분은 바로 '상사와의 관계'가 아닐까 싶다. 과거 조선시대에는 어심을 잘 읽고, 신뢰받으며, 왕이 스스럼없이 고민을 이야기할 수 있고 이를 잘 해결해 내는 자가 곧 최고의 신하였다. 물론 시대는 변화했지만, 오늘날 우리의 조직생활도 이와 크게 다르지 않다. 당장 팀장인 나의 생존뿐만 아니라 팀 성과를 좌우하는 것이 상사와의 관계다. 이번 장에서는 조직에서 어떻게 상사의 신뢰를 얻고, 그들과 원활하게 소통하며, 지혜롭게 함께 일하여 성과를 창출할 수 있을지에 대해 이야기해 보고자 한다.

신뢰: 가장 먼저
찾게 되는 팀장인가?

신뢰는 받는 것이 아니라
사는 것이다

지금 이 글을 읽고 있는 팀장들은 일정 기간 직장에서 성과를 쌓아서 또는 그간의 경력을 기반으로 이직을 하면서 팀장이라는 자리를 맡게 되었을 것이다. 조직에서 그간의 성과 관리, 조직 관리, 리더십 등의 능력을 신뢰받아 팀장이 되었을 것이고, 또 팀장 직책으로 취업을 하게 된 사람은 그 전 직장에서의 성과, 이력서 내용, 면접 등을 통해 채용 의사 결정자들의 신뢰를 샀을 것이다. 이렇게 어렵게 맡은 팀장 직책을 유지하고, 한발 더 앞으로 성장하기 위해서 상사와의 신뢰를 계속 쌓아가고 만들어가는 것은 필수 불가결한 일일 것이다.

'신뢰'의 사전적 의미를 살펴보면 믿을 신信과 의뢰할 뢰賴로 구성된 한자어로, '굳게 믿고 의지함'이라는 뜻이다. '신뢰'라는 명사에 붙어 사용하는 동사들을 보면 '신뢰를 얻다', '신뢰를 받다', '신뢰를 사다', '신뢰를 보내다'와 같이 주로 주고받음에 대한 다양한 표현으로 활용된다. 분명한 건, 신뢰는 이를 원하고 희망한다고 해서 받을 수 있는 건 아니다. 신뢰는 주는 사람의 의향이 있어야 한다. 즉, 신뢰는 서로가 주고받음의 이야기이지만 팀장 입장에서 신뢰를 위해 할 수 있는 건 이를 이끌어 내는 것, 즉 신뢰를 사는 것이다. 신뢰를 사기 위한 노력은 곧 호감을 주는 것이다.

호감을 주고 신뢰를 사기 위해 필요한 것

1) 업무 능력

당연하다. 말 그대로 광범위한 업무 능력이다. 기획 능력, 성과 관리 능력, 조직 관리 능력, 리더십 등 소위 팀장에게 요구되는 모든 업무 능력이 포함된다. 지시한 일을 정확히 인지하여 목표한 바를 달성한다. 새로운 아이디어를 도출하고 이를 실현하여 회사의 성장과 성과에 기여한다. 또 긍정적인 문화와 분위기를 만들어 내고 팀원들을 원활하게 리드한다. 게다가 상사가 약한 부분은 매끄럽게 커버해 준다. 신뢰가 생기지 않을 수가 없다. 항상 매사에 그렇듯이 기본은 업무 능력이다.

2) 미래를 함께할 공감대

업무 능력과 함께 갖춰야 할 기본적인 사항이다. 상사는 지금 몸담고 있는 회사에서 끝장을 보지는 않더라도 조금 더 먼 미래를 생각하고 있는데, 같이 일을 하는 팀장은 딴생각을 하고 있다면 당연히 상사도 신뢰를 주기 쉽지 않다. 그나마 오랜 시간 같이 근무해 온 상사와 팀장이라면 안 할 말, 못 할 말도 서로 할 수 있겠지만 경력직으로 입사한 팀장의 경우 이런 공감대도 없을 테니 상사에게 자신이 미래의 그림을 같이 그릴 수 있고 또 그리고 있는 사람임을 어필해야 한다.

A 팀장은 업무 능력이 매우 뛰어나다. 꽤 높은 연봉을 주고 스카우트해 왔는데, 고액 연봉이 아깝지 않을 만큼 전임 팀장들이 해내지 못한 일들을 척척 해낸다. 팀장의 리드로 성과가 나다 보니 팀 분위기도 긍정의 사이클을 타고 있다. 하지만 B 본부장은 A 팀장이 묘하게 불편한 부분이 있다. 매사에 흠 잡을 데 없지만 몇 년 뒤의 이야기를 하면 말꼬리를 흐린다. 아직 중장기적인 미래를 보기에는

시기상조라는 생각이 들긴 하지만, '우리에게 올 때처럼 경쟁 업체가 조금 더 좋은 조건을 제시하면 훌쩍 떠나버리는 거 아니야?' 하는 생각이 든다. 함께 미래를 그려갈 수가 없다.

3) 친밀함 (상사와의 스킨십)

현실적인 이야기다. 우리 모두 직장인이고 사회인이다. 상사도 마찬가지고, 팀장도 팀원도 모두 마찬가지다. 상사에게 뭐 하나 말하기 참 힘이 든다. 좋은 일이야 너무나 쉽고 즐겁게 보고하면 되지만 안타깝게도 좋은 일보다는 문제, 사고, 나쁜 일이 더 빈번히 발생한다. 결국 어렵고 난처한 일이 생겼을 때, 그간의 신뢰를 조금 덜 잃으면서 더 쉽게 이를 보고함에 있어 친밀함은 강한 작용을 일으킨다. 이런 친밀함을 위한 노력이 아부, 아첨, 선물, 과도한 의전 등 긍정적인 면보다는 부정적인 어휘로 표현되는 것이 아쉽고 또 오해를 사기도 충분하다. 이런 부정적인 어휘가 다는 아닐 것이다. 꼭 물질적이고 눈에 드러나는 억지스러운 행위가 아니더라도 충분한 존중만으로도 그 친밀함을 쌓아갈 수 있다. 그런 팀장이 되자.

4) 매너와 에티켓

기본인데 놓치는 경우들이 생긴다. 그러다 보니 치명타가 크게

온다. 누구나 '내가 살아온 세월이 얼마인데, 난 다른 건 몰라도 매너는 좀 지키지'라고 생각하겠지만 실수는 사소한 곳에서 생긴다.

A 팀장은 사장, 본부장 등 회사의 고위 경영진 다수를 모시고 싱가포르로 비즈니스 출장을 갔다. B 비즈니스 파트너사와 원만하게 계약 체결 후 이를 축하하기 위한 만찬이 있었다. 20여 명이 함께 앉는 큰 원탁 테이블이었다. A 팀장은 긴장한 탓인지 목이 타서 자리에 앉자마자 왼쪽에 놓인 물 잔을 들어 한 모금 마셨다. A 팀장의 왼편 자리에 앉은 B사의 여성 임원은 본인의 오른편에 놓인 물 잔을 입에 가져가다가 유리잔에 묻은 손가락 자국과 마신 흔적을 발견하고는 A 팀장에게 '혹시 이걸 드신 거냐'고 물어봤다. A 팀장은 아차 싶었다. 그렇게 평소 좌빵우물(빵은 자리의 왼쪽, 물은 자리의 오른쪽인 착석자의 것)을 머릿속으로 되뇌었건만, 중요한 자리에서 실수를 해버린 것이다. 미안하다고 급히 사과를 하는 모습이 맞은편에 앉아 있던 사장의 눈에 띄었다. 사장은 못 본 척 고개를 돌렸지만 입꼬리가 굳어가는 모습은 떨어진 자리에서도 느낄 수 있었다.

비즈니스 매너와 에티켓은 비즈니스나 협업을 하는 파트너들 사이에 지켜져야 할 예절이라고 이해하는 사람도 있겠지만, 실상은 사회생활을 하면서 마주치는 모두를 대상으로 봐야 할 것이다. 특히, 그 대상이 상사라면 매우 절실하게 요구된다. 국가 원수를 대하듯 그런 과도한 수준을 이야기하는 것이 아니라 매끄러움에 대한 이야기다. 사람마다 생각하고 있는 매너의 정도와 내용은 분명 다르다. 오랜 시간 미국의 실용적인 문화에 노출되어 온 사람이나 영국의 사교계를 경험한 사람이 생각하는 수준과 중국에서 10년 이상을 비즈니스한 사람이 생각하는 내용과 수준은 당연히 다를 것이다. 핵심은 서로 불편하지 않게 물 흐르듯 매끄럽게 하는 것이다. 가장 기본은 '상대에 대한 배려'가 아닐까 생각한다. 몸에 밴 매너와 에티켓으로 같이 있는 상사를 편안하게 만들고, 파트너들 앞에 함께했을 때 부끄럽지 않은 팀장이라면 왜 신뢰가 생기지 않겠는가?

5) 매력

다부진 몸매, 깔끔한 복장, 반짝이는 피부, 잘생긴 외모, 누구나 즐겁게 해주는 유머 감각, 웃음기 가득한 밝은 얼굴, 체육대회에서 빛을 발하는 체력, 궂은일도 마다하지 않는 배려심. 이러한 모습은 많은 이들이 공감할 만한 매력적인 사람의 예일 것이다. 우리가 보통 이성의 마음을 사로잡기 위한 매력 포인트와 호감을 사기 위한 매력 포인트는 다르다고 생각할 수도 있겠지만, 다 거기서 거기다. 사람을 끄는 매력마저 갖춘 팀장이라면, 이 매력이 호감으로 전환

되고 이는 곧 신뢰에 가점으로 작용하는 체험을 할 수 있을 것이다. 매력은 에지edge를 만들어 낸다.

C 팀장은 잘생긴 외모는 아니지만 곱게 정돈된 헤어스타일, 살짝 과감한 안경, TPO에 맞는 깔끔한 비즈니스 캐주얼로 본인을 무장하고 다닌다. 바쁜 와중에도 틈틈이 운동을 해서 몸매도 제법 다부지다. 새로운 아이디어 발굴 및 진척 관리 등 업무 능력은 다소 약하다는 평가를 받지만 그만그만한 팀장들 평균 수준은 된다는 평가를 받는다. 그런 그에게 회사를 대표하는 자리에 배석을 한다거나, 대외 프레젠테이션을 할 기회가 자주 생겨 비교적 이런 일들을 잘 수행해왔다. 그래서인지 최근까지 A 팀장이 추진해온 B사 프로젝트를 인수인계 받아 실행하라는 지시를 받았다. 어려운 일은 A 팀장이 다 해놔서 미안한 마음이 들기도 하지만 C 팀장에게는 좋은 기회다.

신뢰를 사는 요령

솔직히 상사는 어렵고 무섭다. 직장생활, 조직생활이 뭐라고, 첫 출근의 포부와 용기는 시간이 지날수록 녹아버린다. 자신이 금전적으로나 정신적으로나 신뢰할 수 있는 무언가를 가지고 있지 않다면 어렵고 무서운 상사에게 어떠한 방법으로든 신뢰를 사야 생존할 수 있다.

그래서 많은 구성원들이 가장 빠르게 신뢰를 살 수 있는 방법으로 "네!, 네!" 트랙에 올라탄다. 상사가 뭘 해도 "네!, 네!" 하는 것이다. 굳이 무언가를 더 설명할 필요도 없이, 상사에게 받은 키워드 몇 마디로 이미 상사의 마음을 꿰뚫어 내듯 보고서를 만들어 내고, 이를 화려한 프레젠테이션으로 승화한다. 상사 입장에서는 진심으로 아름답고 신뢰할 만한 구성원일 것이다. 그러나 이렇게 살 수 있는 사람이 얼마나 될까? 결국은 신뢰를 사기 위한 노력들이 평소에 이뤄져야 한다.

따라 하라. 미니미까지는 아니더라도

많은 리더들은 남들보다 오랜 시간을 투자하고 또 그 능력을 인정받아 지금의 위치까지 올라가 있다. 그만큼 대부분 성취욕과 자아가 강한 편이다. 자기 자신에 대한 자부심과 자존심도 높은 편이다. 이런 사람들은 자신을 롤 모델로 삼고 닮으려 하는 조직원들에게 더 쉽게 신뢰를 가진다. 액세서리를 좋아하는 A 팀장은 B 부사장에게 보고를 들을 일이 있었다. B 부사장이 A 팀장의 팔찌를 보고 "오, A 팀장은 무슨 연예인 같아. 멋진데?"라고 이야기하는데 A 팀장은 "감사합니다" 하고 멋쩍게 웃으며 보고를 이어간다. A 팀장 옆 셀에서 일하는 C 팀장도 액세서리를 좋아한다. 오랜 시간 B 부사장과 함께 일한 C 팀장은 B 부사장에게 보고할 때는 꼭 팔찌와 반지를 빼고 간다.

B 부사장은 언젠가 사석에서 이런 얘기를 한 적이 있다. "요즘 친구들은 회사 올 때 복장도 편해지고 좋겠어. 근데 그걸 보는 나는 불편해."라고. 생각해 보라. 자신에게 재가를 받거나 반박을 하러 오는 친구가 나와는 다른 모습을 가지고 있다면? 시작부터 단추를 잘 못 낀 것일 수도 있다. 물론 배가 불룩 나오고 촌스러운 헤어스타일에 한결같은 줄무늬 셔츠만 입으라는 것이 아니다. 그와의 신뢰 관계를 구축하기 위해 서로가 수용할 수 있는 수준에서 비슷한 모습을 찾아가야 하는 게 아닐까? 신뢰 관계는 사소한 곳에서 출발한다.

존중과 과잉 사이에서 중심을 잡아라!

앞에서도 간단히 언급했지만, 과한 사람들이 있다. 과하게 따라 하고, 섬기고, 아첨하고, 맞춰 주고, 리액션을 하는. 그들은 당황스러운 상사의 아재 개그에 박장대소를 하고, 옆 사람을 밀쳐가며 앞으로 뛰어나가 엘리베이터를 잡고, "지당하신 말씀입니다"를 연발

해가며 어떻게 그런 생각을 하셨는지 존경해 마지않는 듯한 표정을 짓는다.

우리는 상사에 대한 존중의 의미로 상사를 위한 다양한 배려를 한다. 상사가 업무를 수행함에 있어 불편함이 없도록 필요한 것들을 사전에 준비하고, 식사를 할 때나 이동 시에는 좋은 자리에 앉게 하고, 잘 짜인 일정으로 부족한 시간 관리를 해주려고 노력한다. 물론 상사가 좋아하는 것들을 맞춰 주어 즐거운 심리 상태를 유지하게끔 하는 것은 요령 있는 직장생활의 하나다.

은근히 많은 사회 초년생들이 기본적인 에티켓을 이해하지 못하는 경우가 종종 있다. 또 이런 실수들이 꽤 오랜 시간의 사회생활에도 고쳐지지 않을 수도 있다. 본부장과 함께 차량으로 이동하는 상황에서 기사석 뒷자리가 비어 있음에도, 굳이 조수석에 가서 앉는다. 혹시나 본부장의 다리에 닿지는 않을까 노심초사하며 앞으로 바짝 당겨 놓은 조수석을 조심스레 뒤로 밀면서. 본부장 옆자리에 앉아 업무 또는 세상 사는 얘기를 하면서 서로를 알아가고 배려할 수 있음에도 에티켓에 대한 잘못된 이해로 서로를 불편하게 하는 것, 이 또한 결례다. 세상은 변하고 있고, 이전에 비해 점점 차려야 할 격식도 간소화되고 있긴 하지만 우리가 겪는 상사들은 대부분 최소한 나보다는 옛날 사람들이다. 그들의 눈높이에서 지킬 건

지켜 줘야 한다. 상사의 신뢰를 사는 기본 중의 하나일 것이다.

TPO에 맞는 착장과 자기 관리

Time(시간), Place(장소), Occasion(상황)에 맞춘 행동과 착장, 몸가짐에 대한 얘기는 누구나 들어봤을 것이다. 팀장으로서 업무를 원활히 수행하기 위해 라운드 티나 소매 없는 티, 반바지나 트레이닝복, 샌들 등이 반드시 필요하다면 이견을 달지는 않겠지만 최소한 비즈니스 파트너와의 만남, 그것도 상사와 함께하는 경우에는 최소한의 TPO를 지켜야 한다. 대부분의 상사들은 팀장보다 오랜 시간 사회 경험을 쌓았고 더 엄격한 비즈니스 매너를 따랐을 가능성이 크다. 지금도 뉴스 앵커가 매일 꼬박꼬박 넥타이를 바꿔가며 뉴스를 진행하듯, 색깔별로 20개 이상의 넥타이를 가지고 있는 상사도 많을 것이다. 비즈니스 미팅에 끈이 없는 로퍼를 신은 남성을 슬리퍼를 신고 온 걸로 간주하는 이태리 거래선이 있을 수도 있고, 귀걸이를 하지 않은 여성의 귀를 결례로 여기는 영국 파트너사도 만날 수도 있다. 이런 TPO에 맞지 않는 팀장의 모습은 상사에게 부끄러움이나 불편함이 될 수 있다.

또한 남성의 그루밍(꾸미고 가꾸기), 여성의 메이크업, 보기 좋은 몸매 만들기 모두 개인의 건강과 만족을 떠나 '부끄럽거나 불편하지 않은 동료'를 만듦에 있어 충분한 가점 요소다. 일만 잘하면 다 되는 거 아니냐는 마인드는 팀원일 때로 충분하다. 팀장은 누군가의 마음을 사야 한다. 특히 상사의 마음 말이다.

두 번 연속으로 튕기지 마라. 상사도 사람이다

요즘 후배들에게 소주 한잔하자고 말하기가 무섭다. 솔직히 까이는 게 무섭다. 진짜 옛날(2002 월드컵 전)에는 늦은 잔업과 잔업 후 회식이 매일 반복되었다. 그러다 보니 무조건 늦은 귀가에, 개인 약속을 미리 잡는다는 게 쉽지도 않았다. 대부분 지금의 상사들이 그런 시간을 지나온 사람들이다 보니, 지금 팀원들의 퇴근 후의 삶과 개인의 약속 등은 책이나 기사로 접한 내용들이다. 이렇게 나이를 먹어가는 상사들도 사람이다. '내가 매우 어렵게 시간을 내서 너와 저녁을 먹어 주는 거야'라는 모두에게 열린(?) 마음을 가진 상사도 있겠지만 대부분의 상사는 저녁 회식, 사외 회동을 함께하는 사람들이 고정되어 있다.

물론 개인 일정이 있다면 처음에 거절할 때 미리 알려야 한다. 화, 목요일 8시에는 큰딸의 학원 픽업을 가야 한다거나, 월, 금요일에는 PT를 해야 한다는 등의 일정을 미리 알려야 오해가 생기지 않는다. 생각보다 믿을 수 없는 말이 "저 선약이 있어서요"이다. 이직을 위한 면접 같은 선약이 아니라면 무슨 선약인지 조금만 더 알려주는 것도 좋은 방법일 수 있다. 제주에 사는 친구가 오랜만에 올라왔다거나, 이전에 맘에 뒀던 친구가 이번 초등학교 동창회에 나오기로 했다거나. 그런데 이런 선약이 두 번 연속되면 '아, 나랑은 술먹을 생각이 없는 것 같네'라고 생각하고 찾지 않는다. 이런 상황이 생긴다면, 다음부터는 본인이 먼저 얘기하자. '부사장님, 지난번에는 죄송했습니다. 소주 한잔 혹은 치킨에 맥주 한잔 사주세요.'라고. 나도, 상사도 사람이다. 그렇게 두 번을 거절한 경험을 씻어가야 한다.

우리가 상사와의 신뢰를 가장 먼저 다루고 있지만, 어쩌면 이는 맨 마지막에 다뤄야 하는 얘기일 수도 있다. 무엇이 되었든, 어떤 노력을 기울였든 간에 맡은 바 업무를 잘 완성하고 성과를 만들어내는 것이 신뢰를 사는 가장 큰 방법이다. 결국, 신뢰는 하나하나의 성과와 능력이 쌓여 그 최종의 결과물로 발현되기 때문이다. 당연히 시간이 걸린다. 조급하게 생각하지 마라. 그러다 다 망한다.

상사가 기댈 수 있는
후배가 되자

"A 팀장, 경영지원팀에서 올해 실적 보고가 올라왔는데 이번 상반기 실적이 상당히 저조하던데. 어떻게 대책을 세울 건가? 이 상태로 가면 올해 목표의 절반도 달성 못할 것이 뻔하고, 나는 내년에 이 자리를 내놔야 하네." 오늘따라 B 상무는 평상시와는 다른 표정과 어조, 뭔가 모르는 조바심이 느껴지는 모습이었다. 그토록 불안해하는 모습을 본 적이 없었는데, 전체 본부 실적 문제뿐만 아니라 아무래도 다른 무언가가 잘 풀리지 않는 상황이었다. B 상무의 방을 나오며 무거운 마음이 가득했다.

상사도 관계가 고민이다

이럴 땐 팀장으로서 무엇을 도와야 할까? 물론 목표 실적부터 재점검해야 하고, 하반기 매출 달성을 위해 총 매진을 해야 한다. 팀장은 자리가 위태롭다는 생각을 하지는 않지만 임원들은 입장이 사뭇 다를 것이다. 회사의 성장이 가장 중요하지만 그 어느 때보다 믿고 의지하고 있는 상사가 살아야 내가 살 수 있지 않겠는가. 물론 직장에서는 말이다.

직장생활에서 가장 중요한 관계를 꼽으라면 단연코 '직속 상사와의 관계'다. 여기서 팀장의 직속 상사란 사수와 같은 직장 선배를 말하는 것이 아니라 조직장이나 담당 임원처럼 업무 및 인사에 최종 결재권을 가진 사람을 의미한다. 그러한 상사와 좋은 관계를 유지한다는 건 회사 생활에서 든든한 백을 얻은 것이나 다름없다. 하지만 상사와 잘 지내고 싶어도 그렇게 수월하지만은 않다. 억지로라도 웃으며 인사하고, 회식 자리에서도 끝이 없는 상사의 푸념을 들어 줘야 하고, 마음에도 없는 칭찬을 해야 할 때가 다반사다. 갑작스러운 저녁 식사 요청에 개인 약속을 조용히 취소해야 하는 일도 이제는 익숙하다. 요즘 MZ세대에게는 이해되지 않는 상사 모시기다. 그렇지만 대부분 X세대인 팀장들은 위아래 관계를 동시에 신경 쓰고, 나름 잘 맞추는 방법을 터득한 귀재들이다. 어떤 임원이 와도 파악할 수 있는 경험치가 많은 이유이기도 할 것이다.

팀장으로서 상사 들여다보기

이러한 점에서 상사를 한번 들여다보자. 상사도 상황에 따라 큰 변수들을 수없이 준비하고 그 준비를 통해 다양한 시도를 한다. 그것이 조직에서나 개인적으로도 준비와 과정을 통해 명확한 결과를 만들어 내는 것을 좋아한다는 점이다. 상사의 위치는 언제나 대가가 따라오는 자리이기 때문에 업무적 성과가 가시적으로 드러나야 하는 점은 확실하다. 먹이사슬처럼 내 상사는 그 위의 상사로 인해 멘탈이 너덜너덜 나가 있다. 이럴 때 상사에게 필요한 건 바로 '기댈 수 있는 부하 직원'이다.

믿고 기댈 수 있는 후배 팀장 되기

그렇다면 팀장으로서 어떠한 자세와 행동으로 상사가 기댈 수 있는 후배 직원이 될 수 있을까? 다시 말해, 상사는 어떤 후배나 부하 직원을 좋아할지를 생각해 보면 이해하기 쉽다. 다음의 4가지 사항을 자가진단해 보고 부족한 부분이 있다면 보완해 나가면 좋겠다.

첫째, 상사가 도움을 요청하면 적극적으로 도와라. 상사가 업무적인 도움을 요청한다는 것은 나를 업무적으로 신뢰한다는 것을 보여 준다. 이럴 때는 평소보다 심혈을 기울여 '티 나게, 귀엽게, 생색내면서' 돕는 것이 필요하다. 티 나게 하라는 것은 기억되게 하라는 말이다. 비슷한 상황에서 어느 팀장에게 시켜도 비슷한 결과물이 나올 일이기 때문에 언제든 '나'를 기억할 수 있도록 하는 것이 중요하다. 이것도 좋은 팁으로 활용하면 좋겠다.

둘째, 상사가 윗선으로부터 칭찬받을 만한 사업들을 정기적으로 기획해서 내밀어라. 쉽게 표현하자면, 나 없이는 못 살게 만드는 방법이다. 새로운 사업 기획을 한다는 것은 어차피 회사의 핵심 사업을 돕는 것이고, 그것을 통해 상사가 인정받고 승승장구할 수 있다면 나 또한 좋은 기회를 얻을 수 있게 된다. 물론 기획서가 모두 수락될 수는 없지만, 아이디어와 기획 능력을 가진 후배 팀장을 얼마나 든든하게 생각하겠는가. 그런 기획을 할 수 있는 후배 직원을 당연히 제일 좋은 고과를 줄 수밖에 없고, 상사 입장에서는 절대로 함부로 할 수 없는 사람으로 인식할 수밖에 없다. 기꺼이 든든한 책사가 되어 주는 것이다.

셋째, 상사의 사기가 떨어졌을 때 사기를 살려주는 데 신경을 써라. 이것은 회사와 함께 성장하는 비결이다. 조직이란 다양한 사람들이 한곳에 모여 혼자서 할 수 없는 큰 일들을 이루어 나가는 집단이다. 비록 상사가 부족한 면이 있어도 팀장으로서 사기를 진작시킬 수 있는 멋진 플레이어십을 발휘하면 구성원들이 바라봤을 때 배우고 싶은 선배, 즉 존경받는 직장 상사로 인식하게 된다. 이런 경우에는 부하 직원에게 쓰는 긍정적이고 발전적인 피드백을 사용하면 유용하다. 상사도 칭찬을 듣고 싶어 한다. 잘 되어가고 있는 사항에 대한 것과 상사가 이룬 일들을 다시 꺼내며 사기 진작을 하면 효과적이다. 진솔하게 말이다.

넷째, 업무에 있어 미래지향적인 솔직한 대화를 하도록 노력하자. 상사는 항상 부하 직원의 솔직한 마음을 읽고 싶어 한다. 그 이유는 업무 관리뿐만 아니라 본인이 리더십을 발휘하는 차원에서도 팀장 관리에 에너지를 많이 쓰고 있기 때문이다. 다양한 팀장들 속에서 나는 업무에 있어서 미래지향적이고, 솔직한 피드백으로 대화하면서 속을 보여 주는 것이 좋다. 그로 인해 상사는 나에 대한 신뢰가 높아지고, 업무적 고민을 편하게 나눌 수 있는 친구 같은 후배직원으로 느끼게 된다. 곁에서 좋은 말 동무가 되어 줘라.

이 같은 네 가지 행동 사항들의 실천을 통해 상사에게 좀 더 다가가고, 좀 더 이해할 수 있는 계기가 마련될 것이다. 어디서나 써먹을 수 있는, 상사가 기댈 수 있는 멋진 후배로 성장할 수 있길 바란다.

반박은 생존이다

이 글을 읽는 상사들 모두가 그렇게 생각할 것이다. 나는 매우 이성적인 사람이고 구성원의 반대 의견을 겸허히 수용할 수 있다고. 하지만 실제 상황에서는 그렇지 않은 반응을 나타내는 경우도 많다. 반대 의견을 접하는 '상사의 반응'을 구분해 보면 크게 네 가지 경우가 존재한다.

1) "말이 되는데?" 상사

매우 긍정적인 상황이다. 열린 마음인지, 이성적인 판단인지는 모르겠으나 구성원의 반대 의견을 받아들인다. 본인의 판단이 섣불렸다거나, 잘못됐었다는 점을 인정하지는 않더라도 이 얼마나 이상적인가?

2) "뭘 모르는데?" 상사

두 가지 경우가 해당된다. 첫 번째, 상사가 해당 업무 또는 업계에서 잔뼈가 굵고 파워풀한 능력자라 업무적인 관점에서 그 부족함을 명확히 잡아낸 것이다. '말이 되는데? 상사'처럼 이후의 업무 진행에 도움이 되는 경우다. 하지만 많은 경우가 두 번째, 상사가 잘 모르거나 잘못 알고 있는데 이를 인정하지 않고 '본인의 생각은 맞고 팀장의 생각은 틀리다'라고 오판하는 경우다. 실타래를 어디서부터 풀어야 할지……, 참으로 갑갑하다. '내가 맞고 넌 틀린 거야'라고 생각하는 상사를 빨리 '말이 되는데? 상사'로 만들기 위해서는 야무진 노력이 필요하다.

3) "개기는데?" 상사

이러한 상사는 매우 명확하다. 뭐라 해도 들어줄 마음이 없다. 팀장의 반대 의견이 맞고 틀리고는 관심이 없다. 최소한 지금 현재는 '아, 저 친구가 내 말을 안 듣고 개기는데?'라는 생각만 머릿속에 있다. 서릿발처럼 차가워진 시선을 뿜어대거나 붉게 상기된 얼굴이

터지려 하는데도 팀장이 끝까지 반대 의견을 낸다면, 이건 뭐 일이 문제가 아니고 직업이 문제가 될 상황이다.

4) "알겠는데……" 상사

통상의 경우, 가장 많이 접하게 되는 상사가 아닐까! "그래, A 팀장의 말은 알겠는데……, 사장님이 그리 하라고 하시니 어떡하겠어? 나도 별수가 없다. 일단 하라는 대로 하자." 우리가 주위에서 가장 쉽게 접할 수 있는 경우일 것이다. 구성원들, 팀장들을 설득해야 하는데, 내 논리로 안 되겠다 싶으면 최후에 뽑아 드는 초식이다. 진짜 사장님의 지시인지는 확인되지 않는다. 이런 상사는 웬만해선 사장님께 반대 의견을 낼 용기가 없다. 그렇다고 'A 팀장이 사장님께 직접 말씀드릴 겁니다'와 같은 말도 못하고, 보고는 꼭 자신을 통해야만 조직력이 살아 있는 것처럼 보인다고 착각한다. 상사가 이런 착각을 장착하고 있다면 더욱 설득이 어렵다.

반대 의견을 접하는 상사의 네 가지 유형별에 대해 알아보았다. 그렇다면 각 유형별로 상사들은 어떻게 팀장의 의견을 관철할지 그 요령을 하나씩 짚어 보고자 한다. 그 전에 어떤 상사든 공통으로 적용되는 요령을 먼저 짚어 보자.

언제까지 반대하고만 있을수는 없다

동조가 반대보다 훨씬 쉽다. 잘 받아 적고 적은대로 행하면 마음이 편해질 수도 있다. 하지만 팀원에 대한 설득은 팀장의 몫이다. 팀원과의 신뢰 관계를 위해서라도 할 얘기를 해야 한다. "우리 팀장은 무뇌충, 앵무새야."라는 얘기를 듣지 않기 위해서라도 말이다. 불합리하거나 가능성이 희박한 지시가 떨어졌을 때 우선은 조심스러운 반대 의견, 또는 검토 의견이라도 내야 한다. 하다못해 고개를 갸우뚱하기라도 해야 한다. 그러고 나서 1차로 검토한(숙고를 했던, 자료를 만들었던) 결과를 가지고 다시 얘기해 보자. 그때도 설득이 안 되면 2차로(마지막으로) 한 번의 기회가 더 있다는 생각으로 결론을 내야 한다. 설득을 못하면 따르는 거다. 빠르게 결과물을 만들어서 맞는지 틀리는지를 확인하는 수밖에 없다.

팀플이 필요하다

상사가 내 말만 듣고 그걸 그대로 믿는다고! 이러한 경우는 아하, 상사와 엄청난 신뢰 관계가 구축되어 있거나 상사 주위에 사람이 없다는 얘기가 아닐까? 누구나 의심하고, 사실임이 확인되어도 또다시 의심한다. 그러한 의구심을 줄이기 위해서라도 팀플이 필요하다. 나와 같은 생각을 가진 아군을 만들어야 한다. 관계 부서의 팀장들, 또 나와 같은 팀의 구성원들과 같은 궤도에 타 있거나 같은 궤도에 태워야 한다. 그들이 이 궤도에 오르려 하지 않는다면 상사가 진짜 무섭거나 자신이 틀렸을 수 있다.

외국인도 기분과 눈치를 배운다

한국인, 한국 기업과 비즈니스를 처음 접하는 외국인들이 미리 인지하는 키워드가 있다. 바로 '기분'과 '눈치'다. 한국 사업의 경험자들은 사업의 성사에 있어 이 두 가지를 잘 살피라고 충고한다. 외국인들도 우리의 기분을 파악하고 눈치를 살피려고 노력하는데, 하물며 우리는 한국인이다. 상대의 기분이 어떠한지, 지금 상황이 어떤지 눈치를 살피면서 평생을 살아왔다. 얻어내야 하고 불편한 말을 해야 하는 상황에서 이 두 가지는 필수 불가결한 요소다. 눈치는 선천적인 능력치에 가까우니 이는 차치하고, 최소한 반대 의견을 받을 상사의 기분이 어떤지는 확인하자. 최선의 방법은 운 좋게 상사가 기분이 좋을 때 얘기를 꺼내는 것이나, 이는 천운과 같은 것이니 최소한 반대 의견을 밝히기 전 '지원팀 춘식 프로네 바둑이가 새끼를 4마리 낳았다더라'와 같은 간단한 스몰토크로라도 분위기를 부드럽게 만들어라.

나만 쪽팔리는 거 아니다

많은 책과 글을 보면, 조직의 리더로서 구성원에 부정적인 피드백을 해야 할 경우 꼭 1:1의 상황을 만들어서 피드백하라고 한다. 그런데 상사에게 반대 의견을 낼 때는 상당히 많은 경우 다른 구성원들이 함께 있는 자리일 가능성이 크다. 그런 상황에서 반대 의견을 접했을 때는 그 의견이 아무리 합리적일지라도 잘 받아들여지지 않는다. 평소에 합리적인 사람일지라도 여러 사람 앞에서는 쪽팔린다. 나의 구성원이 낸 반대 의견을 여러 구성원 앞에서 쿨하게 수용하는 리더는 현실에 많지 않다. 결국은 적당한 TPO를 찾아야 한다. 누구나 자존심 강한 닝겐('인간'의 일본어)이니까.

상사가 무슨 생각을 하는지도 궁금해 하라

팀장은 자신과 같은 일을 하는 구성원과 자신이 맡은 프로젝트만을 보면 된다. 즉, 눈가리개를 한 경주마처럼 주위를 둘러볼 것 없이 앞만 보고 가면 된다. 상사는 여러 경주마를 동시에 보고 있는 마주馬主 같은 존재다. 사료를 한 마리에게만 줄 수 없고, 모든 말의 컨디션이 어떠한지를 계속 확인해야 한다. 그런 상사의 선택에는 팀장의 시각에서는 알 수 없는 부분이 있을 수 있다. 상사가 바르지 못한, 즉 옳지 않은 지시를 한 이유에 대해서 반대 의견을 내기 전에 한 번 더 고민해 보자. 한결 부드럽게 의견이 전해질 것이다.

팀장으로서 어떠한 상사인지를 떠나 공통적으로 헤아려 줘야 하는 부분을 알아봤다. 그럼 이제 앞서 언급한 대로 반대 의견을 제시할 때 각 상사의 유형별로 어떻게 해야 할지에 대한 요령을 이야기해 보자.

1) "말이 되는데?" 상사

유독 반대 의견을 잘 수용해 주는 상사가 있다. 논리적인 사고로 조직에서 얘기하는 반대 의견을 잘 받아들인다. 합리적인 해결 방안을 찾고 그 위의 경영진을 설득하기 위해 노력한다. 그런 덕분에 구성원들의 신뢰를 받고, 구성원들도 스스럼없이 의견을 개진하곤 한다. 몸에 좋은 약은 입에 쓰다. 솔직히 이 약이 진짜 몸에 좋은지 확신은 없다. 처음에는 그래도 약사가 꼼꼼하게 용법도 알려 주고 일자별로 포장도 깔끔하게 해 주더니, 지금은 따로 일별 포장도 안 해 주고 당연하다는 듯 주의사항이나 용법도 얘기해 주지 않는다. 고객은 왕이라지만 상사는 그 위에 군림하는 절대자다. 그런데 그 사실을 망각하고 본인 위주의 생각으로 상사에 대한 배려나 존중 없이 반대 의견을 개진하기 시작한다면 그간의 스스럼없는 조직에서의 밀월 관계는 끝날 수 있다. 긴장의 끈을 놓지 마라.

2) "뭘 모르는데?" 상사

설득의 난이도가 가장 높은 상사다. 업무와 업계를 잘 알고 있는 경우에도, 모르는데 잘 알고 있다고 착각하고 있는 경우에도 설득이 쉽지 않다. 그가 쌓은 철옹성은 쉽게 무너지지 않는다. 상사가 가지고 있는 생각이 맞든지 틀리든지 우선은 그를 존중해야 한다. 지금 내가 하고 있는 이야기가 곧 상사의 생각과 같은 얘기라고 인지하게 해야 한다. 평상시에 상사가 이야기하는 철학이나 그가 가지고 있는 업무관, 또한 상사가 자주 쓰는 표현을 잘 버무려 보고서와 구두 보고에서 평소 상사의 생각과 큰 틀에서 같은 방향임을 공감하게끔 해야 한다. 그 과정에 비약이 생길 수도 있고 논리가 떨어질 수도 있다. 하지만 내가 원하는 바를 달성하기 위해서는 설득을 위한 타협점을 찾아야 한다.

그리고 또 하나, "찾아보니 이렇습니다"라는 논리가 있어야 한다. 상사의 의견도 절대적이지만 업계 전문가 의견, 전문 서적, 시장 데이터, 설문 조사 결과 등 상사가 가진 의견에 반하지만 논리적으로 상사의 고집을 꺾을 수 있는 강한 무기가 필요하다. 힘이 드는 이야기다. 과정도 힘들고 피곤하다. 하지만 그렇게 나와 내 구성원들의 의견을 관철시키지 못하면 그 이후로는 더 힘들고 피곤하다. 심지어 동기부여도 잘 안 된다. 조금은 치사하더라도 때로는 맞장구를 치고 때로는 칭송하면서, 나의 생각뿐만 아니라 세상이 그렇게 생각한다는 강한 논거를 만들어야 한다. 회사 생활이 다 그런 거 아니겠는가.

3) "개기는데?" 상사

이런 상사에게는 우선 개기는 게 아님을 증명해야 한다. 상사가 들어줄 마음가짐이 되어 있을 때. 안타깝게도 기분을 많이 살펴봐야 하는 상사일 가능성이 높다. 상사가 좋아하는 회사 앞 세꼬시 집이든, 오랜만에 함께한 그린 미팅이든(스크린 골프면 어떠랴), 이른 출근길에 같이 탄 엘리베이터에서든, 잘 돼가고 있는 내용을 보고하는 자리에 이어 짧게라도 어떻게든 좋은 기회를 빌려 찔러본다. 그렇게 기회가 주어진다면 다시 한 번 정식으로 이야기할 수 있는 준비를 철저하게 해서 정공법으로 설득한다. 하지만 도저히 안 되겠다 싶으면 하라는 대로 하는 거다. 대신 결과물을 빨리 뽑거나 아예 못 뽑거나 결론을 빨리 내야 한다.

4) "알겠는데……" 상사

진심인지는 알 수 없지만 말로는 "나도 너랑 생각이 같아"라고 얘기하고 있는 상사다. 이런 상사는 그 위로 최소 한 명 이상의 상사를 같이 반박해야 하는 경우다. 우선 진심으로 그 상사의 생각이 나와 같은지를 확인해야 한다. 이를 확인하려면 자주 많이 얘기해야 한다. 그래야 속내를 알아낼 수 있기 때문이다. 생각이 같음을 확인하면 이제 그 상사에게 강한 무기와 그 위의 상사에게 맞설 수 있는 용기를 만들어 줘야 한다. 생각이 같으니 동업자다. 이제부터 넘어야 할 고비는 그 위의 상사가 된다. 상사에게 더 강한 무기를 쥐여 주어 그 위의 상사에 맞설 수 있도록 강하게 등을 밀어줘야 한다. 어차피 본인의 줏대는 없는 사람이다.

상사가 무리한 요구를 던진다. 그러고는 할 수 있겠냐고 묻는다. 덥석 받아든다. 이 일을 추가로 해 줄 팀원도 부족하다. 팀원들에게 얘기를 했다가 박살이 난다. "누가 하냐?", "하고 나면 누가 알아주냐?", "무슨 보상이 따르냐?", 도저히 설득이 안 된다. 상사와의 시간 약속을 다시 잡는다. 내부 검토를 해 봤는데 힘들겠다고, 그다지 논리도 없는 말로 상사에게 설명을 해댄다. 뭐라도 들고 오는 줄 알았더니 이제 와서 그런 얘기를 하냐고 욕만 먹는다. 쭈뼛쭈뼛하며 머리를 두 번 긁는다. 어떻게든 해보겠다고 자료를 챙겨 일어선다. 다시 팀원들이 있는 메신저 방에 알린다. 우리 팀의 입장을 전했다가 욕만 엄청 먹었다고, 어쩔 수 없이 해야 한다고. 일단 어떻게든 해 보자. 뭐라도 들고 가서 다시 얘기해 보자고 한다.

상사가 무리한 요구를 던지는데 그걸 덥석 받아드는 것보다 조금만 용기를 내서 그 자리에서 몇 마디 의견이라도 냈다면 양쪽에서 치이고, 제자리걸음만 하는 판국은 면하지 않았을까? 요구를 수행하기 위해 최소한 필요한 것이 무엇인지라도 이야기하자. 그 정도 용기는 내야 조직생활이 가능하다. 무리한 요구를 던지던 상사도 최소한 들어줄 거리는 있어야 하지 않겠는가.

소통: 가장 오래
대화하고 싶은 팀장인가?

상사가 사용하는
언어를 써라

"어느 날 보니 후배가 제가 사용하는 말투와 억양을 따라 하고 있더라고요. 총애하는 친구이기도 했지만 너무 뿌듯했습니다."

어느 팀장이 말한 내용이다. 우리는 누군가가 나와 비슷한 행동을 하거나 비슷한 모습을 가지고 있으면 호감을 느끼곤 한다. 그래서 자기 자신을 닮은 2세를 좋아하지 않을 수 없다. 상사들은 자신과 관심사를 공유하고 같은 언어를 사용하는 후배 사원을 좋아하게된다. 임원과 팀장과 코드를 맞추고 관심사를 공유하기 위해서 골프를 시작하는 구성원들이 늘고 있으며, 요즘은 주식 이야기를 하지않으면 대화에 끼지 못하는 일들도 빈번히 발생한다.

현장의 기술 엔지니어 출신인 A 팀장은 혁신팀을 거쳐서 인사HR 부서의 팀장으로 발령을 받게 되었다. 처음에는 새로운 업무에 적응하기 위해 임원실에 들어가서 업무 보고를 할 때면 임원의 책상에 놓여 있는 책을 유심히 챙겨 보았다. 그러고는 그 책을 구입하여 읽었고, 또 임원실 책장에 있는 책들도 하나둘씩 구입하여 읽기 시작했다. 그러다 보니 책과 관련된 이야기가 대화의 주제가 될 수 있었으며, 임원은 인사 부서 출신이 아닌 팀장이 '이런 것에도 관심을 가지고 있어' 하면서 호감을 가지게 되었다. 그리고 그 임원은 출근 시간보다 1시간 30분 정도 일찍 출근하는 습관을 가지고 있었는데, A 팀장은 항상 임원이 출근하는 시간보다 10분 정도 미리 출근하여 임원과 단둘이 대화하는 시간을 늘려 나갔다. 결국 A 팀장은 그룹에서 진행하는 인사 전문가 코스에 참여할 수 있는 기회를 얻었고, 현장 엔지니어 출신이지만 인사 부서 임원이 되겠다는 비전을 가지게 되었다.

생리심리학에서 '거울 효과'라는 이론이 있다. 거울 뉴런(신경세포)과 관련되어 있는 이론으로, 남의 행동을 보는 것만으로도 자신이 그 행동을 할 때와 똑같이 거울 뉴런이 반응한다. 거울 뉴런은 특정 행동을 수행할 때, 타 개체가 그와 유사한 행동을 수행하는 것을 관찰할 때 모두 활성화되는 뉴런이다. 거울 뉴런은 타 개체의 행

동을 모방하거나 타 개체의 행동의 의도를 이해하는 데 관여하는 것으로 추정되고 있다.[*]

거울 효과 테크닉을 제창한 사람은 미국 워싱턴대학교 심리학과 교수인 앤드류 멜초프Andrew Meltzoff이다. 연애를 할 때도, 일을 할 때도 상대에게 호감을 주고 싶은 마음은 누구에게나 있다. 그때 사용할 수 있는 심리학 이론으로 거울 효과가 널리 알려져 있다. 이러한 이론을 근거로 사이토 이사무는 『심리조작 테크닉』이라는 저서에서 다음과 같이 거울 효과 테크닉을 활용하는 방법을 제시했다.

옷차림

상대와 의상을 맞춘다. 상대가 어떤 복장으로 나타날지는 알 수 없고 남녀에 따라 패션에도 차이가 있을 것이다. 그렇다고는 해도 색상을 동일하게 하던지, 의상 코드를 맞추면 동조하기 쉽다.

적합한 장소

잘 보이도록 마주 앉는다. 거울처럼 상대방과 똑같이 행동해도 마주 앉지 않는다면 볼 수 없고, 보이지도 않는다. 마주 보고 앉을

* 네이버 지식백과, 거울 뉴런 [mirror neuron] (동물학백과)
  참고문헌 : 1. Kilner JM and Lemon RN, 2013. Current Biology, 23: R1057-R1062. 2. Rizzolatti G and Craighero L, 2004. Annu Rev Neurosci, 27: 169-92.

수 있는 공간으로, 자신에게도 상대에게도 서로가 잘 보이는 장소를 찾는다.

적절한 타이밍

여유 있는 때를 노린다. 상대방이 여유 있게 주변을 관찰할 수 있을 때를 이용하여 거울 효과 테크닉을 사용해야 한다. 그래야 자신과 비슷한 행동과 말투를 구사하는 사람에게 관심을 가지게 된다.

필요한 도구

상대의 소지품을 확인한다. 만년필이나 수첩, 라이터, 스마트폰 등 상대가 잘 사용하는 물건을 파악해 두었다가 같은 것을 준비한다. "어머, 같은 것을 쓰고 있군요!"라며 기분 좋은 우연을 만들 수 있다. 단, 우연이 여러 번 반복되면 의심을 살 수 있으니 주의한다.

거울 효과 테크닉의 실천 예시는 다음과 같다.

1) 예의 바르고 좋은 인상을 준다.

상대에게 좋은 인상을 줄 것인지는 사실 거울 효과만으로 결정되지 않는다. 인사를 하고 명함을 교환할 때, 잡담을 나눌 때 미소

띤 얼굴을 잃지 말고 예의 바르게 행동하자. 이는 좋은 첫인상을 만들어 줄 것이다.

2) 상대의 말하는 속도를 관찰한다.

상대가 빠른 속도로 말하는지, 생각하면서 천천히 말하는지, 수다스러운지 아니면 과묵한지, 서둘러 질문하는지, 주로 질문에 대답하는지 등 대화를 나누면서 상대의 대화 습관을 파악한다.

3) 상대의 감정을 관찰한다.

기분 좋게 웃고 있는지, 화가 났는지, 슬퍼 보이는지 그때그때 상대의 감정에 맞추는 것이 거울 효과 테크닉의 방법이다. 상대가 비관적인 유형인지 아니면 낙관적인 유형인지를 파악한다.

4) 상대의 몸짓을 관찰한다.

팔짱을 끼거나 다리를 꼬는 행동은 상대를 경계하고 있을 때 나타나는 몸짓이다. 상대가 고객이라면 이런 행동을 따라 하는 것이 좋은 방법은 아니지만 지금 상대가 어떤 심리인지는 충분히 알 수 있다. 반대로 팔짱을 풀고 열린 자세로 있는 사람은 느긋한 마음으로 상대를 대하는 중이다.

5) 펜이나 도구를 다루는 방식을 관찰한다.

어떤 물건을 손에 들고 있다면 그것을 거울 효과 테크닉에 사용할 수 있다. 상대가 펜이나 노트를 어떤 식으로 다루는지 관찰한다.

6) 음료 마시는 타이밍을 맞춘다.

커피나 물을 마시는 타이밍을 알면 회식 자리에서 술을 마시고 음식을 먹는 타이밍을 상대와 맞출 수 있다.

7) 말하는 속도를 맞춘다.

충분히 관찰했다면 본격적으로 상대에 맞추기 시작한다. 먼저 말하는 속도부터 맞춘다. 상대가 말하는 속도가 빠르다면 자신도 빠르게, 느긋하게 말하는 스타일이라면 그 느릿한 속도에 맞춘다.

8) 몸짓을 따라 한다.

상대가 턱을 만지작거리거나 손을 움직이거나 고개를 갸웃거리는 몸짓을 하면 마치 거울에 그 모습을 비추듯 상대의 행동을 따라한다.

9) 따라 하면서 상대를 잘 살핀다.

과도하게 상대의 몸짓을 따라 하면 상대가 이상하게 생각할 수 있다. 특히 상대가 거울 효과라는 심리학 이론에 대해 잘 알고 있을 경우 불쾌감을 느낄지도 모른다. 그러니 상대가 자신의 전략을 눈치챘는지 잘 살피며 행동한다. 상대가 심리학을 잘 아는 사람이라면 거울 효과에 대해서도 알고 있을 것이다.

10) 다시 상대를 따라 한다.

상대가 조금이라도 미심쩍게 생각하는 낌새가 느껴지면 그 즉시 중단한다. 그러나 별다른 변화가 없다면 상대의 몸짓을 계속 따라 한다.

11) 그 자리를 떠난다.

상대를 따라 하면서 한 차례 대화가 끝났다면 인사하고 그 자리를 떠난다.

12) 감사 메일에도 거울 효과 테크닉을 사용한다.

만난 날 바로 감사 메일을 보낸다. 만약 상대가 메일을 간결하게 쓰는 사람이라면 짧고 간결하게, 장황하게 쓰는 사람이라면 장문으로 메일을 보낸다.

　이러한 심리적 테크닉이 아니더라도 조직 내에서는 상사의 호감
을 얻기 위한 행동들을 많이 접할 수 있다.

묻기 전에 말하자

세계적인 성악가 조수미는 일 년의 대부분을 세계 각국의 호텔 스위트룸에서 생활하는 것으로 알려져 있다. 그런 그녀가 기억하는 인생 최고의 호텔은 프랑스 파리에 위치한 조시생크란 호텔이다. 그녀가 주저 없이 이 호텔을 전 세계 최고로 손꼽는 데는 한 가지 이유가 있다. 가족과 다름없는 자신의 반려견 신디의 이름을 쿠션과 침대 시트에 자수로 새겨 준 해당 호텔의 컨시어지 서비스 때문이다. 그녀는 여기에 감동했고, 그런 이유로 망설임 없이 자신의 인생 최고의 호텔로 조시생크란 호텔을 선택했다.

물적 재화 외의 인적인 노동 활동을 의미하는 서비스_{Service}는 곧 비즈니스의 거의 모든 활동을 의미한다. 서로 속한 산업과 회사는 상이하지만, 우리는 각자 주어진 위치와 역할 내에서 최고의 서비스를 제공하기 위해 오늘도 노력하고 있다. 궁극적인 최종 고객은 소비자이겠지만 일터와 일상에서 가장 자주 마주하는 1차 고객은 다름 아닌 상사다. 만약 앞서 조시생크란 호텔에서 해 준 똑같은 서비스를 조수미가 요청한 뒤에 제공했다면 어땠을까? 어쩌면 그녀는 인생 최고의 호텔로 다른 곳을 이야기했을 수도 있다. 또한 말하지 않아도 필요한 것들을 물어보고 챙겨 주는 음식점이 있다면 대부분의 소비자들은 이 음식점을 방문할 것이다. 결국, 우리의 1차 고객인 상사에게 제공하는 서비스에 있어 가장 중요한 요소는 바로 묻기 전에 먼저 제공하는 것이다. 최고의 서비스는 고객의 입장에서 최우선적으로 먼저 생각하고, 말하는 것이다.

리더의 입장에서 생각해 보자. 리더가 구성원에게 가장 궁금한 것은 뭘까? 바로 업무가 어떤 수준으로 어떻게 진행되고 있는지가 가장 궁금하다. 리더의 입장에서는 현재 진행되고 있는 상황의 주요 포인트를 수시로 공유해 주면 가장 좋다. 리더에 따라 얼마만큼 수시로 정보를 필요로 하는지는 다르지만, 공통적으로는 적시에 핵심 위주로 진척 사항을 확인하고 싶어 한다. 많은 플레이어들이 착각하고 있는 부분이 바로 이 점이다. 특히 대부분의 업무 성과가 높은 플레이어들이 이 점을 간과한다. 언제나처럼 알아서 잘, 센스 있고 깔끔하게 업무를 수행해왔기에 리더의 간섭이 지나친 걱정처럼 느껴질 수도 있다. 하지만 문제는 문제적 상황이 발생했을 때 알 수 있다. 대부분 이런 경우, 일의 상당 부분이 진척되어 있을 확률이 높다. 만약 해당 플레이어가 간과한, 혹은 예상하지 못한 문제가 발생했을 때 이미 리더가 개입하여 조기에 진압할 수 있는 기회는 사라지게 된다.

결국 내 일은 팀의 일이자 결과적으로 조직의 일이다

실제로 많은 플레이어들이 이 부분을 간과하거나 소홀할 수 있다. 그렇기 때문에 리더는 해당 업무의 중요성과 의미를 지속적으로 피드백해야 한다. 플레이어 역시 일을 빨리 처리해버리고 퇴근하는 것이 아니라 조직에 어떤 영향을 끼치고, 리스크가 존재하는지를 끊임없이 고민해 봐야 한다. 그렇기 때문에 리더와 플레이어 모두 업무 진행사항뿐만 아니라 각자가 수집한 정보, 특이사항에 대해 자주 만나 소통하고 교류해야 한다.

"앵그리(angry) 리더"에게 묻기 전에 말하는 방법

생각보다 일단 화를 내는 상사들이 많다. 보다 정확히는 짜증이다. 구성원의 보고 내용이 마음에 안 들 수도 있고, 심지어 개인 사정이 있을 수도 있다. 여기서 문제는 부정적인 '감정'을 드러냈다는 점이다. 당연히 구성원의 업무 과정, 처리 속도, 결과의 퀄리티가 마음에 안 들 수 있다. 그러나 피드백을 주는 것은 리더의 역할이지만 이 과정에서 감정을 드러내는 순간 타인에게 전이되며 부정적 효과가 연쇄적으로 발생하게 된다.

이야기를 할 때마다 혼이 나는 구성원은 보고나 소통을 꺼리게 된다. 어차피 뭘 얘기해도 혼이 나기 때문에 중간보고를 하는 것이 해당 구성원에게는 감정적인 손해다. 결국에는 일을 미루다가 어쩔 수 없이 리더가 부르길 기다리기 쉽다. 결국에는 늦은 납기, 업무 결과, 심지어 태도까지 다시금 리더에게 시시콜콜 지적받는다. 물론 리더가 함께 바뀌어 주면 좋겠지만, 플레이어 역시 마냥 기다리기만 한다면 이 피하고 싶은 악순환이 반복될 뿐이다. 어차피 기분은 나쁠 수밖에 없다.

만약 어떤 이유든 기분이 안 좋은 리더가 있고, 급한 보고가 필요한 상황이라면 일종의 쿠션 단계가 필요하다. 예를 들어 "바쁘신

가요?" 혹은 "커피 한 잔 하실래요?"와 같은 말로 현재 리더가 겪고 있는 스트레스 상황에서 분리해 내는 것이 첫 단추다. 예전에 함께 했던 리더는 평소 구성원들도 잘 챙겨 주고, 업무도 잘하는 훌륭한 상사였다. 그런데 어느 날, 무슨 일 때문인지는 모르겠지만 자신의 구성원에게 소리를 질렀다. "지금 이 시간부터 아무도 키보드 치지 마!" 분명 조용히 하라는 이야기다. 하지만 급한 업무와 보고드릴 사안이 있었고, 키보드 대신 마우스를 클릭해가며 보고서를 인쇄해야 했다. 이내 추억 속 명작 드라마인 태조 왕건에 나오는 궁예의 명대사가 들렸다. "누구인가?" 아니 조금 달랐다. "어떤 ××야!"

결국 리더도 사람이다.

"비지(Busy) 리더"에게 묻기 전에 말하는 방법

리더가 되면 생각보다 정말 바쁘다. 해야 할 일은 태산 같은데 위에서는 나노 단위로 압박을 하거나, 때로는 정말 이래도 되나 싶을 정도로 높은 난이도의 과제를 부여받기도 한다. 사실 1분 1초가 숨 가쁘게 바쁜 것은 아니지만, 그냥 쉬고 있어도 숨이 벅찬 심리적 압박감이 리더를 괴롭히곤 한다.

보통 해당 리더가 "나중에"를 이야기했을 때에는 구성원이 보고하려는 사항이 현재 고민하고 있는 사항보다 우선순위가 떨어진다고 생각하거나, 마음에 여유가 없는 경우가 많다. 혹은 몸은 쉬고 있지만, 머릿속에서 4배속으로 고민과 해결책을 연신 계산 중일 수도 있다. 이와 같은 리더에게 묻기 전에 말하는 방법은 생각보다 많지 않다. 정말 급한 것은 핵심 위주로 적시에 얘기해 주되, 리더가 추가적인 생각을 해야 하거나 중요한 의사 결정을 해야 하는 경우 다음에 보고하는 것(단, 다음 보고 시점을 확실하게 정할 것)이 가장 현명한 방법이다. 이때 중요한 의사 결정을 요청하는 경우, 올바르지 않은 결정이 도출될 가능성이 높기 때문이다. 그리고 그 책임은 결코 리더에게만 존재하지 않는다. 구두口頭로 안 되면 메일과 문자, 메신저까지 활용할 필요가 있다.

  리더가 부지런히 움직일 때 구성원들은 해당 리더의 솔선수범에 자극받아 더욱 열심히 일할 것이다. 하지만 리더가 정신없이 움직일 때 구성원들은 혼란에 빠진다. 그렇기에 리더는 항상 마음의 여유가 있어야 한다.

슬기로운 보고 생활

결국 리더를 위한 최고의 서비스 중 하나는 묻기 전에 말하기임을 잊지 말아야 한다. 많은 플레이어들이 리더가 필요한 정보와 피드백을 수시로 주기를 원하는 것처럼, 리더도 마찬가지다. 현실에는 위에서 언급한 리더의 유형 외에도 정말 다양한 리더가 존재한다. 보고를 받고 싶어 하는 리더의 마음은 구성원을 통제하고 관리하려는 목적이 아니다. 물론 모든 리더에게 적용되는 완벽한 정답은 존재하지 않는다. 리더에 대한 충분한 관심과 이해 그리고 리더의 특성과 상황에 적합한 솔루션을 우리는 찾아야 한다.

하지만 업무의 특성상 상위 리더와 마주치기 어려운 구성원이 있다. 우리는 잘 알고 있다. 우리의 리더가 얼마나 바쁜지를, 너무 많은 정보가 수시로 업데이트되고 있기 때문에 자주 상기시켜야 한다는 사실을. 그런 면에서 포스트잇, 슬랙Slack, 메일을 활용하는 방법은 기초적이지만 매우 효과적이다. 지금 이 글을 읽고 있는 플레이어의 입장에서는 이런 생각이 들 수밖에 없다. "반대로 리더가 먼저 이야기하는 것이 그렇게 어려운 일일까?" 앞서 잠시 언급했지만, 오늘날 리더는 대부분 실무형 리더다. 그들은 개인의 업무뿐만 아니라 팀과 조직의 성과를 함께 챙길 수밖에 없다. 그렇기 때문에 어떤 형태든 보고를 했다고 해서 리더의 피드백을 마냥 기다려서는 안 된다는 것이다. 특히 시급한 문제에 대해서는 자주 연락하고, 답변을 받아야 한다.

보고 방식에 대해서는 분명 리더의 성향 차이도 존재한다. 일일이 모든 진행 상황에 대해 모두 알고 싶은 리더가 있고, 일의 핵심만 공유 받고 싶은 리더도 있다. 마치 우리가 연애할 때와도 비슷하다. 누군가는 SNS나 메신저를 선호하고, 또 누군가는 통화를 선호할 것이다. 하지만 이 모든 과정의 가장 효과적인 방법은 결국 대면 방식이다. 그 어떤 방식도 직접 보고, 듣고, 말하는 방법보다 효과적일 수 없다. 그렇기에 '묻기 전에 말한다'의 효과적인 최고의 솔루션은 직접 얼굴을 보고, 리더의 전체적인 표정과 피드백의 뉘앙스를 실시간으로 함께 파악하며 말하는 것이다. 애리조나 대학교의 로버트 치알디니 교수는 좋은 선물에는 3가지 조건이 있다고 했다. 예상하지 못했을 때에, 꼭 맞는 것을, 의미를 담아서 주는 선물. 이것이 바로 좋은 선물이다. 리더가 묻기 전에, 리더가 원하는 것을, 의미 있는 내용을 말한다면 분명 리더에게 최고의 선물이 될 것이다.

들을 때는 집요하게,
말할 때는 즐겁게 하라!

'피터의 법칙' 이는 1969년 미국의 교육자 로런스 피터와 레이몬드 헐이 주장한 이론으로, 간단하게 요약하면 '승진은 맡은 직책을 수행할 능력이 있고 없고를 떠나 기존의 성과만을 바탕으로 이뤄진다. 즉, 무능함이 드러날 때까지 승진한다'는 것이다. 나의 상사, 나의 팀장이 왜 이렇게 무능한지를 설명해 주는 아주 통쾌한 원리다.

팀장의 입장에서는 본인의 유능함을 증명하지 않으면 더 이상의 승진은 없는 절체절명의 상황일 수도 있다. 앞으로의 승진을 위해 끼워야 할 첫 번째 단추가 상사와의 매끄러운 소통일 것이다. 명확하게 상사의 얘기를 듣고, 이를 다시 명확하게 팀원에게 전달하고,

매끄럽게 팀원과 팀장 본인의 의견을 상사에게 전해야 한다. 이러한 능력을 어떻게 만들어갈지, 어떤 요령이 있을지를 '상사로부터 얘기 듣기(From 상사 to 팀장)'와 '상사에게 얘기하기(From 팀장 to 상사)'로 구분하여 살펴보자.

From 상사 to 팀장

1) 잘 들어라. 손으로 듣고 머리에 넣어라. 안 되면 녹음이라도 하라.

많이 겪어 봤겠지만 일을 하다 보면 누군가에게 상사의 지시를 전해 듣는 경우가 생긴다. 나의 1차 상사가 상위 상사에게 들은 이야기, 보고하러 들어간 옆 팀의 A 팀장이 B 본부장님이 전하라 했다면서 들려주는 업무 지시 등의 경우가 주로 해당될 것이다. 이런 경우 목적, 의도, 맥락을 파악하기 힘들 수 있다. 전해 들은 지시가 간단명료하다면 고민이 아니겠지만, 막막하고 구체적이지 않은 미션일 경우 어찌해야 할지 막연해진다. 결국 업무의 시작은 잘 듣는 것으로 출발한다. 특히, 상사와의 소통에서 잘 듣지 않으면 뭘 해야 하는지 알 수가 없고, 또 팀장으로서 같이 일을 수행할 팀원들에게 정확히 전할 수가 없다.

그래서 수첩을 사용하고 PC를 활용해서 지시사항이나 소통한 내용을 정리한다. B 본부장은 사장님에게 지시를 받을 때면 한 글자도 놓치지 않게끔 빼곡하게 적고 그 내용을 구성원들에게 전달한다. 이를 통해 경영진과 실무진 간의 동일 사안에 대한 생각의 차이를 최소화하려 한다. 그렇게 함으로써 구성원 모두가 동일 선상에서 특정 사안을 바라보게끔 만든다. 직장생활, 사회생활의 경험이 쌓이면서 지식과 경험이 쌓이고 업무적인 자아가 강해진다. 점점 적는 내용이 적어지고 자신의 생각을 입힐 가능성이 커진다. 이를 토대로 팀원들에게 전달하면서 왜곡이 생길 수 있다. 그래서 B 본부장이 그렇게 받아 적는 것이다.

부지런히 손을 움직여라. 귀로 듣지 말고 손으로 들으려 노력하라. 손으로 적어 내려간 내용이나 PC, 태블릿에 타이핑한 내용을 보면 생각이 정리되고 윤곽이 잡히는 효과도 기대할 수 있다. 항상 휴대하는 스마트폰의 녹음 어플을 활용해서 통으로 녹음하는 방법도 있다. 하지만 진심으로 중요한 사항이 아니라면 이를 다시 들을 만큼의 노력을 할 가능성은 희박하니 '적기'와 '치기' 중심으로 최대한 한 번에 '듣기'를 마무리하자. 팀원들을 리드하여 결과물을 만들어 내는 상황에서 최악의 상황은 들은 대로가 아닌 본인의 기억력, 더 심하게는 본인의 창의력에 의지하여 이를 확대 재생산하는 것이다. 이렇게 만들어진 성과물은 상사의 마음에 들 가능성이 지극히 낮아진 채로 출발하는 것이다. 지는 게임이다.

2) 지시를 듣는 시간을 최대한 확보하라. 그래야 뭐라도 물어볼 수 있다.

B 본부장이 갑자기 찾는다. 수첩 하나 들고 부랴부랴 들어간다. 갑자기 지난주 싱가포르 전시회에서 찾은 듯한 신규 사업에 대한 아이디어를 던진다. C 팀장은 바빠서 그 싱가포르 전시회에 가지도 못했고, 해당 내용에 대한 준비가 전혀 안 되어 있다. 언론 기사 내용 등을 통해 들어 본 적은 있는 아이템이었지만 이해가 전무하다. 지금 이대로 알겠다고 하고 자리로 돌아가서 기획안을 준비하기에는 리스크가 너무 크다. 무엇인가를 더 물어보기에도 준비가 되어 있지 않고, B 본부장은 파트너사 미팅으로 바로 외출해야 하는 상황이다. C 팀장이 할 수 있는 유일한 방법은 빠른 시일 내에 1차 조사 결과를 가져오겠다고 말하고 훗날을 도모하는 것이었다.

꼼꼼한 상사는 통상 타인에 대한 신뢰가 낮은 경우가 많다. 본인이 직접 해야 하거나, 아주 세세한 사항까지 지시한다. 자료를 작성할 때 글꼴은 맑은 고딕체로, 제목 글자 크기는 16pt, 본문 글자 크기는 13pt 등 사소한 부분까지 일일이 지시를 한다. 이런 지시를 들으면 '내가 무슨 신입사원이야, 뭘 이런 것까지 지시하는 거야?' 하고 욱하는 마음도 생기겠지만, 사실 이런 지시를 수행하다 보면 안타깝게도 편안함을 느낄 수도 있다.

문제는 이 반대의 경우다. 지시 내용이 유독 불분명하고 아주 기초적인 아이디어로 시작하는 상사가 있다. 대부분 이런 사람은 낙천적이거나, 지시를 전하는 팀장에 대한 신뢰가 높을 가능성이 크다. 이런 사람일수록 당초에 가지고 있던 생각의 깊이가 없으니 이를 본인에게 미리 인지시켜야 한다. 지금 모호한 지시를 받고 있음을 부정적이지 않은 언어와 몸짓으로 알려야 한다. 그러기 위해서는 최대한 물고 늘어져야 한다. 다음 회의가 있다고 쫓겨날 때까지 할 수 있는 최대한의 노력을 기울여 의중을 파악해야 한다. 도저히 안 되겠으면 빠른 시일 내 시간을 다시 잡아라. 그러고는 그 사이에 뭔가 들고 갈 준비를 하라. 베스트는 '아, 다시는 이렇게 얘기하면 안 되겠구나'라는 인식을 상사에게 심어 주는 것일 수도 있다.

3) 불명확한 부분은 꼭 되물어라. 나중에 다시 물어보면 깨진다.

B 본부장의 지시를 받은 C 팀장은 부랴부랴 1차 조사를 시작했다. 이 내용을 정리하다 보니 기본적으로 생각하거나 고려해야 할 요소들이 한두 가지가 아니다. C 팀장은 1차 조사 결과 뒷장에 해당 프로젝트 진행을 위한 선결사항을 추가 정리했다. 사실 선결사

항이라기보다 거의 질문지에 가깝다. 약속한 1차 조사 보고의 날이다. 1시간가량 보고하는 동안 C 팀장의 집요한 질문에 B 본부장은 많이 지쳤다. 속으로는 'C 팀장이 좀 알아서 고민하고 답을 주면 안되나' 하는 생각이 들었지만 입 밖으로 뱉을 수는 없었다. B 본부장은 해야 할 숙제를 잔뜩 받은 채, 애꿎은 보고서만 내용이 부족하다고 지적을 하다 마무리했다.

문제는 항상 상사의 생각(말)과 나의 생각이 다르다는 것이다. 팀장을 회의실에 앉혀 놓고 화이트보드에 꼬박꼬박 아이디어를 정리하면서 지시를 내리는 상사는 드물다. 바쁘다는 핑계로, 또는 아이디어가 아직 초보 단계라는 이유로 큰 맥락만 얘기할 가능성이 크다. 이를 최대한 정교하게 받아들이려면 물어봐야 한다. '이 뜻입니까?', '목적과 배경은 무엇입니까?', '생각하시는 결과물이 무엇입니까?' 등 간단하게 내려오는 지시를 구체화시키는 것은 결국 팀장의 역할이다. 이런 질문에 '그건 팀장이 고민해야지' 이런 멘트로 상사가 답변을 한다면 '피터의 법칙'을 생각하며 스스로를 위로하라.

4) 상황이 허락한다면, 누구 하나 같이 가라. 둘이 듣고 객관성을 높여라.

D 본부장은 말이 많다. 한번 입이 터지면 두 시간은 기본이다. 바쁘신 분이다 보니 평소 생각을 정리할 시간이 별로 없다. 구성원을

불러 놓고 얘기를 하면서 생각을 정리하는 스타일이다. 최소한의 아이디어만 가지고 E 팀장을 부른다. 오늘은 신규 팀장 리더십 교육과정 개발에 대한 이야기다. E 팀장은 D 본부장실에 들어가면서 비서에게 다음 일정이 무엇이 있는지 확인했다. 이후 일정이 없다고 한다. 잘못하면 저녁도 같이 먹을 수 있겠다.

이렇게 쏟아내는 두 시간의 아이디어를 온전히 받아내기란 쉽지 않다. 가뜩이나 정제된 이야기가 아닌, D 본부장처럼 지시를 쏟아내는 경우에는 더욱 그렇다. 이런 경우, 꼭 다른 팀원과 같이 가라. 죽어도 안 가겠다는 매우 똑똑한 팀원이 있을 수도 있고, 또 상사가 팀원이 있는 걸 껄끄러워할 수도 있다. 이건 팀장의 선구안이다. 안되면 어쩔 수 없는 거다. 하지만 둘 또는 여러 명이 같이 상사의 지시를 받을 때의 효과는 분명하다. 좀 더 정확히 들었을 수 있고, 또 이를 다시 팀원에게 전달할 때의 신빙성도 높아진다. 또 나중에 상사에게 '그렇게 말씀하지 않으셨었는데요'라는 반박이 필요할 경우에도 유용하게 활용할 수 있다.

그리고 '받아 적기'를 하다 보면 내용에 대한 이해보다는 받아 적기 자체에 몰입해버리는 경우가 많다. 상사의 지시와 생각을 누군가 같이 받아 주고 있다면 팀장 본인도 자신의 의사를 제시하며 소통을 깊이 있게 만들 수 있는 가능성이 크다.

From 팀장 to 상사

팀장이 상사와 커뮤니케이션을 할 때 조심스러울 수밖에 없다. 상사와 편안한 상태에서의 소통은 그리 쉽지 않음을 느낄 것이다. 대부분의 경우 상사에게 말씀드릴 내용은 주로 업무일 것이다. 일의 진척사항을 보고하고, 성과를 알리고, 문제나 사고 등을 비교적 공식적인 톤으로 전해야 할 경우가 많다. 이번에는 상사와 업무보다는 조금은 사람 사는 냄새가 나는 소통에 대해 이야기해 보려 한다.

관리 본부 A 본부장의 어머님이 지병으로 돌아가셨다. 장례식장은 전라남도 나주다. 내일은 중요한 거래선과의 미팅이 잡혀 있어 영업 본부 B 본부장은 오늘 찾아뵙고 조의를 표해야 한다. 항상 즐겁고 화젯거리가 풍부한 C 팀장을 데려가고 싶으나 내일 거래선 미팅을 준비하고 있어 장시간 자리를 비울 수가 없다. 그래서 내일 미팅에 참석하지 않는 D 팀장을 자신의 차에 태우고 기사와 함께 셋이서 나주로 출발한다. D 팀장은 B 본부장과 나란히 앉아 서울에서 나주까지 왕복 동행을 해야 한다.

통상 이런 경우에 얘기할 화제가 무엇이 있을까? 물론 업무 얘기도 화제가 되긴 하겠지만, 나주까지 편도 3~4시간을 내내 서로 업무 얘기만 하면 두뇌가 터져 나올 가능성이 크다. 또한 상사도 절대 바라지 않을 것이다. 상사와 잦은 소통으로 정치색이나 취미 등 그에 대한 이해가 있다면 할 수 있는 이야기가 조금 더 풍부해지겠지만 그렇지 않으면 전적으로 호감을 주는 소통은 팀장의 몫이다. 어떤 이야기를 하면 좋을까?

1) 업무적인 회사 얘기가 아닌, 업무 외의 회사 얘기를 하라.

우린 가끔 오랜만에 만나는 고등학교 동창보다 같은 회사에 근무하는 마음 맞는 동료와의 저녁 식사가 더 화제가 풍부하고 재미있다고 느낄 때가 있다. 서로가 얘기하는 가십이나 뒷담화를 자세한 설명 없이도 공감할 수 있기 때문이다. 본부장은 회사에서 만나는 사람도 많고 다양한 소통을 하고 있지만 분리된 본부장실을 따로 쓴다는 점에서 정보의 섬이다. '물류팀 대표 미남 A 씨랑 C 본부장의 D 비서가 사귀는 것 같다'는 아주 사소한 가십부터 '지금 영업 1팀이 새로 온 팀장과 합이 잘 맞지 않아 분위기가 안 좋아지고 있다', '최근에 도입한 잔업비 지급 기준으로 인해 기존에 비해 실질적인 수령액이 줄어 직원들이 불만이다' 등 경쟁사보다 회사 내, 우리 부서 내 또는 파트너사의 분위기와 같이 보고받기 어려운 다양한 소식을 전하라. 대부분 귀를 쫑긋 세우고 관심을 가져 줄 것이다.

2) 세상의 이야기를 하라. 가급적 관심 있을 내용으로.

쉽게는 넷플릭스 같은 OTT_{Over The Top}(인터넷을 통해 볼 수 있는 TV)의 공통적으로 즐길 수 있는 화젯거리를 조금은 장전하고 다녀야 한다. 당연히 재테크 같은 이야기도 사람들의 흥미를 끄는 주제다. 또 재미있고 유용한 어플을 추천하거나 즐겨 보는 유튜브 채널을 알려 주는 것도 좋다. 대부분 팀장보다 바쁜 시간을 쪼개며 살 가능성이 높은 상사들이니 재미있거나 유용한, 엑기스 같은 정보를 전한다면 상사 입장에서는 즐거워하거나 고마워할 것이다. 만약 같은 취미나 같은 성향(취향)을 가지고 있으면 더 쉽게 얘기할 거리를 찾을 수 있을 것이다. 하지만 물고기를 만지지도 못하는 사람이 낚시의 즐거움을 이해할 수 없듯이, 굳이 이를 맞추기 위한 노력을 할 필요까지는 없다. 또한 포털에서 제공하는 뉴스보다는 주요 뉴스를 스크랩하여 제공하는 뉴스 구독 서비스 하나쯤은 구독하기를 추천한다. 새로운 소식이 일 단위로 업데이트되니 경제란부터 스포츠란까지 할 얘기가 무진장 많아질 것이다.

3) 가끔은 내 고민을 얘기하라.

가끔은 나의 고민거리가 서로 이야기할 좋은 화제가 된다. 옆 부서와의 갈등, 똑똑한데 함께 일하기 불편한 팀원 등 직접적인 회사 내에서의 고민부터 집 안에서의 재테크, 자녀교육, 부부 사이 등등 자신의 명예에 치명적인 흠을 주는 사안들이 아닌, 상사가 인생의 선배로서 뭔가 듣고 도움을 줄 수 있는 사소한 고민거리라면 같이 이야기 나누기 좋은 화젯거리가 될 수 있다. 하지만 이 초식을 시연할 때는 주의해야 할 것이 두 가지 있다.

첫 번째, 해결 가능한 이야기여야 한다. 상사와 둘이 있는 자리에서 '저는 왜 승진이 늦은 걸까요?', '저희 집안 가계 부채가 지금 X억 원을 넘었는데 어떻게 하면 단기간에 이를 해결할 수 있을까요?' 같은 답이 없는 고민은 친구들과 하자. 상사가 듣고 이야기해 줄 수 있는 수준이 좋다. '중학생이 된 아이가 너무 게임에 빠져서 걱정이다'라든지, '이번에 여유 자금이 조금 생겼는데 이걸 어디에 투자할지 고민이다'와 같은 수준으로 생각하면 어떨까? 상사가 듣고 솔루션을 제시해 줄 수 있는 수준으로 말이다. 골프에는 전혀 관심 없는 상사에게 '드라이버가 계속 슬라이스가 난다'와 같은 고민을 애기하지는 않을 거라 믿는다.

두 번째, 나의 평판을 잃지 않을 이야기여야 한다. 상사가 듣고 '아, D 팀장이 이런 부족함이 있었어?'라고 인지하게 되면 본인에게 득보다는 실이 많은 얘기가 될 것이다. '저는 왜 조직 관리가 잘 안 되는 걸까요?', '이번 프로젝트는 도저히 못할 거 같은데 어떻게 하면 좋을까요?'와 같은 너무 심각하거나 본인의 평판에 영향을 미칠 고민은 당연히 이야기해서는 안 된다. 이런 걸 이야기하려면 그 상사와 사석에서 형, 동생 할 정도는 되어야 한다.

업무: 무엇이든 믿고 맡길 수 있는 팀장인가?

상사의 입장에서
전체 업무 맥락을 읽어라

제대로 된 업무 맥락을 이해해야 하는 이유

우리는 가끔 업무를 이해하는 과정을 하나의 소통 기술로 생각하는 경우가 있다. 하지만 실제 팀장이 되는 순간, 리더로서 업무의 방식과 전체 업무 배경을 읽어내는 방법이 기존과는 달라져야만 한다. 그 이유는 다음의 세 가지로 들 수 있다.

첫째, 현재 우리는 포스트 코로나, 엔데믹 환경에서 일터Workplace와 인력Workforce, 일하는 방식Way of Work에서의 변화 트렌드를 파악하고, 변화의 과도기 속에서 새로운 업무 방법을 터득할 때다. 이러한 환경 속에서 팀의 리더로서 그 윗 상사와 사업적 통찰의 맥을 같이 하고, 조직과 상사가 추구하고자 하는 목표를 세우게 된 큰 배경을 알아야 한다. 그래야 조직에서 원하는 최종 결과물과 효과를 예측할 수 있으며, 만약 이루어지지 않았을 때 그다음을 준비할 수 있기 때문이다.

둘째, 훌륭한 목표와 방향이 설정되었다 치더라도 팀장으로서 명확한 통찰력을 동원해 흐름을 제대로 읽지 못한다면 조직의 목표를 제대로 지시하고 견인 역할을 할 수 없기 때문이다.

셋째, 이제는 실무자로서의 관점이 아닌 리더의 높은 성과 창출 역량과 미래지향적인 사고를 가진 팀장이 매우 필요하다. 이것은 구성원을 이끄는 데 동기부여적 파워로 인식되어 신뢰감을 증폭시켜 줄 수 있다.

상사와 팀원의 관점 차이 들여다보기

결국 팀장이 업무를 바라보는 관점을 어떻게 갖느냐에 따라 구성원들 입장에서는 업무를 수행하는 이유와 맥락을 이해하는 데 큰 도움이 된다. 그렇다면 팀장 포지션에서 업무를 제대로 바라보는 관점을 어떻게 갖는 것이 좋을까? 우선 상사의 입장을 충분히 이해하는 데서 시작하면 쉽다. 그동안 익혔던 실무적인 견지에서 벗어나 진정으로 상사가 원하는 목표와 그도 그 상사에게서 회사의 중장기적 목표를 그린 내용을 듣게 된다. 이때 상사가 생각하는 관점이 우리와 얼마나 차이가 있는지 아래의 표를 통해 간략히 비교해 볼 수 있다.

| 팀원과 상사의 관점 차이 |

팀원		상사
매출을 높이려면 예산이나 인력 등 추가 투자가 필요하다.		현재 예산과 인력으로 매출을 높일 방법을 찾아야 한다.
이 신사업은 객관적으로 볼 때 타당성이 부족하다.		지금 우리 회사는 어떤 식으로든 신사업을 추진해야 한다.
제품 A/S에 대해 고객의 불만이 크게 늘고 있다.	VS	현재는 제품 판매에 주력할 때다.
이 문제를 해결하려면 근본적인 대책이 필요하다.		현재로서는 A부서가 최선을 다하고 다음에 다시 논의한다.
이건 우리가 해결할 일이지 보고한다고 될 일이 아니다.		하나도 빠짐없이 세세한 것까지 보고해야 지원할 수 있다.

여기에서 상사의 입장을 '나'로 생각할 수도 있고, 나의 상사로 바로 보되 조금 더 확장되어 생각해 보면 그리 어렵지 않게 이해하게 된다. 팀원이 오해하는 것 가운데 하나가 팀장이 지시한 내용을

명확히 이해하지 못하고도 지시사항이나 보고서 등을 논리적으로 써서 제출하면 꽤 업무를 잘 수행했다고 생각한다는 점이다. 이러한 오해는 팀장이 팀원의 업무 수행을 믿고, 보고서라는 결과물을 합리적으로 검토하고 판단하여 수용한다는 잘못된 오해를 하고 있는 점에 주목해 볼 수 있다. 팀장은 팀원이 생각하듯이 그렇게 일하는 모습을 보고 있지 못하고, 그렇게 합리적으로 업무지시나 보고서를 검토하지 못하는 경우가 자주 있다. 결국 팀장도 상사에게 업무를 지시받았을 때도 마찬가지인 경우가 많다는 것이다.

상사는 회사의 발전과 성장을 위해 효율과 효과를 극대화하려는 마음이 있지만 그런 마음만 있는 것이 아니다. 자신의 지위를 유지하고 다른 이해관계자들과 갈등을 피하려는 마음도 있으며, 본인의 권한을 높이고자 하는 욕망도 크다. 또한 일하기 싫을 때도 있고 여유가 없고 자기 마음대로 즉각적인 판단으로 결정할 때도 있다. 이런 상황에 팀장은 팀원의 비논리적인 아이디어를 논리적으로 바꿀 수는 있지만, 상사의 비합리적인 결정을 합리적인 결정으로 바꿀 수는 없지 않을까?

따라서 팀장은 상사가 어떤 상황에서 어떤 결정을 내리는지 파악할 필요가 있다. 이때 상사가 처한 상황이 상사의 입장이라는 것이다.

상사의 입장 들여다보기

"상사의 입장에서 생각하라"라는 말은 신입사원 시절부터 귀에 못이 박히게 들었던 말이다. 그런데 정작 상사의 입장이 뭐냐고 물으면 답을 명쾌하게 하기가 쉽지 않을 것이다. 상사의 입장에서 생각하라고 하지만 상사의 입장이 무엇인지 모른다는 것이 문제다. 하지만 팀장이 되고부터는 상사의 입장을 생각하는 관점과 사고가 완전히 달라야 한다. 앞에서 팀원과 상사의 관점 차이를 비교했던 표에서처럼 팀장과 상사와의 관점도 많이 다르다. 상사의 입장은 깊은 바닷물 속에 숨은 빙산과 같아서 눈에 잘 보이지 않지만 어떤 식으로든 주장으로 드러나기 마련이다. 상사는 주장할 때 자기 입장을 대부분 논리나 근거로 대기 때문에 그 점을 반드시 유의해야 한다. 상사의 입장을 고려하고 업무 맥락을 익히는 데는 여러가지 변수가 존재한다. 그 변수는 우리가 상황에 따라 업무 파악을 하고, 대응을 할 수 있게 만들어 준다. 상사의 입장에 작용하는 대표적인 변수는 다음 세 가지를 들 수 있다.

첫째, 개인적 상황 변수다. 개인적 상황이란, 개인의 경험과 의지, 그 심리적 상황을 포함한다. 대개는 일하고 싶을 때 의지가 강해지고, 일하기 싫을 때 의지가 약해지는 법이다. 상사도 업무에 대한 의지가 강해지게 되면 업무 지원과 의사 결정을 명확하고 빠르게 전달하게 될 것이고 추진력도 높아질 것이다. 상사 스스로 책임져 주고 관여하려는 의지도 높아지게 될 것이다. 또한 상사의 실패 또는 성공 경험도 의사 결정에 큰 영향을 끼친다. 이러한 경우가 상사의 개인적인 상황을 파악하는 기본적인 판단이 될 수 있다.

둘째, 조직적 상황 변수다. 조직도에 팀장들은 같은 선상에 나란히 놓이지만 실질적으로 영향력을 발휘하는 데는 지위의 영향이 크게 미친다. 그래서 어느 조직이든 같은 팀장이라도 지위가 높은 팀장이 있고, 지위의 영향력이 낮은 팀장이 있다. 이처럼 팀장의 상사인 임원급의 결정권자에게도 그 지위가 주는 영향력은 업무적 결정권과 추진력을 좌우하게 된다. 상사의 지위가 높을수록 조직에서 무엇인가를 추진할 때 탄력을 받을 수 있게 되고, 다른 부서가 반대하는 일을 할 때나 전사적인 의사 결정이 필요할 때는 특히 더 그렇다. 하지만 상사의 지위는 영원하지 않다. 그것 또한 주의 깊게 고려할 필요가 있다.

셋째, 관계적 상황 변수다. 상사에게도 반드시 상사가 있다. 상사가 설령 의사 결정을 하는 자리에 있다 해도 그 내용을 그 위의 상사에게 보고하여 중요한 결정을 할 의무가 있다. 이 말은 의사 결정이 뒤집히거나 중간에 다른 결과가 나온다면 의사 결정의 효력이 정지될 수도 있다는 뜻이다. 그래서 팀장 입장에서는 윗선의 신뢰를 듬뿍 받는 상사를 원한다. 그래야 깊은 고민과 노력의 결과로 추진하고자 논의한 내용이 물거품이 되지 않는다. 특히 전사적인 지원이 필요한 사항을 추진하고자 할 때는 특히 상사가 윗선의 신뢰를 얼마나 받고 있는지가 매우 중요하게 작용할 때가 많다. 또한 상사의 동료, 이해관계자들과의 관계에서도 그 영향은 비슷하게 발휘된다. 이러한 점에서 상사의 관계적 변수는 업무 수행에 엄청난 효력을 발휘한다.

이렇게 상사의 세 가지 입장을 세심히 고려해 본다면, 상사가 지시하는 전체 업무 맥락을 읽는 데 실수를 줄일 수 있다. 구성원이 아닌 팀장이 바라보는 업무는 매우 디테일하게 살펴볼 필요가 있다. 혹시라도 리스크가 발생할 상황을 예측해 보고 경험에서 터득된 경험치를 잘 이용하는 것도 좋은 방법이다. 그리고 상사가 만족할 만한 업무 능력의 대부분은 상사의 입장을 충분히 반영한 업무 보고와 지시가 원하는 성과를 얻게 되는 키포인트라고 할 수 있다.

보고는 요령이다

혹자는 '보고서는 불필요한 형식일 뿐이다'라는 얘기를 하곤 한다. 과연 그럴까? 우리는 왜 보고를 하는 걸까? 이런 고민을 하는 팀장들이 있을까 싶은 생각도 들지만, 유독 보고에 약하거나 보고에 대한 이해가 부족한 팀장도 있기 때문에 보고 또는 보고서와 관련한 단상들을 다음과 같이 소개하고자 한다.

시간을 벌기 위해서

보고의 대상은 리더이므로, 제한된 시간에 원하는 바를 설명하고 재가를 얻어내야 한다. 이를 위해서는 정제된 문장과 논리가 필요하다. 물론 머릿속으로 만들어 낼 수도 있지만, 잠깐 삐끗하면 원하는 결과를 만들기 어렵다. 보고받는 사람을 위해서일 수도 있지만 동시에 보고하는 자신을 위해서 정리하는 것이다.

내가 (힘들게) 만든 보고서에 손을 대는 이유

결국 보고받는 사람의 입맛에 맞춰야 한다. 가장 좋은 방법은 직접 작성하는 것이지만, 나의 상사가 그의 상사에 보고를 하는 경우 그가 겪어온 그의 상사에 대한 경험과 본인이 하고 싶은 말들이 버무려져 있으니 또 한 번의 손질을 해야 하는 건 어쩌면 당연한 게 아닐까? 결국은 정확하고 빠르게 의사 결정을 받아내기 위함이다. 물론 고치고 또 고치고, 이런 상사도 있을 것이다. 이건 찌질한 리더라 생각하고 받아들여라. 급여에 다 포함되어 있는 거다.

문장으로 정리하면서 본인의 생각과 그 실행 가능성을 리뷰하는 것

정리를 하다 보면, 여러 경우의 수와 미처 생각하지 못했던 변수들이 튀어나온다. 또 본인의 논리 구조가 얼마나 탄탄했는지도 글로 정리하는 과정을 통해 더 뚜렷하게 윤곽이 잡힌다. 그렇게 보고하는 사람의 논리를 한층 더 강하게 만들 수 있다. 리더들은 의심이 많다.

보고서가 길어지는 이유

피보고자가 무엇을 물어볼지 모른다. 물론 많은 커뮤니케이션의 경험으로 무엇을 물을지, 어떤 것들에 관심이 있을지 어느 정도는 추측이 되나 그와는 전혀 다른 방향으로 튈지 모른다. 이런 경우의 수를 대비하여 보고서에는 별첨이 많이 붙거나, 또는 별도의 데이터가 필요해질지 모른다. 또 본인이 펼치는 논리에 대한 근거 제시 등 의구심을 제기할 때 이를 대응할 내용도 포함되어지기 마련이다. '두 장 Better, 한 장 Best'를 얘기하는 기업들이 많다. 별첨을 빼고 하는 얘기다. 물론 보고의 경중에 따라 요구되는 자료의 수위는 다를 것이다. 이걸 잘 판단해 주는 게 팀장의 몫이다.

보고와 보고서는 엄연히 다르다

보고는 빈번하다. 보고서도 빈번하면 좋겠지만, 진짜 보고서를 쓰다가 일을 다 볼 수는 없다. 물론 뭐 하나 보고하려 해도 보고서 없이는 안 되는 팀장이 있다면 이 습관을 고쳐야 한다. 때로는 완성도 높은 보고서보다 적절한 타이밍의 보고가 더 중요하다. 신문 기사가 될 수도 있고 거래선이 보내온 이메일이 될 수도 있고, 때로는 브레인스토밍을 통해 화이트보드를 꽉 채운 기획안까지 필요한 내용을 경영진과 적시에 커뮤니케이션하는 것이 보고이고, 이를 위한 논리와 근거가 보고서다.

보고서는 경험이고 축적된 지식이다

중견기업 인사팀에 입사한 신입사원 A, 학교에서 배운 인사를 실제 기업에서 적용하겠다던 부푼 꿈을 품고 입사한 A에게 처음 주어진 업무는 '인사팀 서고에서의 학습'이었다. 사수로 지정된 B 프로는 A에게 이번 일주일은 서고에 가서 최근 3년간의 주요한 보고서와 품의서를 꼼꼼하게 읽어 보라고 했다. A는 먼지 쌓인 서고에서 옛 자료를 종일 보려고 입사한 것인가 하는 불만이 있었지만 감히 반박하지 못하고, 아침 일찍 출근해서는 커피 한 잔을 들고 일주일을 꼬박 서고에서 보냈다. 하루 이틀은 이게 뭐하는 짓인가 했지만 선배가 '읽어 보니까 어때?', '뭘 느꼈어?'라고 질문이라도 하면 최소한 "제가 몇 개를 읽었습니다"라는 말을 해야겠다 싶어 꾹 참고 읽어가다 보니 회사에서 인사팀이 해온 업무, 회사에서 사용하는 언어, 의사 결정을 받는 요령 등이 하나둘 보이기 시작했다. 마치 움막을 깨고 나오듯, 큰 기지개를 펴고 현실 인사팀으로 돌아온 A에게는 딱히 뭐라 정의할 수 없는 자신감이 넘쳤다. 일주일 서고에서의 수행은 A의 직장생활에 잊지 못할 큰 방향키가 되었다.

지금부터는 효과적으로 의사 결정을 받아내기 위한 요령들을 다음과 같이 제시하고자 한다.

1) 경과보고는 필수다. 자주 맞는 것이 한 번에 맞는 것보다 덜 아프다.

보고가 필요한 경우는 다양하다. 지시사항 이행 결과처럼 단발성으로 보고하고 끝나는 경우도 있겠지만, 대부분의 프로젝트의 경우 그 진척 결과를 수시로 또는 정기적으로 점검하고 그에 맞춰 꼭짓점을 보완해가는 수순을 거치는 경우가 많을 것이다. 정기적인 점검과 보고는 사실 보고자의 입장에서는 매우 피곤하다. 누구나 계획 보고 시에 수립했던 스케줄에 맞춰 한 치의 오차도 없이 착착 일이 진행되기를 기대한다. 하지만 그렇지 않은 경우가 훨씬 더 많을 것이다. 그것이 나의 과오든, 환경의 이유든 사실을 가감 없이 이야기하려 노력해야 한다. 그게 경과보고의 맛이다. 욕먹고, 수정하고, 개선하고. 정기적으로 경영진과 커뮤니케이션하다 보면 그 결과가 계획과 조금 달라지더라도 누구의 탓도 되지 않을 것이다.

2) 보고서는 곧 나다. 보고는 말과 글이 같이하는 것이다.

A 팀장은 보고서 작성이 완료되면 꼭 출력해서 이를 꼼꼼하게 본다. 스토리가 매끄러운지, 논리적인 비약은 없는지, 꼭 포함되어

야 할 내용이 빠진 게 없는지도 보지만 최우선으로 찾는 건 오탈자다. 특히, 수치로 반영된 표는 보고 또 본다. 이를 지켜보는 팀원들은 이런 팀장의 모습에 때론 '과한 거 아니야?'라는 생각도 하지만, A가 팀장이 되고 난 이후에는 이전에 그 흔했던 본부장의 '처음부터 다시 해오세요'는 없다. 별것 아닐 수도 있지만 오탈자는 무성의로 비춰지기 마련이다. 마음 좋은 리더는 보고서를 보면서 '뭐 바쁘니까 그럴 수 있겠지'라고 생각해 줄 수도 있지만, 이것도 횟수가 반복되면 굳어진다. 성의 없이 오탈자를 치는 사람으로. 특히, 수치를 잘못 기재했을 경우에는 그 신뢰도가 급격히 떨어진다. 성의의 문제로 끝나지 않고 신뢰를 잃을 수 있다. 그래서 할 때 제대로 해야 한다.

3) 혼자 보고하지 마라. 그건 장악력이 아니다. 팀원과 함께 하라.

개인 성향 차이는 있겠지만 유독 혼자 보고하기를 좋아하는 A 팀장. 팀원들은 A 팀장이 본부장에게 가서 무슨 얘기를 했는지 모른다. 본부장의 피드백도 직접 들어 본 적이 없다. 팀원들은 팀장이 알려 주는 대로 알아먹는 수밖에 없다. A 팀장은 본인이 혼자 보고서를 들고 가서 본부장과 독대를 해야 자신의 업무 장악력, 전문성을 나타낼 수 있다고 생각하기도 한다. 물론, 이렇게 하기 위해서 그는 늦은 시간까지 보고 내용을 숙지하기 위해 노력한다. 문제는 이 과정에 팀원들의 희생이 따른다는 것이다. 팀원들은 A 팀장의 본부장 보고를 위해 A 팀장이 볼 보고서를 따로 준비해야 한다.

반면, 팀원들은 항상 A 팀장이 얘기하는 본부장의 피드백을 의심한다. A 팀장이 본부장 보고를 다녀오면, 꼭 A 팀장이 얘기했다가 팀원들의 반대로 무산된 아이디어들이 본부장의 지시라는 이름으로 다시 살아난다. 신기하다. 이러한 비효율과 오해를 방지하기 위해 경영진 보고 자리에 팀원들을 함께 참여하도록 하면 좋은 점이 많다. 경영진의 질문에 좀 더 실무적으로 깊이 있게 논의가 가능할 수도 있고, 팀원들이 경영진의 피드백을 직접 듣다 보니 불필요한 의심과 왜곡이 생기지 않는다.

4) 과거를 자꾸 곱씹지 마라. 듣기 싫다.

A 팀장은 한 상품만 챙기면 되지만 본부장에게는 8개 팀이 있다. 보고 시간을 한 번 잡기도 쉽지 않지만 본부장은 이미 보고받았던 내용을 자꾸 잊는다. A 팀장이 본부장에게 보고할 때 버릇처럼 쓰는 표현이 있다. '지난번에 보고드렸던 대로'이다. 다른 버전으로는 '메일 드렸던 대로'도 있다. 본부장이 보고받았던 내용을 자주 잊다 보니, "제가 여기까지는 보고를 드렸었고, 이제 그에 이어 후속으로

말씀드리는 겁니다. 그 질문은 지난번에도 여쭤 보셔서 대답을 해 드렸던 내용입니다."라고 계속 상기시켜 주는 것이다.

본부장은 '지난번에 보고드린 대로'라는 말이 듣기 싫은데 A 팀 장은 매번 말머리처럼 이 말을 쓴다. 사실 본부장도 하고 있는 일이 많다 보니 들은 것을 잊기도 하고 또 기억이 안 나기도 하지만, 당 연히 기억하고 있는 사안도 많다. 그런데 '지난번에 말씀드린 대로' 라는 얘기를 듣는 순간 빈정이 상하고, 그 뒤로 A 팀장이 하는 얘 기들이 귀에 잘 들어오지 않는다. 버릇처럼 '지난번에 말씀드린 대 로', '메일로 보고드린 대로', 이런 표현을 쓰는 사람들이 있다. 꼭 필요한 경우가 아니라면 이런 표현은 쓰지 않는 것이 좋다.

5) 명확하게 얘기하라, 당신이 해 줄 것이 이거라고.

가끔은 보고를 하며, 또 보고서를 작성하며 이 보고(서)를 통해 내가 얻어내야 하는 것이 무엇인지를 잊는 경우가 있다. 지금 내가 또는 나의 팀원들이 쓰고 있는 보고서는 왜 작성하는 걸까? 보통 보고서에는 '제가 무엇을 하겠습니다. 본부장님이 하라고 하신 걸 이렇게 하겠습니다. 우리 회사가 앞으로는 이렇게 해야 합니다.'와 같은 내용이 주일 것이다. '그래, 알겠어. 정리가 잘 되었는데? 한번 해 보자.' 이런 긍정적인 시그널을 기대하며 열심히 보고서를 만들고 내용을 보고한다. 그런데 정작 중요한 부분을 놓치는 경우가 많다. '이렇게 하려면 본부장님이 이걸 해 주셔야 합니다.'라는 말을 안 하는 것이다. 일이란 것이 결국은 훨씬 큰 범위의 지원이나 비용을 얻어내야 하는 부분이 많다. 그걸 누가 얻어내야 할까? 당연히 보고를 받는 본부장이다. 그거 해달라고 보고하는 것이다. 보고하는 사람도, 보고받는 사람도 종종 잊는다. 항상 보고 끝에는 "뭐가 필요합니다", "이 부분을 도와주셔야 합니다"가 꼭 있어야 한다. 하다못해 Plan A, B 중에 고르기라도 하라고 말하자.

6) 상사가 입 댈 여지를 만들어라. 뭐라도 하게 하라.

"이거 왜 이렇게 된 거야? 1안으로 가자고 방향을 정한 건 도대체 누구야?" B 본부장은 A 팀장이 작성한 보고서로 사장 보고를 마친 후 상기된 얼굴로 A 팀장을 타박하기 시작했다. A 팀장은 시장에 대한 이해가 높고 보고서 작성 능력이 뛰어난 데다 눈치도 빠른 편이라 B 본부장의 사랑을 독차지해왔다. 그런데 B 본부장이 이번에는 다시는 안 볼 사람처럼 A 팀장에게 화를 내고 있다. A 팀장은 매우 억울하다. B 본부장은 처음에는 A 팀장의 보고를 꼼꼼히 듣기도 하고, 질문도 하고, 수정 의견도 내고 하더니 어느 순간부터 전적으로 A 팀장에게 신뢰를 드러냈다. 매번 들고 간 보고서를 제대로 보지도 않으면서 "뭐 A 팀장이 한 거니 맞겠지?" 이러곤 했다. 이번 보고에서도 B 본부장은 "A 팀장이 어련히 잘 검토해서 준 거겠어?"라며 A 팀장이 작성해 준 보고서를 그대로 들고 사장실로 들어갔다. 그러고는 이 사단이 난 것이다.

보고 또는 보고서 작성에 있어 나의 상사도 어떤 역할을 하게끔 만드는 것이 중요하다. B 본부장처럼 내가 잘못한 건 없다며 책임 전가를 할 여지가 충분하기 때문이다. 곤란한 상황에 처했을 때 책임을 회피하는 상사, 평상시에 하는 것도 없으면서 책임도 안 지려는 상사의 싹을 자르는 방법은 상사 스스로 무엇인가를 하고, 또 결정하게 하는 것이다. 직접 작성하게 하고 싶은 마음이 굴뚝같지만 그게 반드시 좋은 결과로 이어지지도 않을 테니, 가장 쉬운 방법으로 2~3개의 방안을 만들어 결정하게 하는 것이다. 더 많이 만들어 봤자 효율도 없으니 3개가 최대다. 상사로 하여금 이를 결정하게 함으로써 보고를 받을 때 좀 더 집중하게 만들고, 또 함께 결정한 사안이니 책임도 질 수 있게 할 수 있다.

7) 쉽게 써라. 이것도 능력이다.

이전에는 중학교 2학년생이 이해할 수 있을 수준으로 쓰라는 얘기를 하곤 했는데, 이제는 연령대가 더 낮아져 초등학교 6학년이 이해할 수 있게끔 작성하라고들 한다. 경영진은 전문가이면서 동시에 전문가가 아니기도 하다. 엔지니어 출신의 경영진은 당연히 기술적인 면에 대해서는 그 이해가 높겠지만, 영업이나 재무적인 면에서는 젬병일 수 있다. 반대의 경우로 재무통이지만 기술은 전혀 이해를 못할 수도 있다.

그래서 A 팀장은 경영진 보고 자료가 완성되면 꼭 그의 배우자에게 읽어 보게 하거나 설명을 해 주곤 한다(물론 회사의 기밀 내용은 제외하고 말이다). 그렇게 이해가 되도록 내용을 보정해간다. 앞에서도 언급했지만 제한된 시간 내에 보고하고 의사 결정을 받아내야 한다. 불필요하게 어려운 업계 용어들을 사용하여 자신의 전문성을 어필할 수 있다고 생각할 수 있지만 충분히 그 부분을 더 쉬운 용어로 이야기해야 한다.

8) 찾기 전에 들고 가라. 자주 들고 가라.

A 본부장은 직원들이 출근할 즈음인 9시가 되면, 본인이 생각한 그날의 할 일을 팀장들에게 메신저로 보낸다. B 팀장에게는 몇몇 간단한 이슈 질문이 많은 반면에 유독 C 팀장에게는 X 프로젝트의 진행 경과를 보고해달라, 지난번에 얘기했던 Y 프로젝트의 기획안을 보여달라는 등 꽤 굵직한 미션이 떨어진다. 그래서 C 팀장은 9

시에 오는 본부장의 메신저가 무섭다. B 팀장은 A 본부장과의 일정에 최소 이틀 전에는 프로젝트의 경과보고와 주요 이슈 보고를 반영한다. 진행 중인 프로젝트의 경과보고는 매주 수요일 오전 11시로 정례화해 뒀다. 이를 통해서 미리 A 본부장에게 현안과 이슈를 보고하고, 필요한 의사 결정을 받는다. 또 이 경과보고는 자연스레 점심 식사로도 이어져, 정식 대면보고 등으로 말하기 어렵고 껄끄러운 사안을 식사를 하면서 편하게 이야기할 기회도 갖는다. B 팀장은 그렇게 항상 자신의 스케줄로 일을 해 나가고, 어느새 본부장의 심복이 되어가고 있다.

반면에 C 팀장은 어디서부터 꼬였는지 모르겠다. 항상 살얼음판을 걷는 느낌이다. 1년 전 진행하던 Z 프로젝트가 여러 이슈와 시장 상황이 잘 맞물리지 않으면서 중도에 포기하는 상황이 발생했고, 당시 제때 경과보고를 하지 않았다는 이유로 A 본부장의 심한 타박을 받았다. 그 이후 A 본부장은 C 팀장이 맡고 있는 프로젝트에 대해 신뢰하지 않는다. 일정 관리의 주도권을 잃다 보니 하루하루가 쫓기듯 지나가고, 휴가 같은 개인적인 일정도 잡기 어렵다. 선제 대응이 안 되고 있다. 기본인 듯하지만 다들 잘 못하고 있는 게 개인의 일정 관리다. 선제 대응이 안 되다 보니 휘둘린다. 혹자는 찾을 때까지 뭉개다가 찾을 때 가지고 가는 게 편하다 생각할 수 있지만 이미 보고 대상자는 무엇인가를 찾는 순간부터 질의, 질책할 사항들을 체크하고 또 본인이 목표하는 결과물과 실제를 비교할 발동을 건다. 절대 우위에서 출발할 수가 없는 상황이 되는 것이다. 그래서 생각이 많아지기 전에 들고 가야 한다. 먼저, 자주, 이 두 가지만 잘 되도 훨씬 일이 쉬워진다. 물론 이를 위해 노력이 따르는 건 사실이다. 하지만 언젠가는 해야 할 일이다. 어느 쪽이 좀 더 동기부여가 되고 일하는 의미가 있을지, 알면서도 애써 외면하는 상황이지 않을까?

9) 포맷화된 보고서로 효율을 극대화하라.

보고서를 작성한다는 것은 목적의식이 뚜렷하게 있어야 한다. 의사 결정을 받거나, 현재 문제없이 진행되고 있음을 경과보고하거나, 또는 문제가 있어 이를 어떻게 개선하겠다고 보고하기 위해서라거나. 물론 보고는 실적과 자신을 어필하는 기회이긴 하지만, 본업에 충실해야 할 시간을 잃는 것도 사실이다. 그래서 다들 보고서 작성을 싫어할지도 모른다.

A 팀장은 새로 팀장으로 부임한 후 정기/비정기로 진행되는 보고서가 무엇이 있는지를 확인하고, 이를 보다 효율적으로 진행하기 위해 공통의 포맷을 세팅하였다. 불필요한 파워포인트 양식과 꾸

미기 활용은 지양하고 백지 PPT에 페이지 제목, 글씨체, 글꼴 크기, 도표, 그래프까지 공통의 양식을 세팅하여 추후 보고 작성 시에 매번 불필요하게 소모되는 시간을 최소화하려 노력했다. 기본적으로 업계 동향, 주요 사내 이슈 등을 가급적 PPT 반 페이지 또는 한 페이지로 평소에 미리 작성하여 이를 아카이브 형태로 팀 서버 내 보고 폴더에 모아오고 있다. 또 영업 부서의 특성상 빈번히 일어나는 거래선과의 미팅 결과 보고는 한 페이지 보고 양식을 만들고, 해당 내용을 보고 시 제목에 수신인과 이슈 있음과 이슈 없음을 구분하게 하여 보고받는 사람의 시간도 같이 세이브할 수 있게끔 했다.

보고서 작성은 팀장으로서 피할 수 없는 업무다. 어찌 보면 보고서를 멋지게 작성하여 경영진에 어필하는 것이 실제 업무를 잘하는 것보다 효과적일 수도 있다. 또 그렇게 생각하는 팀장들도 있을 것이다. 우리의 본업, 본질을 잊지 말자. 보고서 작성에 최소화된 시간과 자원을 투입하고 효과를 어떻게 낼지 고민하는 것이 그 본업의 성과를 내는 시작일 수도 있다.

10) 백지와 연필을 들어라. 가끔은 완전 새로운 시작도 필요하다.

해외 법인에서 근무하다 본사 아시아 영업팀으로 부임한 A 상무, 본사 영업팀에서 아시아 영업팀을 3년간 담당했던 전임 B 상무는 동남아로 발령이 나면서 A 상무에게는 본인이 보관해오던 서류 캐비닛을 통째로 인계했다. A 상무는 각 업무 담당에게 업무 보고를 받음과 동시에, 짬이 날 때마다 최근 몇 년 간의 전략 보고서를 읽었다. 그렇게 2주가 지난 뒤 A 상무는 팀원들을 불러 기존의 반기별, 분기별 전략 보고서를 꺼내 보이면서 이렇게 말했다.

"작성된 연도와 시기를 빼면 내용만으로는 어떤 자료가 어느 시기의 자료인지 알 수가 없다. 안타깝지만 다 같은 내용을 몇 년째 형식과 표현만 바꿔서 하고 있다. 물론, 매 시기의 전략이 계속 바뀐다거나 완전 새로울 필요는 없다. 일관성이라는 측면에서는 이게 바람직한 방향일지도 모른다. 문제는 매번의 보고에 변화나 발전의 흔적이 없다는 것이다. 5년 전에 제기한 문제가 표현만 바뀌어서 작년의 보고서에 그대로 들어 있다. 이는 그간의 이런 자료를 만들어 낸 우리 팀원들의 책임도 있고 또 조직을 이렇게 이끈 리더의 책임도 있을 것이다."

직장생활을 하면서 누구나 겪어 본 일일 것이다. 분기, 반기, 연도에 맞춰 미래를 전망하고 이에 맞춰 전략을 수립하는 일은 대부분의 팀에서 겪는 일이다. 아무런 밑그림도 없이 이런 보고서를 만들어 낸다는 건 쉽지 않은 일이고, 또 지난 보고서의 가행성과 연속성을 점검할 필요에 의해서도 결국은 과거의 자료를 끄집어내어 참조하기 마련이다.

문제는 과거 자료의 내용과 포맷에 갇혀버리기 쉽다는 것이다. 과거에도 자료에 당연히 힘을 기울여 정성껏 작성했을 것이다. 또 좋은 레퍼런스와 포맷이 생겼으니 이를 답습하면 된다는 생각이 드는 건 어쩌면 너무나 당연한 일이다. 때로는 과거의 자료는 반성에만 활용하고 미래는 새롭게 그려 볼 필요가 있다.

A 상무는 항상 연필을 깎으며 하루를 시작한다. 책상 옆에 쌓인 이면지 더미와 가지런하게 깎인 연필 대여섯 자루는 A 상무의 하루 일과 출발선상의 모습이다. A 상무도 PC와 스마트폰을 통해 대부분의 일들을 처리하지만 뭔가 아이디어를 떠올려야 할 때면 연필과 이면지 더미를 활용한다. 연필로 기획안의 틀을 잡고, 수정이 필요한 사항은 지우개로 지우면서 수기로 기획안의 틀을 만들어가기 시작한다.

이렇게 만들어진 보고서가 항상 훌륭했고 성공적이었던 건 아니나 사각사각 소리를 내는 연필로 백색 종이를 채워가는, 이런 아날로그적인 감성도 새로운 아이디어를 떠오르게 한다. 영화 '이상한 나라의 수학자'에 나오는 수학자 리학성(최민식 분)이 칼로 연필을 깎으면서 그날의 문제 풀이를 준비하듯이 말이다.

결국은 결과(성과)가
말한다

일을 할 때 우리는 우선순위를 먼저 파악하려는 사전 준비가 필요하다. 이때 리더의 입장과 상위 시각에서 함께 생각하는 것이 상사와 함께 일하는 첫 번째 단추일 것이다. 또한 일의 준비, 진행, 결과로 이어지는 전체 프로세스 사이사이에서 시의적절하고 올바른 보고의 기술은 또다시 다음으로 이어지는 단추가 된다. 하지만 결국 모든 것을 마무리 짓는 마무리 단추는 바로 업무의 실행과 결과다. 업무의 특성에 따라 시점 차가 존재하지만, 우리가 챙길 수 있는 마지막 업무 단계는 실행이다. 결과는 실행에 따라오는 결과물이며, 우리가 처리할 수 없는 단계다. 그렇기 때문에 우리는 최선의 실행을 위해 노력한다.

하지만 반대로 이들이 간과하고 있는 지점이 있다. 바로 그들의 상사다. 팀의 성과를 책임지는 그들이지만 그들이 간과하고 있는 것은 바로 상사, 보다 정확히는 더 상위 시각에서의 접근이다. 단순히 기존의 팀 R&R을 잘 수행한다고 해서 팀장의 책무가 끝나는 것은 아니다. 전체 조직의 관점에서 보다 높은 시각에서 맡고 있는 팀뿐만 아니라 다른 유관 부서, 나아가 전체에 미치는 영향과 더 높은 시너지와 성과를 창출할 수 있는 방법을 끊임없이 고민해야만 한다. 결국 팀장도 더 높은 수준의 퍼포먼스를 위해서는 그들의 리더와 함께해야만 한다.

현재의 리더와 함께 성장할 수 있다는 믿음은 필수

의외로 많은 조직에서 현재 함께하는 리더에 대해 기대 이하의 신뢰감을 갖고 있는 팀장급 리더들을 많이 만나 볼 수 있다. 나름 해당 분야에서 꾸준한 성과와 갈고닦아온 능력을 인정받아 팀장이 되었는데도 말이다. 이는 이따금 자신을 무시한다거나 매번 자신의 생각대로만 결론을 내리는 독불장군 같은 상위 리더를 만나서

일 수도, 전반적으로 추구하는 방향성이 다른 리더와 일을 하고 있어서일 수도 있다. 대부분 이런 경우 팀장은 두 가지 선택을 할 수 있다. 먼저 리더의 방향성과는 다르지만 성과에 대한 자신의 확신에 기반하여 우선 밀어붙이고 결국 결과로 보여 주는 경우, 다른 하나는 분명한 성과가 기대되지는 않지만 리더가 제시하는 방향성에 맞춰 업무를 수행하는 경우다. 우리는 정답을 알고 있다. 전자의 경우, 그 성과가 크더라도 리더나 조직에서 인정받지 못할 확률이 높다. 그리고 그 이유는 다음과 같다.

첫째, 팀장도 최종 의사 결정권자가 아니다. 아무리 수평적인 조직이라 하더라도 그 권한과 책임의 차이가 존재할 뿐, 최종 선택권은 CEO나 이 권한을 위임받는 임원들에게 존재한다.

둘째, 회사는 여전히 수직적인 조직이다. 아무리 유연하고 수평적인 조직 문화로 유명한 회사도 결국 대표가 존재하지 않는가.

셋째, 어느 회사나 암묵적인 룰Rule이 존재한다. 이 룰은 다양한 연차, 직급의 사람들이 함께 일하는 데 있어 존재하는 최소한의 규칙이다. 조직에 따라 취업 규칙이나 업무 규정 혹은 조직의 문화 형태로 존재하며, 모든 구성원들의 공통적인 믿음이자 일종의 매너manner이기도 하다.

결국 조직에서는 더 상위 리더의 판단을 믿는 수밖에는 없다. 설사 그 판단이 나와 팀 구성원의 확신과 배치되더라도 말이다. 물론 해당 리더의 판단이 항상 옳을 수는 없으며, 그 과정에서 팀장과 팀 구성원들의 소신을 대변하여 이야기할 수는 있다. 리더의 결정에 무조건 "네"만 외치거나, 불가능해도 "할 수 있습니다"라고 말만 잘하는 YES맨이 되라는 이야기가 아니다. 다만 팀을 대표하여 업무를 관철시키는 일련의 과정에 있어 충분한 설명과 설득에도 불구하고, 리더가 반대되는 결정을 했다고 해서 너무 실망하거나 해당 리더에 대한 불신을 키우는 것은 불필요한 감정 소모라는 점을 분명히 이야기하고 싶다. 가끔씩 구성원이 모르는 팀장의 속사정이 있듯, 더 상위 조직에서 더 큰 조직과 사업을 바라보는 리더의 입장을 팀장이 온전히 이해할 수는 없다. 그리고 무엇보다 팀장에게는 그 누구보다도 내 리더의 성공이 곧 나와 구성원의 성장으로 이어진다는 강한 믿음이 필요하다. 성공한 팀장 역시 구성원의 강한 신뢰를 필요로 하듯 말이다. 팀장의 리더에 대한 불신과 불안감은 구성원들에게 너무나 쉽게 전염됨을 잊지 말자.

수시로 멀리 봐라. 무엇이 핵심인가!

조직에서는 아무리 성과가 좋더라도 사소한 실수가 반복되는 사람을 팀장으로 만들지 않는다. 그러다 보니 세상에는 완벽주의 성향을 가진 팀장들이 생각보다 많다. 그런데 매사에 모든 일을 완벽주의로 임하게 되면 몇 가지 실수를 범하게 된다. 우선 너무 사소한 것에만 머무를 수 있다. 자칫 팀원들에게까지 너무 높은 수준의 완벽을 요구하고 일일이 관리하다 보면 정작 중요한 일을 해야 할 시간을 뺏기거나 놓칠 수 있다. 동시에 일부 팀장은 구성원들의 자기주도성이라는 씨앗을 완전히 짓밟아버리기도 한다. 팀장보다 상위리더는 여러 기능을, 나아가 사업을 책임지는 리더다. 작은 것도 꼼꼼하게 보는 것은 좋으나, 그렇다고 전체 성과를 저하시키는 과도한 완벽주의는 해당 팀장이 속한 조직도, 리더도, 심지어 구성원 그어느 누구도 원하지 않는 부정적인 결과로 이어질 수 있다.

팀장은 리더와 협의하고 합의된 일의 우선순위를 가지고 있어야한다. 가장 이상적인 형태는 해당 리더와 꽤 오랜 시간 함께하며 리더의 코드를 파악하는 것이다. 이 경우 해당 업무에 리더가 가지고있는 기대감과 대략적인 아웃풋 이미지를 묻지 않아도 알 수 있다. 하지만 현실은 그리 녹록지 않다. 조직은 빠르게 변화하고 있고, 성과를 요구하는 주기 역시 짧아지고 있다. 이 경우 가장 합리적인 대안은 바로 '대화'이다. 딱딱한 보고 형식이 아니더라도 리더가 해당 업무에 자연스럽게 관심을 가질 수 있도록 유도하고, 어설픈 독심술보다는 직접적인 질문을 통해 어느 정도 코드를 맞출 필요가 있다. 이는 팀장뿐만 아니라 고위 임원급도 마찬가지다. 다가가기 어려울수록, 자신에 대해 부정적으로 생각하고 있는 리더일수록 오히려 더 자주 찾아가 상위 리더의 큰 그림을 파악해야 한다. 완벽은 큰 그림에 있어 정말 중요한 것에 집중하고, 미처 그리지 못한 그림을 완수하는 데 온 힘을 다해야 한다. 그리고 리스크가 적고 대세에 큰 지장이 없는 디테일은 구성원들에게 맡겨라.

수시로, 그리고 크게 봐야 한다. 최근 무언가 너무 정신없이 업무가 돌아가고 있다면, 가끔씩 너무 쓸데없이 사고가 터진다면, 너무 바쁘고 구성원들이 지쳐간다면, 잠시 업무를 멈추고 한 발짝 물러나서 봐야 한다. 이때 중요한 것은 혼자 고민하지 않는 것이다. 더 높은 곳에서 더 크게 보고 있는 상위 리더와 더 자주 대화하라. 그리고 충분히 여유를 두고 올해 중점 업무 중 무엇이 가장 우선순위인지를 판단하면 된다. 물론 이후에 이것을 어떻게 압도적으로 빛낼 수 있을지 고민하고 실행하는 것은 팀장과 팀원의 온전한 역량이지만, 적어도 나아가야 하는 큰 방향성을 잃어버리거나 꼭 했어야 하는 일을 방치하는 어리석음을 예방할 수 있을 것이다.

쉽게 설명할 수 있어야 좋은 성과다

일은 열심히 하는데 이렇다 할 성과를 창출하거나 인정받지 못하는 팀이 존재한다. 그리고 대부분 이런 조직은 하나의 공통점을 가지고 있다. 바로 그들의 성과를 어렵게 설명한다는 것이다. 좋은 성과는 명확하다. 매출을 전년비 ○○%, 계획비 ○○% 향상시켰다던가, 비용을 ○○% 절감시켰다 등의 메시지다. 매출 외에도 신규 인사 제도 도입을 통해 이직률 감소와 임직원 만족도에 도움을 줬다거나, 신규 특허 출원을 통해 ○○원의 미래 수익을 기대할 수 있다는 식의 성과 기술도 좋은 예시다. 조직 주요 의사 결정권자들 모두가 공감할 수 있는 분명한 목적Objective과 이에 따른 결과Key Result 가 명확하다. 설사 정량화가 불가능한 성과일지라도 업에 대한 본질과 목적에 충실했다면 충분히 공감할 수 있는 평가 지표를 만들어 낼 수 있다. 새로 만든 무언가를 잘 만들었다면, 그것이 제품이든 서비스든 교육 프로그램이든 이를 통한 결과로 필연적으로 이어진다. 고객과 이용자 수가 증가한다거나, 만족도 점수가 높아진다거나,

생산성이 높아졌다거나 하는 정량적 형태로 충분히 발현된다.

명확한 팀의 목표와 과제는 곧 팀의 성과와도 연계된다. 목적지를 분명히 알고 가는 구성원과 그렇지 않은 구성원 간의 성과 격차는 분명하다. 실제로 그렇지 못했던 조직이 리더가 바뀌고 난 뒤 기존에 꼬박 일 년이 걸려도 성과가 나지 않았던 업무를 불과 한 달 만에 끝내버리고, 심지어 그 결과도 훨씬 좋았던 케이스가 종종 존재한다. 그렇다고 과거의 리더나 구성원의 역량이 현재의 조직보다 떨어지는 것도 아니다. 단지 그들은 그들만의 리그에 온 힘을 다했을 뿐이다. 그 누구도 주목하지 않고 중계조차 하지 않는 매 경기에, 야근에, 회식에, 온갖 시간을 투입해 놓고 결국에는 그들만의 추억이 되어버린 것이다. 힘들게 그들만의 리그의 필요성을 백날 이야기해 봤자 아무도 공감하지 못한다면 그들의 노력은 의미가 없다. 세상 밖으로 꺼내 놓고, 모두가 해당 리그의 중요성을 공감할 수 있도록 만들어야 해당 리그는 비로소 성과가 된다.

즉, 리더에게 쉽게 설명할 수 있고 그 리더 역시 손쉽게 다른 이에게 설명할 수 있으며 모두가 공감할 수 있는 성과, 그것을 만드는 것이 팀장의 핵심 역할일 것이다.

Chapter 2

[하] 팀원 편

"나는 팀원에게"

팀장의 성공은 팀원 관리에 달려 있다고 말해도 과언이 아니다. 그만큼 팀장은 더 이상 개인의 실무 역량으로 평가받지 않고 팀 성과로 평가받는데, 그 성과는 팀장과 팀원 간 관계에서 99%가 결정된다. 여기서 말하는 '관계'는 단순히 친밀도를 의미하는 것이 아니라 팀원들이 업무에 오롯이 몰입할 수 있게 만드는 [신뢰/소통/업무] 영역에서 발휘될 수 있는 리더십 역량이다. 회사 내, 팀 성과가 좋은 팀들을 한번 떠올려 보자. 팀장–팀원 간 부정적 관계에 대한 이야기를 들은 적이 있는가? 대부분 그들은 우호적인 관계를 형성하며 서로에게 긍정적인 에너지를 주고받고 있을 것이다. 특히 팀원들의 팀장을 향한 플레이어십이 높을 것이고, 이는 결국 구성원들의 업무 몰입으로 이어져 자연스럽게 좋은 성과로 귀결된다. 그렇다면 우호적인 관계는 그냥 형성될까? 절대 아니다. 팀에 영향도가 가장 높은 팀장이 먼저 노력해야 하고, 다양한 '기술'들을 발휘해야 한다. 이번 장에서는 팀원과의 관계에 있어서의 팀장의 기술에 대해 이야기해 보고자 한다.

2-1

신뢰: 신뢰받는 팀장인가?

심리적 안전감을 갖게 하라

A 대리: "과장님, 저 지금 팀장님이 지시하신 보고서 다 작성했는데 언제 보고드리는 것이 좋을까요? 보고드릴 때마다 항상 깨지기만 하니 조금이라도 팀장님이 기분이 좋으실 때 보고를 드리고 싶은데 지금은 어떤 기분이신지 가늠이 안 돼서요."

B 과장: "지금은 아닌 것 같아. 우선 A 대리 전에 누군가 보고하는 걸 본 뒤에 그때 팀장님의 기분 상태를 파악하고 보고를 드리는 것이 좋을 것 같아. 내가 신호를 줄 테니 일단 기다려 봐"

A 대리: "감사합니다. 과장님. 그럼 이따가 과장님께서 메시지 주시면 그때 보고드릴게요. 그런데 과장님 혹시 지금 시간 되시면, 제 보고 한 번만 들어 봐 주실 수 있을까요? 물론 지금 연습을 해도 팀장님 앞에만 가면 머릿속이 하얘지고 말이 나오지 않겠지만, 그래도 그냥 기다리고 있기에는 마음이 너무 불안해서요."

B 과장: "그래. 그렇게라도 해야 A 대리가 마음이라도 편해진다면……. 회의실로 가서 한번 같이 작전을 짜 보자."

A 대리: "감사합니다, 과장님. 그리고 바쁘신데 시간 뺏어서 죄송해요."

위의 대화는 한 팀의 팀원 간 대화다. 대화의 주체가 갓 입사한 신입사원이 보고를 준비하는 상황이라면 조금은 이해가 가겠지만 보고를 준비하고 고민하고 있는 대상자는 조직 내에서 몇 년 간 일을 해온 대리급 직원이다. 만약 본인이 현재 리더 또는 향후 리더로 성장할 입장으로 위의 대화를 봤을 때 어떠한 생각이 드는가?

'요즘 저런 과장이 어디 있어?', '본인이 잘 못하니 깨지는 거 아니야?', 'A 대리에게만 국한된 상황 아닐까? 모든 팀원에게 저렇게 하겠어?' 등 일반적인 상황이 아닌 특수한 상황으로 생각할 수도 있다. 하지만 이 사례에서는 A 대리만의 문제가 아니라 팀원들 모두 팀장에게 보고하기까지 항상 겪는 일반적인 상황이었다. 물론 팀원들의 성향에 따라 일부 차이는 있겠지만, 대부분 본인이 작성한 보고서에 대해 자신이 없었다.

팀원들은 '어차피 팀장님 생각이랑 다르면 깨질 테니 고민 많이 안 하고 가지고 갈래!'라고 생각을 하거나 '진짜 내가 할 수 있는 건 다 했고 이게 최선인 것 같은데, 그래도 자신이 없네. 조금 더 찾아봐야 할까? 보고하기 싫다.'라고 생각했다. 이러다 보니 팀원들은 점점 도전적이고 창의적으로 일을 하기보다는 최대한 변화 없이 기존의 방식을 고수하며 소극적으로 업무를 수행하게 되었다.

실수한 팀원, 이를 나무라는 팀장

어느 날, 회사 임원들이 모두 한자리에 모였다. 그날은 분기에 한 번씩 회사 전 임원을 대상으로 인문학 특강을 하는 날이었다. 그런데 진행실에서 C 팀장의 큰 목소리가 들렸다. "무슨 소리야? 지금 와서 그렇게 이야기하면 어떡해! 어떻게 일 처리를 했길래 강사가 다른 장소로 가 있어?" C 팀장의 앞에는 A 대리가 고개를 푹 숙인 채 서 있었고, C 팀장은 고래고래 소리를 치고 있었다. 진행실 안에 있던 모든 팀원들은 밖으로 조용히 나왔고, 무엇을 어떻게 해야 할지 서로 안절부절못하고 있었다. C 팀장은 우선 시작 시간까지 얼마 남지 않았으니 프로그램 순서를 조정하라고 지시했고, 사회자를 통해 양해를 구한 뒤 특강 이후의 일정을 먼저 진행하였다. 행사 프로그램의 순서가 바뀌고 중간중간 쉬는 시간을 늘려 특강까지 잘 마무리할 수 있었지만, A 대리를 포함한 팀원들은 모두 의기소침해 있었다. 행사가 다 끝난 후 A 대리를 향한 C 팀장의 큰 소리는 다시 시작되었고, A 대리는 '죄송합니다'라는 말밖에 할 수가 없었다.

C 팀장은 팀원들이 실수를 하면 언제나 이에 대해 크게 혼을 냈고, 이런 일이 반복되다 보니 팀원들은 C 팀장과 이야기하는 것을 점점 어려워했다. 그러다 문제가 발생하면 이를 감추거나 본인 혼자 가슴앓이를 하며 어떻게든 수습하여 위기를 모면하려고 했다. 또한 업무를 수행하면서 담당자가 생각하기에 아닌 것 같아도 어차피 '답정너'인 C 팀장과 이야기하는 것이 어렵고 두려움까지 있는 상황에서 본인의 의견을 제시할 팀원은 없었다. 그래서 팀원 간 가장 많이 쓰던 용어가 '똥을 달라고 하니까 그냥 똥을 만들어 주자!'였다. 과연 이 팀은 어떻게 되었을까?

결국 팀원들은 하나둘씩 이직을 하거나 부서를 변경하였고, 결국에는 팀이 없어져서 그들이 하던 업무는 타 부서에 흡수되었다. 초반에는 어떻게든 성과를 만들어 냈지만 팀원들이 C 팀장과 이야기하는 것을 피하고 두려워하는 상황이 지속되면서, 문제가 발생했을 때도 감추는 상황이 많아지다 보니 팀 성과에도 영향을 미쳤다. 결국 C 팀장을 두려워하며 심리적으로 항상 불안해하던 팀원들은 업무를 최대한 적게 하고 도전적인 업무는 무조건 피하려고 했다. 그리고 이런 팀 분위기에 하나둘씩 번아웃되기 시작하다 결국 팀원들이 하나둘씩 회사나 팀을 떠나게 된 것이다.

이렇듯 심리적 안전감은 팀의 성과, 더 나아가 팀의 존폐에도 엄청난 영향을 미치게 된다. 심리적 안전감은 조직 내 매우 중요한 요소다. 이에 팀장들은 심리적 안전감이 무엇이고, 왜 중요한지를 정확하게 알아야 하며, 이를 통해 무엇을 얻을 수 있을지를 고민해 봐야 한다.

우선 연구자들이 어떻게 심리적 안전감을 정의했는지 살펴보자. Clark(2020)은 '심리적 안전감이란 대인 간 상호작용에서 두려움을 없애고, 존중과 허락을 통해 두려움을 대체하는 것이다.'라고 정의하였다. 또한 Edmondson(1999)은 '심리적 안전감은 구성원이 조직 내 대인관계 위험 감수에서 안전하다는 공통된 믿음으로 정의

된다.'라고 하였다. 마지막으로 심리적 안전감은 개인 차원을 넘어 보다 넓은 사회 및 직장과 관련된 인식을 나타내며, 사회나 직장이 어떻게 위험을 감수할 것인지를 인식하는 안전적인 심리와 방법을 포함한다Carmeli & Gittel, 2009. 이를 종합해 보면 심리적 안전감이란 조직 구성원들이 본인이 하고 있는 업무에 대해 자신감을 가지고 아이디어나 의견을 제시해도 타인(특히 조직 리더)과 편안한 분위기에서 자유롭게 이야기할 수 있는 환경일 것이다. 또한 팀 또는 개인의 목표 달성을 위해 어떠한 업무를 수행하더라도 비난을 두려워하지 않고 항상 도전할 수 있게 하는 조직 문화로 정의할 수 있다.

이런 심리적 안전감이 충만한 조직의 분위기는 어떨까? 우선 다른 어떤 팀보다 분위기가 밝고 긍정 에너지가 충만하다. 또한 팀원들이 업무를 수행함에 있어 적극적으로 의견을 제시하고, 보다 효율적이고 효과적인 방법을 찾고자 노력하며, 끊임없이 눈높이를 높여 도전적 목표를 수립 후 달성하고자 노력한다. 업무를 수행하다 실수하거나 실패를 하더라도 이에 대해 질책을 하는 것 대신 어떤 점이 잘못되었고, 앞으로 어떻게 하면 이런 실수나 실패가 반복되지 않을지 팀장과 팀원이 서로 함께 논의한다. 그리고 팀원들은 자발적으로 Lessons Learned를 정리하고 이를 팀 내 적극적으로 공유하여 다른 팀원들도 동일한 실수나 실패를 예방할 수 있도록 한다. 이렇게 구축된 조직 문화는 결국 팀의 성과를 높이고, 더 나아가 팀원들 성장에도 기여함으로써 개인의 성장을 통해 회사가 성장하고, 회사의 성장을 기반으로 개인은 더욱 육성되고 성장하는 선순환 구조를 구축하게 된다.

마지막으로 구글이 밝혀낸 '완벽한 팀을 만드는 5가지 비결'을 소개하고 마무리하고자 한다.

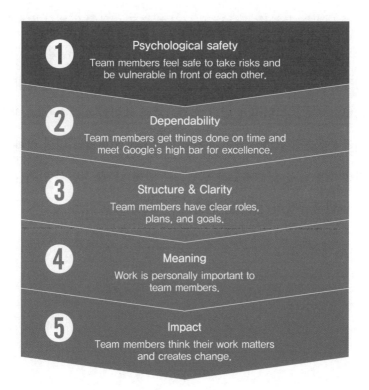

앞의 그림에서 보듯이, 구글이 찾아낸 효과적인 팀이 가지고 있는 5가지 공통점 중 첫 번째가 바로 심리적 안전감Psychological Safty이다. 구글은 "심리적 안전감이 가장 중요한 요소이며, 다른 4가지 원칙의 바탕이다."라고 말한다.

지금까지 위에서 이야기한 사례들과 세계적인 기업인 구글에서 이야기하는 것처럼 심리적 안전감은 팀의 성과에 큰 영향을 미친다. 팀원 스스로 '자신의 의견이 곧 정답'이라고 생각하게 하는 자신감 넘치는 문화를 구축하고, 그런 팀으로 이루어진 회사라면 앞으로 회사의 성장과 미래는 매우 밝을 것이다. 이 책을 읽고 있는 팀장들도 공포가 팀원들에게 동기를 부여할 것이란 잘못된 생각을 버리고, '늘 아이디어가 넘치고 활기차게 개인의 의견을 개진하며 적극적으로 논의하는 팀', '개개인의 성장에 기반하여 팀의 성과를 창출하는 팀'을 구축하고자 팀원들과 함께 팀 내 심리적 안전감을 가장 먼저 구축하기를 추천한다.

들키지 말고 드러내자

부족함은 더 시원하게 드러내자

실수나 실패를 인정하는 것은 쉽지 않은 일이다. 이보다 더 어려운 일은 부족함을 드러내는 것이다. 실수는 알고도 놓친 상황이며, 실패는 최선을 다하고도 성공에 도달하지 못했거나 경쟁 상대보다 실력이 부족해서 성공을 놓치는 경우다. 그래서 실수나 실패를 인정하는 것은 그렇게 부끄러운 일이 아니다. 그런데 알지 못하거나 경험하지 못한 일, 정보와 지식의 높낮이를 공개하는 일이 팀장의 위치에서는 때로 부끄러운 일이 되기도 한다. 특히 팀장이 팀원 앞에서 약점을 드러내기는 쉽지 않은 일이다. 그럼에도 솔직하게 드러내면 훨씬 더 효과적인 관계로 발전할 수 있음을 알아야 한다. 특히 나이가 많은 팀원과 함께 일하게 된다면 팀장의 경험과 판단의 미흡함을 진솔하게 털어놓고 그들의 경험과 지혜를 빌리는 것이 훨씬 더 좋은 결과를 만드는 지름길이다.

약점 드러내기는 효율적 문제 해결의 과정

팀장이라고 모든 것을 다 알고 있거나 모든 일을 해결해 낼 수는 없다. "내 머리로 안 되는 일은 남의 머리를 빌려야 한다."라는 기본적인 생각이 문제 해결 능력을 향상시킬 수 있다. 우리 모두는 약점을 드러내는 일에 주저할 필요가 없다. 약점을 드러내는 것이 부끄럽고 부담스러워서 누군가는 30분이면 끝낼 일을 3시간 넘게 끌어안고 있을 수 있다. 약점을 드러내는 일은 개인의 입장에서는 부끄러움을 이겨내는 차원이지만 팀의 입장에서 보면 더 나은 결과를 위한 필수적인 과정이다. 직장이라는 업무적 관계에서, 특히 같은 팀 내에서 약점 드러내기는 효율적으로 문제를 해결하기 위한 과정임을 잊지 말아야 한다. 무엇보다 함께 일하는 사람들의 시간을 절약해 주는 일이며 팀원과 신뢰를 쌓는 좋은 기회가 되기도 한다.

줌 알, 줌 못으로 나누던 시절

코로나19로 인해 비대면 업무 환경으로 급격히 전환된 지난 3년의 시간은 한때 줌Zoom을 사용할 줄 아는 사람과 모르는 사람을 갈라놓았고, 거의 매일 줌 회의를 개설하고 운영하다 보면 다양한 기능을 능숙하게 활용하는 사람과 그렇지 못한 사람을 나누기도 했다. 갑작스러운 비대면 환경에 적응이 어려웠던 J 팀장은 줌으로 하는 회의에서 몹시 당황스러운 경험을 했다. 문서 공유를 직접 해 보지 않고 회의에 참석했는데, 문서 공유 버튼을 찾는 데도 한참이나 걸렸을 뿐 아니라 공유할 자료를 찾지 못해서 회의에 참석한 사람들을 한동안 기다리게 한 것이다. 실제 지체한 시간은 5분 이내였지만 혼이 쏙 빠질 만큼 진땀나는 시간이었다. J 팀장은 회의를 마치고 팀원들과 모인 자리에서 이렇게 얘기했다.

"저는 줌이 너무 무서워요. 누가 저를 줌맹에서 탈출시켜 주실 건가요?" 그날 팀 막내인 S가 자원해서 줌에서 문서 공유 방법과 템플릿 사용법, 주석 달기까지 다양한 기능을 아주 쉽게 가르쳐 주었다.

퇴근 후 치킨에 맥주 한잔을 하면서 업무 외적인 소소한 일상의 이야기를 나눌 수 있었고, 돈독한 관계를 만들 수 있었다.

코로나가 급격히 확산되어 전사적으로 재택근무를 시행하게 되었을 때 모든 팀장들은 매일 업무가 시작되는 10시에 맞춰 팀원들과 줌 회의를 통해 업무를 공유하고, 오후 6시 10분 전에는 다시 줌 회의를 소집해서 업무 마감 회의 후 결과를 보고해야 했다. 줌이나 구글 미트로 온라인 회의를 개설하고 문서를 공유하면서 업무를 진행하는 것이 지금이야 일상화된 일이지만 초기에는 제공받은 링크에 접속하는 것도 낯설었던 시절이 있었다. 코로나가 지속되자 고객에게 제공하는 모든 서비스가 비대면 체제로 빠르게 전환되어야만 했다. 비대면 업무 효율을 높이기 위해 협업 툴 잔디JANDI의 전사 도입이 결정되었고, 내부 업무용으로 활용을 넘어 고객에게 제공되는 교육과정에도 도입되었다.

잔디를 깔았더니 노션은 또 뭐야?

연초 주간회의에서 경영진으로부터 올해부터는 회사가 제공하는 모든 프로젝트의 운영 시 노션Notion으로 운영 홈페이지를 만들고 관리하는 것이 좋겠다는 의견이 나왔다. 청년 중심으로 이뤄진 타 사업부에서 노션을 적극적으로 활용해 업무 효율을 높이고 있다는 것이 이유였고, 사실 의견이 아니라 지시사항이었다. J 팀장이 담당하는 프로젝트 중 하나는 5년간 지속되는 장기 프로젝트로, 별도 도메인의 홈페이지로 운영하고 있어서 노션으로 운영 홈페이지를 만들어야 하는 이슈가 없었지만, 올해 새로 확정된 프로젝트는 노션으로 운영 홈페이지를 만들어야 하는 대상이 되었다. 경영진의 지시사항을 무시할 수도 없는 노릇이고, 이걸 외주로 처리하자니 예산도 잡혀 있지 않은 상태라 결국 팀 내에서 누군가 해결해야 하는 상황이었다. J 팀장은 지체 없이 팀 회의를 소집하고 다음과 같이 솔직하게 이야기했다.

"저는 새로운 것에 대한 두려움이 정말 큰 편이에요. 사람들은 제가 업무를 빠르게 처리하니 생산성 도구에 능숙한 사람이라고 생각하는데요. 사실 생존형 스마트워커랍니다. 구글 스프레드시트에서 검색 기능을 찾는 데도 무진장 애를 먹었거든요. 오늘 주간회의 때 노션으로 프로젝트별 홈페이지를 만들고 모든 과정을 관리하라는 대표님 지시가 참 부담스럽네요. 제가 노션 운영 페이지를 직접 만든다면 아마 우리 과업이 끝날 때쯤 완성될 것 같습니다. 우리 팀에서 누가 이 일을 제일 잘할 수 있을까요? 이번 프로젝트는 지난

해처럼 포털 사이트에 밴드를 개설해서 사후관리를 해야 할까요? 우리 팀 내에서 해결이 어려우면 노션을 잘 활용하는 사업부에 도움을 요청해야 할 것 같아요."

이렇게 고민을 털어놓았다.

해결사는 의외로 가까운 곳에 있다

J 팀장이 이끄는 팀에 새로 합류한 C는 며칠 뒤 노션으로 뚝딱 교육과정 운영 홈페이지를 개설해서 업무 공유 토픽방에 올렸다. C의 주도적이고 빠른 업무처리에 대해 팀원들이 모두 모인 공식적인 자리에서 고마운 마음을 전했다. C는 노션의 사용이 기록에도 용이하지만 본인이 담당해야 할 교육 운영 시 문자, 이메일을 좀 줄이고 싶어서 시작했다고 했다. 손이 빠르고 다양한 워크스페이스를 잘 활용하는 C가 있었기에 다른 팀의 손을 빌리지 않고도 노션으로 연간 프로젝트 운영에 효율을 더할 수 있게 되었다. 만약에 J 팀장이 솔직하게 털어놓지 못한 채 노션 홈페이지를 붙들고 끙끙 앓았다면 C의 강점을 발견하지 못했을 것이고, 대표의 지시를 뭉개는 팀장이 되었을 것이다. 내가 해결할 수 없는 일을 훨씬 더 쉽게 해

결하는 사람들이 가까이에 있다는 것을 잊지 말자.

새로운 것에 대한 두려움을 이겨내는 노력도 필요하다. 생산성 앱이 본인에게 위협이나 손해를 입히는 것도 아닌데 처음 보는 낯선 환경 때문에 은연중에 두려움을 느끼는 것이 사실이다. 첫 경험이 어려울 뿐 조금만 사용해 보면 누구나 쉽게 따라 하고 스마트워크를 실천할 수 있으니 두려움을 이겨내 보자. 새로운 생산성 앱의 출현과 업무에 도입되는 것이 반갑지는 않겠지만 자주 사용하는 기능만이라도 선택적 학습을 통해 익숙해져야 한다. 팀원이 알아서 만들었다고 해서 그저 몰라도 되는 일이라고 외면하지 말자는 이야기다. 사용하는 게 쉽지 않을 때는 잘하는 구성원에게 술과 밥을 사 주면서라도 배워야 한다. 팀장 역할의 본질이 아닌 부분에서의 약점을 드러내는 일은 쉽게 용서가 되니 두려워하지 말자.

팀장으로서 역할에 더 집중해야 한다

팀장의 역할은 1년간 사업을 계획하고, 목표를 성공적으로 완수할 수 있게 관리하는 것이다. 특히 매출을 만드는 사업부를 이끈다면 매출을 만들 때 영업 이익을 꼼꼼히 따져서 적절한 이윤을 만들어 내는 데 집중해야 한다. 팀원들의 영혼을 갈아 넣어야 이익이 생기는 구조가 아니라 즐겁고 당당하게 일할 수 있는 환경을 만드는 것이 팀장의 중요한 역할인 것이다.

팀장은 당해 연도의 사업 수주부터 예산집행 권한, 팀원의 근태 관리 등 중요한 의사 결정 권한을 가지고 있다. J 팀장이 근무하는 회사의 프로젝트 사업부는 팀별로 수주한 사업 예산이 배정되면 인력의 확보 재배치 등의 권한도 팀장에게 주어진다. 팀 내 신규 프로젝트가 유치되면 해당 프로젝트에 투입할 계약 직원 선발 시 인사권이 여기에 해당한다. 물론 경영진의 최종 면접이 진행되기는 하지만 실무팀장 면접의 결과를 뒤집는 일은 거의 일어나지 않는다. 예산집행의 전결 권한도 실로 막중한 책임이다. 1년 동안 사용하는 예산을 효율적으로 집행하기 위해 운영 중 집행 항목의 전용 결정과 정산 가이드도 잘 챙겨야 한다.

사업을 운영하다 보면 중간중간 변수가 발생하기도 하고, 타 부서와 리소스를 다투는 일이 벌어지기도 한다. 팀 구성원들이 기존에 일하던 방식에 변화가 생긴다거나 팀 구성원이 교체되는 등 변화를 감당해야 하는 주체가 팀원일 때는 더욱 독단적인 의사 결정을 피해야 한다. 이는 팀장 스스로 판단 능력의 약점을 드러내서 보다 합리적인 결론에 도달하기 위함이다.

판단 능력의 약점 드러내기

경영진과 의사소통 시에도 팀에 새롭게 부여받은 업무나 지시사항에 대해 대응하는 방법을 혼자 결정하는 것은 금물이다. 팀장이 독단적으로 의사 결정을 하게 되면 팀원들의 지지를 이끌어 내기도 어렵고, 더 큰 문제는 잘못된 의사 결정을 할 수 있기 때문이다. 혼자 결정하기 어려울 때, 판단 능력의 약점을 드러내야 한다. 예를 들어, 경영진에서 갑자기 다른 팀에서 담당하는 실무를 우리 팀 구성원에게 업무 배정을 검토해달라는 상황이라고 할 때 팀원들과 어떻게 의사소통을 할 것인가?

1) 경영진에서 올해 처음으로 시작한 프로젝트의 일부 업무를 저희 팀의 구성원에게 담당해달라는 요청이 있는데, 여러분은 어떻게 생각하십니까? 안 한다고 하기는 힘들 것 같습니다.

2) 경영진에서 올해 처음으로 시작한 프로젝트의 일부 업무를 저희 팀의 A, B, C 매니저님들의 업무 노하우가 뛰어나니 하나의 케이스만 맡아달라는 요청이 있습니다. 지금 맡고 계신 업무도 과중한 상태라 거절하려고 합니다. 무리가 되지 않는 선에서 거절하

는 방법은 무엇일까요?

3) 경영진에서 올해 처음으로 시작한 프로젝트의 일부 업무를 저희 팀의 A, B, C 매니저님들의 업무 노하우가 뛰어나니 하나의 케이스만 맡아달라는 요청이 있습니다. 이미 다른 팀에 배정된 프로젝트고 업무 담당자가 있는 일인데요. 우리 팀에서 업무에 참여하는 게 맞을까요? 그리고 하나의 케이스만 처리해 주는 것으로 업무 정리가 가능하실까요? 여러분의 생각을 듣고 싶습니다.

1)과 2)는 이미 결론이 포함된 접근이다. 3)의 경우가 팀장이 판단을 유보하고 구성원의 의견을 듣겠다는 내용의 접근이다. 실제 구성원의 진솔한 의견을 받아내려면 내 판단을 앞세우지 않고 맥락을 잘 설명해야 한다. 실무를 처리해야 하는 담당자의 의견이 무엇보다 중요한 상황이기 때문이다. 경영진의 요구대로 정말 하나의 케이스만 지원하는 단기 업무로 가능한지, 실무자의 의견을 듣고 결정해야 한다.

그밖에도 프로젝트의 운영과 관련하여 중요한 의사 결정을 해야 할 경우에는 항상 개별 면담을 통해 구성원의 이야기를 듣는 시간을 가져야 한다. 그리고 팀장의 판단과 구성원들의 의견이 다를 경우에는 다시 검토해 보고 조정 의견을 만들어서 대표에게 보고해야 한다. 이 또한 팀장이 판단의 약점을 구성원들에게 드러내는 방법이고, 더 합리적인 문제 해결의 방법이다.

함께하려고 노력하라.
모든 것은 공감대에서 온다!

A 사장은 어느 날 B 프로와 우연히 엘리베이터에서 만났다. A 사장은 B 프로에게 진행 중인 메타버스 프로젝트는 어떻게 되어가고 있냐고 물었다. B 프로는 '어려움은 있지만 조금씩 진척이 있다'라고 대답하며, '사장님, 하나 여쭤 봐도 될까요? 이 메타버스 프로젝트는 왜 하는 거예요? 저야 위에서 하라 하시니 합니다만'이라고 말했다. A 사장은 실로 충격적이었다. 기존의 교육 플랫폼을 메타버스 기반으로 대폭 수정하여 보다 인터랙티브interactive한 환경에서 다양한 교육 기회를 제공하기 위하여 시장을 선점해야겠다고 팀장들에게 그렇게 수차 얘기했건만, 어찌 플랫폼 개발팀의 핵심인 B

프로가 이렇게 얘기를 할 수 있는 것일까? 어디서부터 문제가 생긴 걸까?

왜 공감대가 없는 걸까?
혹시 다 틀어쥐고 있는 건 아닐까?

팀장과 팀원의 큰 차이 중 하나는 보다 많이 노출된다는 점이다. 경영진과의 보고, 지시사항 수명은 물론, 관련 부서의 협조 요청 및 타 팀장들과의 교류, 팀을 리딩하기 위해 필요한 회사의 정보, 사소하게는 구성원 근태 및 동향에 이르기까지 팀원에 비해 사람이나 정보에 빈번하게 노출된다. 문제는 이 노출이 어떤 형태든 팀의 것이 되어야 하는데 이게 쉽지 않다는 것이다. 당연히 보고도 많고 노출이 많다 보니 진득하게 앉아서 이를 팀원들에게 공유해 주거나 설명해 줄 시간도 부족하고, 또 챙기는 일이 많다 보니 의도하지 않게 놓치는 경우도 비일비재하다. 어떤 일을 함에 있어 팀 내 공감대는 이후의 문제이고, 일단 성과를 내기 위해 달려야 한다는 조급함이 압박해온다. 이에 전후좌우를 살피지 않고 배경 설명 없이 지시성으로 팀원들에게 업무를 분장(페이지를 배분)하고, 지시가 어려운 부분은 본인이 틀어쥐고 머리를 쥐어뜯으면서 기획안 보고서를 직접 작성한다. 부랴부랴 경영진과 약속한 기한에 맞춰 작성한 기획안 보고에서 허술한 논리와 무리한 일정 계획으로 질타를 받는다. "도대체 주어진 시간이 충분하지 않았냐? 도대체 팀원이 몇 명인데 이 정도 수준의 기획안밖에 나오지 않는 거냐? 전면 수정하여 재보고하라." A 팀장은 경영진의 피드백에 대한 자의적인 해석을 바탕으로 다시 팀원을 모아 본인의 아이디어로 보고서 수정을 진행한다. 악순환의 반복이다.

B 팀장은 회사에서 일을 잘하기로 유명하다. 스마트함을 기반으로 팀을 잘 리드하고 일처리를 잘한다. 또한 논리정연한 언변으로 보고하는 것 역시 매우 능하다. 하지만 정보를 잘 공유하지 않는다. 본인이 팀에 공유할 정보를 본인의 잣대로 선별하여 팀원에 공유한다. 본인만이 가지고 있는 정보로 이를 무기화하여 팀원들을 압박한다. 이뿐만 아니라, B 팀장은 팀원들과 경영진과의 접촉을 최소화한다. 모든 보고는 본인이 직접 해야 하고, 그 모든 성과는 다 본인이 독식한다. 항상 "우리 팀이 했습니다.", "우리 팀의 의견입니다."가 아닌, 다 "제가 했습니다. 저의 아이디어입니다."라고 이야기한다. 같이 일하는 팀원은 경영진이 무슨 생각을 하고 있는지, 진행하고 있는 프로젝트에 대한 경영진의 피드백이 무엇인지, 모두 B

팀장을 통해서만 알 수 있다. 그것도 알려 주는 내용 중심으로. 점점 B 팀장의 주위에는 시키는 일만 하거나 팀장 뒤에 숨어 있기를 원하는 팀원들 중심의 수동적인 조직이 되어가고 있다.

C 팀장은 그다지 공정한 사람이 아닌 것 같다. D 팀원을 눈에 띄게 편애한다. 상위 고과도, 사소한 포상도 모두 그에게 돌아간다. 두 사람은 집도 가까워 퇴근 후에 자주 치맥도 즐기고(다른 팀원들이 모르는 줄 안다), D 팀원이 C 팀장의 집으로 가서 픽업을 해 오는 일도 빈번하다. D 팀원은 곰 같다. C 팀장의 말만 우직하게 듣고 주위 팀원들의 분위기를 살피지 않는다. 본인의 등 뒤에 꽂히는 시선을 느끼지 못하는 것 같다. 팀원들에게는 D 팀원이 없는 메신저 방이 존재하지만 그는 이를 모른다. C 팀장과 D 팀원만 모르고 있는, 항상 빈번한 커뮤니케이션이 일어나고 있는 메신저 방이다. 다른 팀원들은 팀장이 같이 점심 먹으러 가자고 해도 싫은데, 팀장이 D 팀원과 단 둘이 점심 먹으러 가는 건 더 싫다. 퇴근길에 지하철을 타러 같이 가는 것도, 회사 앞 피트니스 센터에서 마주치는 것도 다 싫다. 너무 극단적인 사례가 아닌가 하고 생각할 수도 있겠지만, 한편으로는 주위에서 쉽게 접할 수 있는 팀장의 모습이 아닐까. 본인이 팀원일 때는 그렇게 싫어하던 팀장의 모습을 본인이 몸소 시연하고 있는 경우는 비일비재하다.

팀이 효율적으로 일을 해내고, 그 결과로 성과에 대한 정당한 평가를 받고, 그 과정에서 모두가 같이 성장하기 위해서는 우선 공감대가 형성되어야 한다. 우리 모두가 같은 일을 하고 있고 이렇게 얻어낸 성과에 대한 평가는 모두에게 고루 돌아갈 것이며, 이를 통해 자기 자신이 한 발짝 더 나아간다는 느낌이 있어야 할 것이다. 이는 팀원들 간에 자발적으로 만들어질 수 있는 분위기일 가능성은 희박하다. 그건 팀장의 역할이다. 우선 팀장이 팀원들에게 같이 할 수 있다는 신뢰를 주어야 한다. 그래야 그 과업이 다소 무겁더라도 한마음으로 움직일 수 있는 원동력이 된다. 팀장은 팀원들에게 동력을 주기 위한 노력을 쉼 없이 기울여야 하고, 그런 노력들을 때로는 과하다 싶을 때까지 해야 한다.

공감대를 형성하기 위해 팀장이 지켜야 할 것들은 다음과 같다.

1) 투명하게 공유한다.

기브 앤 테이크Give and Take, 인지상정이다. 내가 줄 것도 주지 않으면서, 어떻게 구성원의 노력과 성과를 받으려고만 할 것인가. 우선 팀장은 본인에게 주어진 정보를 팀원에게 투명하게 공개한다. 그게 경영진의 지시사항 및 일정, 각 부서들이 하고 있는 프로젝트와 인사 발령, 부서 동향, 거래선 및 업계 시황 등 고급 정보부터 사소하게는 기획팀 김 팀장의 남편 동향까지, 서로의 정보가 평소 동일 선상에 있어야 무언가를 추진할 때 추진력을 빠르게 받는다. '이건 당장 우리하고는 상관없는 프로젝트니 공유해 봐야 스팸 메일 되는 거 아냐?' 이런 판단은 팀원에게 맡기면 된다. 이러기 위해서는 결국 끊임없이 의사소통을 해야 한다. 온라인 회의든 대면 회의든, 이메일, 업무 메신저, 점심시간, 티타임, 회식 자리, 퇴근길 등등. 물론 TPO에 맞춰야 할 부분은 있겠지만, 입을 딱 다물고 있는 리더는 매력 없다.

2) 업무 분장도, 평가도 공정하게 한다.

리더도 사람이다. 실수? 당연히 한다. 편애? 마음에 드는 걸 어쩌겠는가. 하지만 타당한 이유는 있어야 한다. 실수와 은연중에 나타나는 편애가 문제가 되지 않으려면 우선 업무 분장이 분명해야 한다. 10명의 구성원이 있다고 치자. 100개의 업무가 있으면, 각자 10개씩을 맡으면 명확해 보인다. 근데 이 100개의 업무가 같은 난이도일 수는 없다. 난이도 1~10까지 매우 다양할 것이다. 팀원들 개개인의 역량도 천차만별이다. 이 안에서 중심을 잡고 적절하게 인원을 배치하는 것은 팀장의 역할이다. 이를 잘 정리해서 서로가 납득이 갈 수 있는 팀 내 업무 분장을 한다면 일단 첫 단추는 끼운 셈이다. 팀장으로서 지속적으로 각 업무별로 성과를 관리하고 또 필요하면 조정을 하면서 팀원들의 워크 밸런스를 맞춰 줘야 한다.

이와 동시에 팀원에게 공정한 평가와 보상을 제공해야 한다. 공정함이란 뭔가를 제공하는 사람이 느끼는 감정이 아니라, 제공받는 사람이 느껴야 하는 감정이다. "A는 덩치가 크니까 3개를 주고, B는 많이 안 먹으니 2개를 줄게." 이렇게 하면 제공하는 입장에서는 합리적이라 생각할 수 있겠지만, 한 번에 많이 안 먹고 조금씩 자주 먹는 B도 결국은 3개가 필요하다고 생각하는 게 너무 당연한 감정이 아닐까? 공정함은 같은 선상에서 팀원들을 본다는 얘기다. A는 빵 10개를 만들었으니 3개를 주고, B는 7개를 만들었으니 빵 2개를 주는 것, 이러한 공정함이 전제되어야 조직이 동기를 얻어 앞으로 나아갈 수 있다. 팀원들은 편애라 느낄 수도 있겠지만, 정당한 이유와 성과를 기반으로 보상이 특정인에게 쏠리는 건 뚜렷한 명분이 있지 않은가.

3) 본인들의 입으로 말하게끔 한다. 우린 같이 간다.

콘텐츠 개발팀의 메신저 방에는 총 13명의 팀원이 있다. 주로 업무적인 소통을 위해 만든 메신저 방이다. 이 방에는 화자가 딱 팀원 1명이다. 팀장이 방을 만든 초기에는 뭔가를 이야기하면 몇몇 팀원들이 대답이라도 해 줬건만 이제는 반응도 없다. 팀장은 줄어가는 메시지 앞 숫자를 보면서 '아, 다 읽긴 했구나.'라고 안도의 한숨을 내쉰다. 주인이 없다. 팀원들은 주어진 업무를 마지못해 쳐 낸다는 느낌으로 해내고 있다. 딱 얘기한 만큼만 한다. 이런 식의 소통에는 벽이 보이기 시작한다.

특정한 과제가 주어졌을 때 통상은 경영진의 지시를 받거나 해결해야 할 문제를 발의한 리더를 중심으로 구성원이 구성되고, 함께 방향을 잡고 아이디어를 내서 해야 할 일과 업무 분장과 일정 등을 고민하며 일을 시작할 것이다. 모든 일이 그렇겠지만 시간에 쫓기다 보니 조금이라도 많이 알고 먼저 고민한 팀장이 스타트를 끊고 피니시까지 혼자 달려버린다. 같이 모여 고민하는 게 아니라 팀장 본인의 생각과 방향을 공유하는 자리가 된다. 이 자리에 참가한 사람들은 '한번 해 보자'라는 생각이 아니라 조금이라도 내 과제가 적었으면 하는 생각으로 자리를 지킨다. 이래서는 안 된다. 물론 최적의 성과를 내기 위해 가장 빠른 길을 찾고 효율을 추구해야겠지만, 초반의 조급함이 끝까지 좋은 성과를 낼 수 있을지는 미지수다. 다소 돌아가더라도 팀원의 입을 열게 해야 한다. 본인들의 입으로 본인들이 해야 할 일을 말하게 하라. 그래야 그 일이 조금이라도 진심이 담긴 본인의 일이 되고, 그 성과에 대한 책임도 따른다.

받아 쓴 미션은 노트에, 정리된 회의록은 PC에만 남는다. 본인들의 입으로 얘기해야 머릿속에 남는다.

4) 짧은 미래라도 함께 그린다.

물론 팀의 장기적인 미래와 팀원 모두의 발전에 대한 장기적인 청사진, 그리고 팀원들에게 비전을 제시해 줄 수 있으면 당연히 그렇게 하면 된다. 그러나 당장 하루하루 실적을 쫓기는 상황에서 웬만해서는 쉽지 않은 일이다. 아쉽더라도, 팀원 모두가 공감할 수 있는 단기적인 목표를 함께 세우면 어떨까? 이 프로젝트나 이 기획안이 끝나면 최소한 2주간은 야근을 안 한다거나, 돌아가며 휴가를 간다거나, 맛있는 뷔페에 가서 배 터지게 회식을 한다거나, 치킨을 사서 야구장에 간다거나 등등 팀원들이 가시적으로 상상할 수 있고 좋아할 만한 공동의 미래를 그린다면 그 동력으로 충분히 활용 가능하고 성취감도 같이 따라올 것이다. 팀장이 이를 지켜 준다는 전제하에 말이다.

소통:
대화하고 싶은 팀장인가?

'말할까, 말까?'
고민하지 않게 하는 법

매주 화요일은 A팀 일주일의 업무 추진에 가장 중요한 날이다. A 팀은 조직 구조상 본사와 물리적으로 떨어져 있다. 그러다 보니 매주 화요일마다 본사 임원 주관으로 각 팀장들과 화상으로 주간회의가 진행된다. 그리고 주간회의가 끝나면 팀원들은 모두 B 팀장의 표정에 주목한다.

본사 임원의 성격이 주도적이고 추진력 있는 스타일인 반면, B 팀장은 매우 조용하고 소극적이어서 주간회의에서 업무 보고 시 수세에 몰리는 경우가 가끔 있다. 그러다 보니 주간회의를 끝내고 나오는 B 팀장의 모습만 봐도 현재 그의 심리적인 상태나 기분이 너무 눈에 보인다. 그리고 팀원들은 그의 눈치를 보며 그날 보고를 할지 말지, 업무 추진을 위해 필요한 말을 할지 말지 그리고 그 주의 업무를 어떤 식으로 진행할지를 결정한다. 이렇게라도 파악을 할 수 있으면 다행이지만.

팀원들은 가끔 '지금 팀장님에게 보고를 해도 될까, 안 될까?', '말할까, 말까?'를 고민한다. 주간 보고를 끝내고 나온 B 팀장을 봤을 때 임원에게 깨진 것 같지도 않고, 조금 지쳐 보여 어떻게 해야 할지 모르는 경우다. 이럴 때 팀원들은 서로 눈치를 보며 누가 먼저 보고하기만을 기다리게 된다. 그렇게 불안한 마음으로 시간을 낭비하고 있는 것이다. 그러다 팀원들은 그냥저냥 하는 것 없이 회사에서의 하루를 마감하게 된다. 위의 사례에서 보는 것처럼 팀원들은 팀장의 현 상태(심리적 상태 또는 기분 등)에 따라 '말할까, 말까?'를 고민할 때가 많다.

이러한 상황들이 반복되다 보면 팀원들은 눈치 보느라 타이밍을 놓쳐 보고가 점점 늦어질 것이고, 그로 인해 업무 진행 속도도 느려져 팀의 성과에 안 좋은 영향을 미치게 될 것이다. 또한 어려운 상황에 대해 적시에 솔직하게 공유하지 못하는 경우도 생겨 간단히 해결할 수 있는 문제가 큰 사고로 이어질 수도 있다. 더 나아가게 되면 팀 내 소통이 안 되는 문화가 형성되어 어디선가 계속적으로

곪아가는 부분이 생길 것이고, 이로 인해 팀뿐만 아니라 회사의 성과에까지 안 좋은 영향을 미치는 결과를 초래할 수도 있다. 그럼 팀원들이 팀장의 눈치를 안 보며 '말할까, 말까?'에 대해 고민하지 않고 스스로 알아서 성과를 창출할 수 있게 하려면 팀장은 어떻게 해야 하는 것이 좋은지 생각해 보자.

팀원들에게 예측 가능한 팀장이 되자!

팀장의 눈치를 본다는 것은 어떠한 행동을 함에 있어 '지금 해도 될까? 할까, 말까?' 등을 고민하는 것이다. 이렇게 고민하다 보면 자연스럽게 팀원들의 심리 상태는 불안하고 불안정해질 수밖에 없다. 물론 인간관계에서 눈치를 안 보며 살 수는 없다. '눈치 없는 놈'도 나쁜 놈인 것처럼 사회생활에서 어느 정도의 눈치는 필요하다. 하지만 팀원들이 과도하게 눈치를 보게 되어 사회생활, 조직생활이 불안하고 불안정하다고 느끼고 있다면 이 또한 그렇게 만든 팀장 스스로 개선이 필요한 상황이다.

팀장의 기분이 안 좋은 것 같아서 팀원들이 '말할까, 말까?'를 고민하다 결국 말을 했는데 팀장이 본인의 기분에 따라 행동하고 부정적이다 못해 가혹한 피드백을 했을 경우, 팀원들은 점점 '말할까, 말까?' 하는 상황이 오면 불안을 느끼고 숨기고 감추게 될 것이다. 이때는 차라리 '지금 내가 급한 일이 있으니 조금 후에 보고를 하면 어떨까?', '내가 이따가 부를 테니 그때 보고해 줬으면 좋겠어' 등의 말을 함으로써 일단 본인의 감정을 다스릴 시간을 확보하자. 그리고 감정이 포함되지 않고 객관적으로 보고를 받을 수 있는 환경을 조성하여, 팀원들이 팀장의 눈치를 볼 수는 있지만 이로 인해 불안해하는 상황까지는 만들지 말아야 한다.

먼저 다가가서 말해 주자!

팀장도 팀원들의 눈치를 봐야 한다. '내가 팀장인데 왜 팀원들의 눈치를 봐?', '임원 눈치 보기도 힘든데 팀원들 눈치까지 보라고?', '라떼는 말이야. 팀장은…….' 등등의 생각을 하며 이게 무슨 소린가 하는 팀장도 있을 것이다. 하지만 여기서 말하는 눈치는 일반적인 사회생활에서 누구나 다 보게 되는 눈치를 말하는 것이다. 사회생활, 조직생활을 하면서 눈치 없는 사람이 되지 않으려고 하는 것은 팀장이나 팀원이나 모두 노력해야 하는 부분이다. 눈치 빠른 팀장이 팀원들과 소통도 더 잘하고 업무 성과도 좋다.

이에 팀장은 항상 팀원들을 잘 관찰하고 현재의 상태가 어떤지 빠르게 눈치챌 수 있는 센스가 필요하다. 이런 센스가 있는 팀장은 업무를 수행함에 있어 혼자 어찌할 바를 모르고 끙끙거리고 있는 팀원을 쉽게 발견할 수 있을 것이고, 이때 먼저 다가가 이야기를 들어 주고 조언이나 지원을 해 주려고 노력한다면 팀원들과의 신뢰는 더욱 단단해질 것이다. 더 나아가 팀원들은 이렇게 행동하는 팀장을 통해 본인에게 큰 우산이 있다는 생각이 들면서, 보다 더 자신감을 가지고 업무를 수행할 수 있을 것이다. 다시 말해, '말할까, 말까?'로 팀원들이 고민에 빠지기 전에 팀장이 먼저 '어떻게 해 줬으면 좋겠어'라고 말해 주면 팀원들은 편안하게 판단하고, 보다 안정적으로 업무를 수행할 수 있을 것이다.

팀원의 말에 상처받지 않기 위해 노력하자!

팀장도 팀의 리더이기에 앞서 사람이다. 팀장도 팀원들의 말이나 행동에 상처를 받을 수 있다. 이렇게 받은 상처가 누적되거나, 그 상처가 아물기도 전에 지속적으로 상처를 받게 된다면 팀장은 힘들고 괴로워할 것이다. 물론 팀의 리더로서 이러한 일에 상처받지 않고 훌훌 잘 털어내면 좋겠지만, 앞에서 말했듯이 팀장도 사람이기에 상처를 받는 일이 반복되면 힘들어지는 것은 당연하다. 특히 이러한 상황이 특정 팀원을 통해 반복적으로 발생하게 된다면 그 팀원에 대해 안 좋은 감정이 생기게 될 것이고, 그 감정은 그 팀원을 향한 분노로 변하게 될 것이다. 그렇게 되면 자연스럽게 그 팀원의 보고와 말이 좋게 보일 수 없고, 감정이 앞선 안 좋은 피드백을 하게 된다. 이러한 상황이 반복되면 당연히 그 팀원은 점점 팀장의 눈치를 보며 불안하고 불안정한 회사 생활을 하게 될 것이고, 그 팀원과 팀장의 소통은 서서히 단절될 것이다.

이러한 악순환을 끊으려면 팀원들도 스스로 노력을 해야겠지만, 우선은 팀장이 팀원들로부터 상처받지 않으려는 노력이 필요하다. 그러려면 팀장은 우선적으로 팀원들의 성향을 최대한 파악하고, 그들과의 신뢰를 탄탄하게 구축하려고 노력해야 한다. 신뢰가 기반이 된다면 감정적인 피드백을 했다 치더라도 추후 빠르게 수습하고 관계를 회복할 수 있다. 또한 신뢰를 기반으로 팀원들과 솔직하게 소통하는 것도 좋은 방법이다.

'팀원 여러분! 저도 사람입니다! 그래서 저도 여러분의 말에 상처를 받을 수 있고, 이로 인해 감정이 상할 수도 있습니다. 앞으로 제가 이러한 상황이 일어나게 되면 먼저 이야기를 할 테니, 여러분도 저로 인해 상처를 받거나 힘든 일이 생긴다면 바로바로 말씀해 주셨으면 좋겠습니다.'

이렇게 팀장이 먼저 팀원들에게 솔직하게 말하는 것이다. 물론 '저는 이런 사람이니까, 이렇게 행동할 수 있어요. 그럴 땐 이렇게 대해 주셨으면 합니다.'라며, 팀장으로서 했으면 하는 말을 먼저 이야기하는 팀원이 있을 수 있다. 그럼 팀장은 조금 더 편하게 팀을 이끌어 나갈 수 있고, 자연스럽고 솔직하게 소통하는 문화가 구축될 수 있다. 하지만 대부분의 경우, 솔직하게 소통하는 문화를 만들려면 팀장이 먼저 이야기를 해 줘야 한다. 그렇게 된다면 팀원들은 보다 편안하게 팀장에게 다가올 것이고, 서로 간의 신뢰 구축을 통해 솔직하게 소통하는 문화가 자리잡을 것이다. 이러다 보면 팀장도 팀원들 때문에 상처를 받을지언정 빠르게 회복할 수 있을 것이며, 팀장과 팀원 간 신뢰 구축에 많은 도움이 될 것이다.

팀원과 신뢰를 구축하자!

신뢰를 구축하라고 해서 '말할까, 말까?'를 고민하는 문화가 배어 있는 팀원들에게 처음부터 친한 척하며 사적인 부분까지 훅 들어가면 팀원들은 오히려 마음을 닫게 될 것이다. 팀원들은 새로 온 팀장이 어떤 스타일인지 몰라 이미 매우 불안한 상황인데, 마치 원래 우리 팀의 팀장이었고 서로 다 아는 친한 사람처럼 다가오는 팀장에 대해 '나를 평가하는 건가? 시험하는 건가? 진심일까?' 등 여러 고민을 할 수도 있다. 이럴 경우 팀원들은 오히려 '무조건 조심! 최대한 거리 두기!' 등 벽을 치고 대할 것이다.

이에 팀장은 우선 업무적인 면에서 서로 간의 신뢰를 구축하려고 노력해야 한다. 팀장이 먼저 스스로 일하는 방식에 대해 팀원들에게 명확하게 설명한다. '나는 이렇게 일하고, 보고는 이런 식으로 보고받는 것을 선호한다' 등 본인의 일하는 스타일을 설명한 뒤에 팀원들은 그동안 어떻게 일했고, 어떻게 일하고 싶은지에 대해 이야기를 들으면 좋다. 물론 팀장이 먼저 일하는 스타일에 대해 이야기하면 팀원들이 본인의 생각이나 의견을 말하기 어려울 수도 있지만 이미 '말할까, 말까?' 문화가 배어 있는 팀이기에 팀장이 먼저 요구사항을 이야기하고 팀원들과 조율하는 방식이 더 좋을 것이다.

이렇게 업무적인 면에서부터 서로 소통하며 맞춰가다 보면 자연스럽게 업무는 물론 업무 외적인 부분에서도 보다 편하게 소통하는 문화로 바뀌게 될 것이고, 결과적으로 '말할까, 말까?' 문화에서 서로 편안하게 소통하고 이를 기반으로 팀 성과를 높일 수 있는 문화로 바뀔 수 있을 것이다. 물론 빠른 시일 내에 해결되는 문제는 아니기에 팀장은 여유를 가지고 지켜봐 주고 기다려 줘야 한다. 현재 '말할까, 말까?' 문화가 만연한 팀의 팀장이라면 '나는 다가오기 편한 사람인가?'라는 질문을 스스로 해 보고, 'YES'라는 답변을 할 수 있도록 노력하자.

악순환을 끊자!

'말할까? 말까?' 문화가 자리잡은 조직은 대부분 다음과 같은 악순환이 반복되어 왔을 경우가 많을 것이다. 팀장은 팀원이 만들어 낸 성과에 만족하지 못해 이제 그만하라 한다거나, 팀원은 업무를 지시한 뒤 충분한 기다림 없이 팀원들에게 다가오는 팀장이 자신을 못 믿고 급하게 재촉하러 왔다고 생각하는 것이다. 그럴수록 팀원들은 불안해질 것이고, 불안이 반복되면 결국 또다시 소통이 막히며 '말할까, 말까?' 문화가 고착될 것이다.

팀장은 기다림의 용기가 있어야 한다. 팀원들에게 무엇인가를 맡겼다면 기다릴 줄 알아야 하고, 스스로 해낼 수 있도록 지원해 줘야 한다. 그리고 무엇인가 스스로 해결하려고 노력한 사항에 대해서는 팀장의 기준에 부합하지 않더라도 잘한 부분에 대한 적극적인 칭찬을 해 주고 부족한 부분이나 추가해야 하는 부분에 대해서는 감정을 제외하고 명확하게 피드백하려고 노력한다면, 그 팀은 '말할까? 말까?' 문화에서 벗어나 적극적으로 소통하고 스스로 문제를 해결하려고 하는 팀원들로 구성된 최고의 팀이 될 것이다.

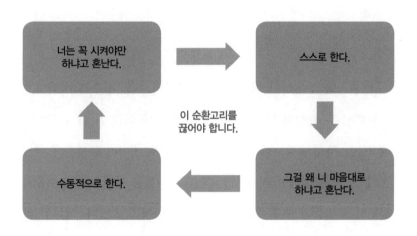

꼰대스럽지 않게
MZ세대와 소통하는 법

MZ세대와 소통하기 위해 많은 기업들이 소통 창구를 마련하고 다양한 소통 활성화 프로그램을 기획할 뿐만 아니라, 심지어 기업 리더들도 사내 유튜브에 등장하기 시작했다. 네이버를 새롭게 이끄는 수장, 최수연 대표 역시 MZ세대 구성원들을 껴안고자 주주총회 전부터 직원들과 수평적인 소통 행보에 나서기도 했다. 이처럼 많은 기업들이 MZ세대 구성원들을 포용하고 상생하는 조직 문화를 만들고자 노력하고 있다.

기업의 조직 문화 담당자들은 몇 해 전부터 'MZ세대와의 소통 확대'를 중요한 과제로 설정하여 타운홀 미팅, 리버스멘토링, 타로 카드 및 MBTI 등 새롭고 재미있는 프로그램들을 자신의 조직에 도입하고 있다. 타운홀 미팅이란 명칭은 지역 정책을 정하기 전 지역 사회의 주민들을 초대하여 함께 논의하던 자리에서 유래하였으며, 현재는 정치뿐 아니라 기업 내 자유롭게 의견을 주고받는 과정에서 인사이트를 얻기 위한 목적으로 이뤄지고 있다. 리버스멘토링은 선배가 후배를 가르치는 기존 멘토링의 반대 개념으로, 일반 사원이 선배나 고위 경영진의 멘토가 되는 것을 의미한다. 프로그램을 진행한 담당자들의 의견을 분석해 보면, '타운홀 미팅'과 타로 카드를 활용한 '케미 체크 프로그램'은 성공적인 반면 '리버스멘토링'은 기대만큼 결과가 좋지 못했다고 한다. 그 원인을 분석해 보면, MZ 세대와 소통하기 위한 중요한 포인트 세 가지를 알 수 있다.

첫째, 진정성이다.

구성원을 대상으로 진행된 타운홀 미팅은 회사 비전 및 사업 전략 방향성 공유, 실적 발표 등 공식적인 어젠다agenda뿐만 아니라 구성원들이 가장 궁금해하지만 회사 입장에서는 가장 예민할 수 있는 어젠다인 연봉 인상률, 인센티브 규모, 승진 제도, 평가 제도 등에 대해서도 다뤘다. 인사 관련 주제는 특히나 복잡한 사항들이 얽혀 있는 문제이기도 하고 구성원들의 요청사항이 끝없이 많을 것으로 예상되었기에, 임원들 사이에서는 모든 것이 결정되고 통보하자는 의견이 주를 이뤘다. 그러나 실무진들은 구성원들이 가장 관심도 많고 직접적으로 영향을 받는 이슈인 만큼, 타운홀 미팅에서 함께 논의하고 개선사항을 찾아가는 과정 자체가 유의미하다고 판단했다. MZ세대 구성원들이 답답하게 여기는 이유는 '나의 의견이 받아들여지지 않아서'가 아니라 단순 통보 방식, 즉 양방향 소통이 부재하기 때문이다. 항상 결정된 사항이 통보되고, 이와 관련해 반대 의견이나 개선 의견이 있어도 목소리를 낼 곳이 없는 상황이 답답한 것이다.

MZ세대가 원하는 '소통'은 의견을 개진하고 토론할 수 있는 장에 참여해 구성원으로서 존중받는다는 느낌을 가지는 것이다. 만약 회사가 여러 이유로 당장 개선이 어려운 경우라면, 회사를 대표할 수 있는 리더가 그 이유를 명확하게 전달하고 이후 가능한 상황이 되었을 때 꼭 반영하겠다는 의지를 지속적이고 일관적인 메시지로 전달할 수 있다면 충분하다. 이를 위해서는 '보여주기 식 소통'이 아닌 '진정한 소통'을 하겠다는 경영진과 리더들의 '진심'이 필요하다. 모 기업의 A 부사장 사례다.

A 부사장은 구성원들과 진정성 있는 소통의 필요성을 인식하고 직급별/근속연수별/직무별 등 다양한 기준을 수립해 많은 구성원

들과 소통하는 시간을 수시로 가졌다. 평가 시즌 때 진행된 타운홀 미팅의 경우, 예상한 것처럼 구성원들은 평가 제도, 승진 제도 개선 은 물론 높은 연봉 인상을 A 부사장에게 요청했다. A 부사장의 회 사는 그 당시 기존 사업의 매출 성장세가 더뎌지면서 신성장 동력 을 마련해야 했기에 많은 자금은 M&A 등 사업 확장에 투자하고 있 었다. 그래서 경쟁사처럼 급여를 당장 올려 주기가 어려웠다. A 부 사장은 이러한 상황을 구성원들에게 투명하게 공유했고, 신사업이 어느 정도 안정화되면 그에 적합한 보상을 꼭 해 주겠노라고 약속 했다.

그 후 타운홀 미팅에서 수시로 신사업 현황을 구성원들에게 공 유했고, 인사 제도 관련 개선 방향을 구성원들과 끊임없이 함께 토 론하며 정확히 회사는 약속대로 창립 이래 최대 규모의 연봉 인상 으로 임직원에게 보상했다. 모두가 만족하는 수준은 아니었지만 1 년 간 타운홀 미팅을 통해 경영진과 진정성 있는 대화를 나눈 덕분 에, 구성원들은 회사가 최선의 제안을 했다는 것에 공감했고 내년 에는 더 나은 보상안을 위해 더 노력하자며 으쌰으쌰 하는 분위기 까지 조성되었다. A 부사장의 사례처럼 MZ세대는 일방적인 탑다운 Top-down(상의하달) 방식의 소통을 거부하는 것이지, 다른 어떤 세대 보다 리더들과 높은 빈도의 소통을 원한다. 또한 수평적으로 자유롭게 소통하는 것을 좋아하면서도 실력 있고 존경할 만한 리더가 수직적으로 결정하는 것에 대해서는 플레이어십이 상당히 높다.

다음은 '케미 체크 프로그램'을 진행한 모 담당자의 사례다. 이 프로그램을 기획한 담당자의 배경은 '어떻게 하면 리더와 구성원이 서로를 잘 이해할 수 있는 계기를 자연스럽게 만들 수 있을까?'를 고민하다가, 문득 연애할 때 연인과 타로점을 보러 가서 서로에 대한 성격이나 궁합 등에 대해 이야기 나누면서 서로를 더 잘 알아갔던 경험들이 떠올랐다고 한다. 그러면서 '회사에서 리더-구성원 간의 관계에도 적용해 보면 어떨까?' 하는 생각이 들어 프로그램을 진행했다고 한다. 처음에는 타로에 대해 거부감을 가진 구성원도 있었지만 막상 전문 타로 강사와 함께 1시간 정도 대화를 한 뒤에는 자기의 상황과 고민을 너무 잘 맞춰서 놀랐다는 반응이 더 많았다고 한다. 특히 타로 카드라는 매개체를 통해 리더와 구성원이 편하고 진솔하게 서로의 고민을 알 수 있어 좋았다는 피드백을 많이 받았다고 한다.

두 가지 프로그램 사례뿐만 아니라 MZ세대인 나 자신과 주변 동료들과 이야기를 나눠 봐도, 결국 MZ세대와 소통하기 위해 필요한 것은 '진정성'이다. 인사 부서에서 소통하라고 하니까 의미 없는 농담만 서로 주고받는 '대화'가 아니라, 서로 이해하며 진심으로 대화할 마음을 먹고 사람 대 사람으로 만날 준비가 되었을 때 MZ세대 구성원들과 소통에 나서 보길 바란다. 그렇지 않으면 MZ세대 구성원들은 마음속으로 '진짜 영혼 없네……. 차라리 대화를 안 했으면…….'이라고 생각할 것이다. 진짜다.

둘째, 상호 존중감이다.

리버스멘토링을 기획하여 진행한 K기업 조직 문화 담당자의 사례다. 리버스멘토링을 조직에서 기획하게 된 배경은 회사 전체 구성원의 75%가 MZ세대인 점, 구성원의 평균 나이대가 30대 초반인 점, 그리고 이들이 경영진과 소통하고 싶어 하는 요구가 높다는 점 등의 이유였다. '그냥 만나서 대화하면 어색하니, 2년 전 트렌드로 급부상한 리버스멘토링 방식을 도입해 매달 주제를 정해서 만나면 조금 덜 어색하지 않을까?' 하고 생각한 것이다. 참여자는 임원 및 경영진을 포함한 10명과 구성원 20명으로 정해 리더 1명과 구성원 2명씩을 매칭했다. 구성원 선정 방식은 처음엔 '리더들에게 참가할 구성원을 선정해달라고 할까?' 고민했다가 프로그램 취지를 고려해 90년대생 구성원들의 자발적인 신청을 받기로 했다. 인사팀에서도, 경영진들도 과연 구성원들이 신청할까 걱정했지만, 결과는 대반전. 경쟁률이 5:1이었다. 역시 MZ세대는 달랐다. 그들이 목소리를 내고 싶어 한다는 것이 이 결과를 통해 한 번 더 확인됐다. 경영진 역시 놀랐다. 그래도 구성원들의 무반응보다는 열렬한 반응에 경영진들 역시 좋아했다.

문제는 이 프로그램의 취지를 정확히 이해하지 못하고, 자신의 인사이트와 경험을 자랑하며 과시하고 싶었던 소수의 리더 계층에서부터 발생했다. 기술/지식 전달과 같은 주제는 문제가 없었지만, 아이디어를 논의하는 주제에서 균열이 생기기 시작했다. 회사가 주요 고객으로 설정한 1020세대의 관심을 끌 만한 마케팅 방안을 논의하고 싶어 참여한 90년대생 구성원들이 여러 가지 아이디어를 제안했을 때, 리더들은 "ㅇㅇ주임이 안 해 봐서 그러는데……", "ㅇㅇ주임이 잘 몰라서 그러는데……", "내가 해 봤는데……" 등의 말들로 포문을 열며 90년대생들이 가지고 온 아이디어들이 안 되는 이유를 수십 가지 열거하기 시작했다. 어떤 아이디어든 안 되는 이유를 찾자면 누구나 수십, 수백 가지는 말할 수 있을 것이다. 되는 이유 한 가지를 찾아 이를 성공시키는 것이 더 중요한 게 아닐까? 젊은 층의 색다른 아이디어가 궁금하다며 요청한 사람들이 90년대생이 고민해서 가지고 온 아이디어마다 평가하고 까기 시작하면, 다음 번 멘토링에서 어느 누가 자신의 생각을 편안하게 말하겠는가. 게다가 이 자리는 마케팅 프레젠테이션이 아니라 멘토링을 하는 자리다.

MZ세대가 기대하는 리더의 모습 중 하나는, 구성원을 단순히 자신이 평가하고 육성해야만 하는 대상으로 여기는 것이 아니라 함께하는 동료로서 존중하고 동반자적인 관점에서 바라보는 것이다. 구성원이 제안하는 아이디어가 현업에서 당장 적용하기 어려운 아이디어라면, 부족한 점을 평가하려고 자세를 고쳐 앉기보다 보완하여 실현될 수 있는 방법을 찾게끔 도와주는 것이다. MZ세대와 소통하기 전, 자신이 어떤 생각을 가지고 구성원들을 대하고 있는지 한번 생각해 보자. 구성원들을 부족한 부분이 많은, 가르쳐야 할 대상으로 생각하는지, 함께하는 동반자로서 존중하며 신뢰할 수 있는 동료로서 생각하는지.

이 사건 이후, K기업의 리버스멘토링 분위기는 상상하는 그대로가 되었다. 참여하는 구성원들은 담당자에게 "무슨 말을 하든 또 평가할까 봐 말을 못하겠어요.", "리더 분들이 우리에게 배우고 싶으셨던 거 아니었나요?" 등 프로그램 취지에 대해 의문을 제기했다. 활기찼던 초반 분위기와 달리 MZ세대 구성원들이 발언하는 횟수가 현격히 줄어들었고 어느새 리더들이 하는 말만 듣고 앉아 있는, 딱 초등학교 교장 선생님의 훈화 시간이 되어버렸다. 이제는 90년대생이 사회에 나왔고, 어쩌면 그들이 기성세대가 풀어냈던 방식에 균열을 내야 할 때가 됐을지도 모른다.

셋째, 개인 성장에 도움이 되는 피드백이다.

MZ세대는 어느 세대보다 자신의 역량 성장에 관심이 많다. 어느한 설문조사 결과가 상당히 인상 깊었는데, MZ세대 직장인을 대상으로 선호하는 리더상을 투표하는 설문이었다. 그중 보기로 "착한형 vs 까칠하지만 능력 있는 형"이 있었다. 여러분은 둘 중 어떤 리더를 더 선호하는가? 예상했을 수도 있지만, 상당히 큰 차이로 '까칠하지만 능력 있는 형'이 앞섰다. MZ세대는 성격이 안 좋더라도 자신이 배울 수 있는 리더를 더 선호한다. 그만큼 개인 성장에 관심이 많다. 왜 그럴까? MZ세대는 원하든 원치 않든 초등학생 때부터입시 경쟁에 참여하며 '생존'이 굉장히 중요한 미션이 되었다. 그래서 취업에 성공했더라도, 더 나은 생존 조건을 위해 자신만의 브랜드를 만들어 자신의 가치를 끊임없이 높여 나가려고 한다. 평생직장은 없기에 자신의 플랜 비plan B를 만들기 위해서다. 그렇기에 무능력한 팀장이 피드백을 주면 뒤돌아서 동기들끼리, 팀원들끼리 이렇게 말한다. "지나 잘하라 그래. 나보다 아는 것도 없으면서."

기성세대가 MZ세대에 대해 오해하는 것 중 하나는 MZ세대는 일하기 싫어한다는 것이다. 하지만 많은 MZ세대는 '일잘러('일을 잘하는 사람'을 뜻하는 신조어)'를 꿈꾼다. 왜 이런 생각의 차이가 발생할까? 바로 예전 기성세대는 하기 싫은 일이나 자기가 이해되지 않는 일이라도 위에서 시키면 군말 없이 하기도 했지만, MZ세대는 스스로 이해가 돼야만 일을 시작한다. 일의 의미가 납득되지 않으면 서슴없이 "왜 제가 이 일을 해야 하죠? 제가 이 일을 해서 배울 수 있는 게 뭐죠?"라고 묻는다. 다시 말해 '내적 동기'가 상당히 중요하고, 내적 동기만 생기면 야근을 불사하고서라도 주어진 업무를 완벽하게 수행해 내려고 노력한다.

그렇기 때문에 MZ세대는 의미 없는 농담보단, 리더와 주고받는 말 속에서 '배움'이 있기를 기대한다. 회사로부터, 리더로부터 배울 수 있는 것이 없으면 MZ세대는 고민 없이 이직을 고려한다. 그들에게 매력적인 일터 및 리더란 개인의 역량을 발전시키는 기회를 제공하는 장소이자 사람이다. 따라서 MZ세대와 소통하기 위해서는 리더 스스로도 역량 측면에서나 리더십 측면에서 끊임없이 성장하기 위해 노력해야 하며, 그들에게도 배움의 기회를 풍부하게 제공해야만 한다. 만약 자신이 부족한 부분이 있다면 차라리 솔직하게 인정하고, 그들에게 도움을 청하는 것이 더 쿨해 보일지도 모른다. 아는 '척'하다가 무능력한 꼰대로 소문나는 것보다는. 생각보다 MZ세대는 훨씬 더 냉정하다.

'1on1 미팅'을
적극 활용하라

최근에는 기업의 조직도 경영 환경의 급속한 변화에 맞춰 빠르게 적용해가기 시작했다. 가장 큰 변화는 '조직 문화'다. 특히 성공한 스타트업의 전유물로 여긴 '수평적 조직 문화'가 대표적인 사례라고 할 수 있다. 이러한 수평적 조직 문화가 대기업에도 긍정적인 문화로 확산되고 있다는 점에서 새로운 시사점을 준다. 이러한 변화에는 다 이유가 있다고 볼 수 있다. 소수 경영진이 의사 결정을 하던 시대에서, 이제는 개개인의 구성원들에게 주도권과 함께 의사 결정권을 넘겨 줘야 하는 상황이 만들어졌기 때문이다. 그렇다면 수평적 조직 문화가 우리에게 어떠한 과제를 부여할까? 먼저 '수평적'이라는 의미를 들여다볼 필요가 있다. 이것은 모든 구성원의 의견이 동등하다는 의미로, CEO의 의견도 팀원의 의견도 동등하게 수렴되고 수용되는 시스템을 의미한다. 이것이 가능하려면, 기존 조직에서 선행되어야 할 많은 과제들이 존재한다. 리더들 중심으로 이루어진 팀 단위의 조직에서 모르는 것을 모른다고 솔직하게 말할 수 있고, 피드백도 솔직하게 주고받을 수 있는 심리적 안전감을 통해 본인 의견이 팀 운영에 크게 기여할 수 있다는 믿음이 있어야 이러한 문화가 가능해진다.

그동안 대부분의 조직에서는 리더가 구성원 관리 방식으로, '면담'이라는 이름으로 업무와 성과관리를 하고 있었다. 흔히 어느 조직에서든 하고 있는 방식이다 보니 가볍게 치부하거나 특별한 스킬이 요구되지도 않았다. 하지만 이제는 달라졌다. 스타트업에서 수년 전부터 사용하면서 대단한 효과를 입증하고 있는 구성원 관리방식, 즉 '1on1 미팅'이 요구되고 있다. 이름을 1on1이라 명명한 이유는 면담이라는 딱딱한 단어에서 느껴지는 부정적인 느낌을 없애기 위해 새로운 이름을 만들어 다른 관점에서 구성원들을 코칭하고 육성하는 데 활용하기 위함이다. 예를 들면, 조직에서 "리더와 면담이 있어."라고 말할 때 우리는 '내가 잘못한 것이 있나? 무슨 일이지?' 팀장님이 무슨 말을 하려고 하는 걸까?'라는 부정적인 생각을 먼저 떠올리게 되지 않는가? 이러한 생각 속에서 면담은 리더 중심으로 부정적인 감정에서 시작하게 되어버리는 것이다. 이제는 시급한 인식 전환이 필요하다. 어느 누구보다 긍정적이고 주도적인, 즉 팀원 성장을 위한 대화를 통해 1on1 미팅이 진행되어야 하기 때문이다. 그럼 기존 면담과 1on1 미팅은 구체적으로 무슨 차이가 있는 것일까?

면담과 1on1 미팅은 리더와 팀원이 서로 이야기를 나누는 큰 방향은 동일하나 '주도권의 차이'가 가장 다른 점이다. 기존의 면담 형식은 리더가 주도권을 갖는 미팅이고, 1on1은 구성원이 주도권을 갖는 대화라는 점에서 차이가 크다. 면담에서는 리더가 하고 싶은 이야기를 전달하지만, 1on1에서는 주로 구성원이 원하는 것을 공유하고 필요한 답을 리더와 대화를 통해 얻어가는 방식으로 진행된다.

구분	면담	1on1
주도권자	리더	구성원
미팅 주제	리더가 하고 싶은 이야기	구성원이 듣고 싶은 이야기
미팅 시기	리더가 필요로 할 때	정기적/규칙적 구성원이 원하는 시기
미팅 방법	리더가 제시하고, 구성원의 답변을 듣는 전달식 소통	구성원이 이슈와 문제를 공유하고, 리더가 함께 대안을 찾아가는 대화

출처: 백종화, 『원온원』, 플랜비디자인(2022)

이러한 1on1 코칭 방식은 리더 중심에서 구성원 중심으로 관점을 변화시킨 대화 방법이라고 할 수 있다. 여기에서 1on1이 구성원만을 위한 대화만 하는 것은 아니다. 여기서 중요한 점은 리더의 역할이다. 리더의 주요 역할과 책임은 바로 조직의 목표를 달성하는 것이다. 그런데 MZ세대는 조직에서 자신의 성장과 성공을 위해 도와주는 리더를 원한다. 조직과 구성원을 연결해 주는 과정에서 1on1은 커넥터Connector로서의 리더십을 발휘하는 데 효과적이다. 요즘 리더의 역량 중 커넥터 역량이 각광을 받는 이유가 여기에 있다. 이 커넥터 역량은 '조직의 목표와 구성원의 비전과 목표를 일치시켜 과업을 수행하도록 돕는 능력'을 말한다.

10여 년 전부터 미국의 실리콘밸리 문화 중 하나가 팀원들 및 이해관계자들과 1on1 미팅을 하는 것이었다. 지금도 리더들은 핵심 인재 및 임원 미팅 준비 못지않게 1on1 미팅 준비에 노력을 들이며 효과적인 업무 진행을 위해 전략적으로 사용하고 있다. 이러한 1on1 미팅이 중요한 가장 큰 이유는, 우선적으로 구성원과의 업무 커뮤니케이션을 특정 시간대로 사전 배치하여 업무 효율성을 제고할 수 있다. 예를 들어, 상사가 매일같이 뜬금없는 시간에 내 책상으로 다가와 부탁한 업무 상황이 어떻게 되었냐고 물어보면 하던 일을 멈추고 의뢰한 안건을 들여다봐야 한다. 이렇게 업무를 전환하는 경우를 'Context Switching'이라 하는데, 소프트웨어 개발자나 제품 담당자처럼 높은 집중도가 요구되는 업무를 하는 사람은 이런 식의 과정이 빈번하게 일어난다면 생산성이 상당히 떨어지게 된다. 이러한 경우에는 1on1 미팅을 통해 협업하는 사람들과 정해진 시간에 경과를 보고하고 주요사항을 의논한다면 'Context Switching'에서 오는 생산성 저하를 막을 수 있다.

또한 이해관계자들 개개인을 대상으로 큰 미팅에서 하지 못한 이야기를 더 깊게 의논할 수 있는 자리로 활용하기도 한다. 예민한 사안을 전체 회의에서 제안하기 전 1on1 미팅을 통해 이해관계자들의 분위기를 미리 파악하거나 사전 조율할 수 있다. 전체 미팅 중 본인의 주장에 이견을 표출한 사람들을 따로 만나 이견을 좁혀 프로젝트의 난관들을 각개격파할 수 있다. 이러한 장점이 많은 1on1 미팅이라 해도 전혀 준비 없이 팀원과 하게 되면 시간 낭비로 여겨지기 십상이다. 다음 세 가지에 대한 자신만의 기준을 세운 후 1on1 미팅을 만들어 나가는 것이 반드시 필요하다.

1. 누구랑 1on1 미팅을 할 것인가

리더로서 효과적으로 1on1 미팅을 활용하기 위해서는 우선 미팅의 목적을 먼저 분명하게 할 필요가 있다. 목적이 분명해지면 비교적 자연스럽게 대상을 정할 수 있게 된다. 혹은 누구를 1on1 미팅을 고려하지 않아도 되는지 파악할 수 있다.

1on1 미팅 대상	목적
프로젝트에 속해 있는 직군별 담당자들 및 핵심 이해관계자 (예: Engineering manager, Operations manager)	프로젝트 진행 상황, 세부정보 및 의견 조율
직속 부하	조직 관리 및 팀원 개개인에 대한 피드백
상사, 경영진	상부 보고
멘토 동료/직속 보고 라인은 아니지만 관련 선상에 있는 임원	기타(커리어 관리, 정보 취합, 새로운 관점이나 아이디어 도출, 친교 및 네트워킹)

2. 1on1 미팅에서 어떠한 내용을 다룰 것인가

대상이 정해졌다면 미팅 목적에 부합한 안건들을 집중적으로 다뤄야 한다. 이때 안건을 미리 공유하고 구글 doc 등의 협업툴을 사용하여 논의 내용을 문서화시켜 놓으면 미팅을 취소하거나 이야기가 예상치 않은 곳으로 빠지는 것을 방지할 수 있다.

〈프로젝트와 관련된 직군별 담당자 및 이해 관계자〉

프로젝트 진행 상황에 대한 가감 없는 피드백: What is working? What is NOT working? Why?
- 제품 로드맵과 아이디어에 대한 피드백 및 사전 조율
- 드러난 이견에 대해 더 깊은 논의 및 해결 방안 모색

직속 부하
- 프로젝트 상황에 대한 업데이트 및 문제점 파악. 특히 막혀 있거나 문제가 생긴 부분에 대해서 내가 도와줄 수 있는 것들이 무엇인지 알아내는 것이 중요
- 업무 태도 및 성과에 대한 피드백, 그리고 커리어 궤적에 대해 90% 듣기, 10% 조언의 비율로 의견 나누기

상사
- 주요 프로젝트 현황 정리 및 보고
- Managing Up : 업무상 걸림돌이 있는 부분에 대한 미팅, 보호막 요청
- 업무 성과 및 커리어에 대한 전반적인 피드백 및 조언 요청

멘토 동료, 직속 보고 라인이 아니지만 관련 선상에 있는 임원

- 현재 진행하고 있는 프로젝트 상황에 대한 피드백 요청: 새로운 관점을 가질 수 있거나 비슷한 일을 이미 해결한 사람/사례를 들을 수 있음
- 상대방이 고민하고 있거나 가장 중점적으로 밀고 있는 프로젝트 파악: 회사 내에 돌아가는 프로젝트 및 큰 그림 파악, 새로운 기회의 발견 (협업, 새로운 프로젝트 시작, 혹은 팀 이직 등) 커리어에 대한 고민 및 조언 나누기

3. 얼마나 자주 만날 것인가

1on1 미팅은 자칫하면 확장성이 떨어진다. 예를 들어, 30명이 일하는 프로젝트의 제품 담당자가 30명 모두와 미팅을 가진다면 1on1 미팅의 장점을 실제 업무에 하나도 적용하지 못하고 일주일이 다 지나갈 것이다. 그래서 누구랑 만나고 그들과 무엇을 이야기할 것인지 정확히 해야 하는 이유기도 하다. 같은 맥락에서 얼마나 자주 만날 것인지를 정하는 것 역시 매우 중요하다. 보통 1:1 미팅 시간은 30분을 기본으로 하고, 업무의 속도 및 신속한 의사 결정과 합의의 중요도에 맞춰 1:1 미팅 주기를 조절하는 것이 좋다.

이러한 1on1 미팅은 실제 현업에서 효율적으로 진행되었던 경험이 있다. 구성원의 육성 관점에서 그들의 강점과 보완점을 채워나가는 데 시기적절한 미팅을 활용했다. 특히 이러한 미팅 시에는 '탁월한 리더의 질문법'이 그 빛을 발휘하게 된다. 팀원의 눈높이에서 그들이 고민하는 부분에 대한 경청과 업무 진행에 도움을 줄 요소가 무엇이 있는지 물어보고 답을 주기보다 질문을 던져 주는 탁월한 질문법 말이다. "우리의 방향성이 맞을까"처럼 팀원이 생각할 수 있는 힘을 키울 수 있도록 상사의 에지edge 있는 질문은 구성원의 성장으로 이끄는 큰 동력이 될 수 있다.

실제로 수행했던 1on1 미팅 사례를 통해 운영 방법을 정리해 보자.

주기: 팀이 이제 막 자리를 잡아가고, 정체성을 찾아가는 시기에는 꽤 자주(한 달에 한 번) 진행했다. 팀이 어느 정도 안정적으로 운영되면 한 달 반에서 두 달 주기로 진행했다. 팀의 규모와 상황에 따라 적절하게 판단하는 것이 중요하다.

질문: 사전에 질문과 안건을 공유하지만, 마치 인터뷰처럼 질문을 하고 답변을 듣는 형태는 바람직하지 않다. 리더가 사전에 질문을 작성했던

이유나 상황이 분명히 있을 테니, 그 상황을 대화 주제로 꺼내고 자연스럽게 팀원의 소리를 들으려 애써야 한다. 예를 들면, "지난주 코드 리뷰 코멘트에서 주문 도메인 분리 의견을 언급했는데 팀에서 합의가 안 됐죠. 지금 생각은 어때요?"라는 질문의 답변이 개인의 성장 관점에서 팀원이 아쉬움을 느끼고 있는 부분으로 이어지도록 하는 것이다. 이를 위해 리더는 미팅 전 그동안 팀원이 해온 것들과 여러 상황들을 충분히 숙지하고 와야 한다.

후처리: 가장 중요한 부분이다. 미팅에서 팀원이 개인, 프로젝트, 조직, 회사 관점에서 솔직한 의견을 말했다면 리더도 분명하게 그 의견에 대해 어떤 행동을 취할 건지 혹은 아직은 행동할 수 없는 이유를 충분히 설명해야 한다. 그 이후 약속한 액션 아이템을 행동으로 옮기는 것이다. 리더로서 바로 행동할 수 있는 것은 바로 실행하는 것이 바람직하다. 그럴 수 없는 것들은 조직의 상층부로 의견을 제시하고 피드백을 받는다. 이 행동의 결과들은 자연스럽게 다음 1on1 미팅의 첫 번째 안건이 된다.

출처 : 백종화, 『원온원 : 일잘하는 팀장의 대화력』, 플랜비디자인(2022)

이러한 1on1 미팅은 팀원이 이야기하지 못한 문제점을 듣고 이를 해결하기 위해 무엇을 할지 함께 대화하고 심리적 안전감을 나누는 자리가 되어야 한다는 점을 잊지 말아야 한다. 좀 더 효율적이고 생산적인 미팅을 통해 리더로서 체계적인 관리를 하는 데 도움이 되기를 바란다.

업무: 감독인가, 코치인가, 아니면 빌런인가?

팀원의 강점을
발휘하게 하는 법

강점을 촉진하는 4단계, 관찰-발견-위임-보상

리더의 역할 중 가장 중요한 일은 팀원의 강점을 발휘할 수 있게 이끄는 것이다. 직장은 업무를 통해 부가가치를 극대화하는 활동으로 자신의 가치를 증명하고 급여로 정당하게 보상받는 곳이다. 그래서 철저하게 결과로 평가하고 아름답게 보상할 필요가 있다. 강점이 잘 발휘되는 팀의 특징은 시간을 효율적으로 쓰는 공통점이 있다.

효율적으로 일하는 팀 분위기를 만들기 위해서는 시간 관리가 중요한데, 팀원의 정시 퇴근을 기쁘게 허용하는 것이 필요하다. 종종 일의 결과보다 엉덩이를 붙이고 앉아 있는 시간으로 평가받으려는 사람도 있고, 업무 결과와 관계없이 사무실에 남아 있는 직원을 뿌듯하게 바라보는 리더도 있다. 그런 리더는 구성원의 강점을 효과적으로 자극하지 못할뿐더러 좋은 인재가 조직을 떠나게 하는 원인이 되기도 한다. 구성원 간의 합이 잘 맞는 팀워크가 발휘되면 더하기가 아닌 곱하기의 결과를 만들 수 있다. 구성원의 인적 리소스를 효율적으로 활용하면 우리는 조금 더 빠르고 정확하게 일을 완수할 수 있고 경우에 따라 어려운 과제도 쉽게 풀어내는 경험을 가지게 된다. 톱니바퀴처럼 착착 돌아가는 팀워크가 발휘되려면 서로의 강점이 무엇인지 드러내고, 그 강점이 반복적으로 사용될 수 있게 팀 내에서 업무 분장이 잘 이뤄져야 한다.

팀원의 강점을 발휘하게 하는 방법은 개별적 관점에서 보면 사실 간단하다. 팀원을 관찰하여 강점을 발견하고, 업무를 위임하고, 결과에 대해 보상하면 된다. 여기서 보상이라는 것은 꼭 물적 보상에 국한하지 않는다. 개인의 특성에 따라 금전적 보상에만 강력하게 반응하는 사람도 있지만, 의외로 많은 사람들이 심리적 보상에 더 큰 반응을 보이기도 한다.

그렇다면 팀의 관점에서는 무엇이 더해져야 할까? 팀 내에서는 개인의 강점을 찾아내는 데 더해 구성원 간 상호 자극할 수 있는 고리를 발견하는 것이 중요하다.

1) 강점을 발견하기 위한 관찰

강점은 팀 차원의 강점과 개인의 강점으로 나눌 수 있다. 개인적인 강점을 발견하는 방법은 관찰에서 시작된다. 이메일 하나로도 팀원의 강점을 발견할 수 있다. 업무 요청 메일을 보냈을 때 해당 메일에 응답하는 속도와 함께 꼼꼼하게 살펴보는 것은 메일 제목이다. 메일 회신 속도는 일 처리에 기민함을 파악할 수 있고, 메일 제목과 내용에서는 업무의 이해도와 업무 처리 능력을 판단할 수 있다. 회사로 걸려온 전화를 받는 태도에서도 소통 능력의 탁월함을 발견할 수 있다.

업무 보고서 같은 직접적인 결과물이 아니더라도 언어 습관이나 워크스페이스에서 폴더를 정리하는 방식 등에서도 어떤 강점을 지니고 있는가를 파악하는 데 단서가 된다. 새로 입사한 직원일 경우는 입사 시 제출된 이력서, 자기소개서와 경력기술서를 꼼꼼히 살피는 것도 방법이다. 다만 이력서에 쓰인 강점이 실제 업무에서 100% 발휘될 것이라는 기대는 하지 않는 게 좋다. 팀 차원에서 강점을 발견하는 방법은 우선 두 가지 기준을 두고 관찰해야 한다. 업무를 리딩할 때 강력한 추진력이 돋보이는 공격수인가? 사전 준비 시간이 길고 다양한 안전장치를 고려하기까지 하는 꼼꼼한 강점이 드러나는 수비수인가? 팀 내에서 업무를 분장할 때 기획과 추진력에 강점이 있는 구성원과 운영과 안정성에 강점이 있는 구성원을 잘 판단하고 업무를 분장하는 것이 필요하다. 상호 보완적 관계에 있는 구성원끼리 서로의 강점을 학습할 수 있도록 조율해 줘야 한다.

팀 내에서 서로의 강점을 발견하기 위해서는 프로젝트 초기에 '나 사용 설명서'를 작성하고 서로 알아가는 시간을 가지는 것도 매우 효과적이다. 어떤 상황에서 동기부여가 되고, 어떤 상황에서 일할 의지가 소멸되는지 서로 다른 관점을 이해하는 시간이 중요하다.

2) 구성원의 강점과 상호 자극의 고리 발견

팀이 잘 돌아가기 위해서는 공격수와 수비수의 조합이 적절해야 하므로 비슷한 역량이나 특성을 가진 사람만 모이지 않게 신경 써야 한다. 물론 성향이 비슷한 사람들끼리 모이면 불편해질 일은 적다. 그러나 팀 내에 주어진 과업을 해결하기 위해서는 다양한 강점을 지닌 사람들의 협업이 더 큰 성과를 발휘할 수 있고, 무엇보다 문제 해결력이 강해지기 때문이다. 프로젝트별로 팀을 구성할 때 가급적이면 강점이 다른 구성원으로 팀을 만드는 것이 좋다. 성향이 다르고 각자 강점이 다른 경우 서로에게 자극이 될 수 있기 때문이다.

J 팀장은 초기에 여러 번 팀장 교체가 있었던 프로젝트를 담당하여 4년이라는 긴 시간 동안 잘 이끌 수 있었던 비결은 구성원의 강점 활동을 활용한 전략이었다고 말한다. 특히 구성원 간 상호작용이 핵심이었다.

A와 B는 매우 상반된 성향으로, 각기 다른 강점을 지녔다. 두 사람 모두 J 팀장보다 연배가 높을 뿐 아니라 이전 직장의 경력과 역량도 출중한 사람들이었다. 직무에 있어 경력과 다른 새로운 업무로 전직을 통해 회사에 합류했기 때문에 나이 어린 J 팀장을 존중해 주고 학습력도 뛰어났으며, 함께 합을 맞춰야 하는 프로젝트의 기존 구성원들과 가교 역할도 자처했다. A는 논리적이고 분석적이며, 무엇보다 많은 양의 일을 정확하게 처리해 내는 강점이 있었다. 반면, B는 창의적이고 디테일이 강해서 매우 돋보이고 질적으로 뛰어난 결과를 만들어 내고 있었다. 그러나 B는 동시에 두 가지 일을 처리하는 부분을 어려워했고, 완결되는 일의 양이 A에 비해 상대적으로 부족했다. 팀이 수행하는 프로젝트 특성으로 볼 때 A와 B 모두 필수적 자원이었다. 그러나 A와 B의 상방된 성향과 업무량의 불균형으로 A가 B에게 불만을 표시했고, 감정이 격해져 목청을 높이는

일이 발생하기도 했다.

　J 팀장은 A와 먼저 1on1 미팅을 통해 객관적으로 A가 B보다 더 많은 양의 일을 처리하고 있음에 대해 인정하고 고마운 마음을 전했다. 그리고 말미에 B가 만든 우수한 사례가 우리 프로젝트를 평가받는 데 매우 중요한 역할을 하고 있음을 설명하고, B가 조금 더 속도를 낼 수 있도록 조정할 것임을 약속했다. 이후 B와의 1on1 미팅을 통해 A가 처리하고 있는 업무 내용과 특히 많은 양의 일을 해결해 내고 있음을 설명하고, 팀 내 추가로 배정된 프로젝트를 B가 리드하게 했다. 더불어 두 사람이 함께 만든 성과를 공개적으로 드러내는 일에 각별히 신경을 썼다. 두 사람이 서로의 강점을 인정할 수 있도록 대표이사 보고나 팀장 회의에서 A와 B의 강점을 수시로 칭찬했다. 회사 내부뿐 아니라 프로젝트의 고객사 담당자에게도 A와 B 두 사람의 강점을 어필했다. 프로젝트의 안정적인 운영과 매력적인 완성도를 만드는 데 핵심 인재라는 인식이 대내외적으로 퍼질 수 있게 나팔수를 자처했다. 덕분에 팀의 성과를 극대화하는 팀장 본연의 임무에 더 집중할 수 있었다.

　J 팀장은 이 경험을 바탕으로 새롭게 추진하는 프로젝트에서도 강점 전략을 사용하였다. C는 손이 빠르고 창의적이며 다양한 워크스페이스를 잘 활용하고, 특히 본인이 한 일을 잘 알리는 데 능숙한

자체발광 캐릭터를 지니고 있다. 그런데 꼼꼼함이 부족해서 0이 하나 더 붙은 지출 품의서를 올리거나 과정 운영 중간에 중요한 내용을 빠뜨리는 등 자잘한 실수가 종종 발생했다. 반면, D는 꼼꼼하고 완벽주의자로 확인과 재확인을 거듭해 실수가 거의 없고 현장 운영 일에는 식사도 거르고 업무에 집중하는 스타일이다. 사실 C와 D가 반반 섞인 인재라면 좋겠다 싶은 마음이 들 때도 있었다. C와 D의 업무 결과는 현장 운영 측면에서는 비슷한 수준이었으나, 후단의 업무 처리까지로 보면 D의 업무 수행력이 더 치밀하고 안정적이었다. C는 자체발광 캐릭터답게 업무 협업툴 안에서 본인이 수행한 업무를 수시로 공유하고 업무 결과를 널리 알리는 광내기에 능숙했다.

C와 D는 비슷한 수준의 업무량과 결과를 내고 있었지만, D가 경영진이 자주 들여다보는 업무 공유 게시판의 사용 빈도가 낮은 점을 발견했다. C는 자신이 올린 업무 공유 게시판 글에 경영진의 피드백이 달리는 것을 즐기는 반면, D는 업무 광내기에 숙맥이라 따로 챙겨야 했다. J 팀장은 종종 경영진 앞에서 D가 수행한 업무의 광내기를 거들었다. C는 따로 챙길 필요가 없을 만큼 잘하니 D가 공정하게 평가받을 수 있도록 1:1 보고 스킬을 알려 줬다. 때때로 C의 광내기보다 한발 앞서 업무 공유를 할 수 있게 적절한 타이밍에

공개 보고를 지시하기도 했다. C와 D의 업무 보고 방식을 수시로 모니터링하면서 균형 잡힌 평가를 받도록 신경 써왔다. C에게는 자율성을 최대한 부여하되, 잔실수가 발생하지 않도록 코칭했다. C는 신속하고 주도적이며 창의성이 있고, 무엇보다 새로운 업무를 빠르게 구조화하는 강점이 있다. 그런데 꼼꼼함과 배려심이 부족해 자신이 세운 기준과 방식을 강하게 어필하는 경향이 있었다. J 팀장은 C의 성향상 단점의 보완을 요구하는 부정적인 피드백을 전했을 때 받아들이지 않을 것 같아 팀 내 그라운드 룰을 통해 상호 존중과 배려의 필요성을 환기시켰다.

〈팀 공지사항- 팀 그라운드 룰 제안〉

"저는 강점이 강화되는 팀 운영을 중요하게 생각하는데요. 그럴 경우, 서로 다른 성향을 가진 사람의 강점을 이해하고 약점을 채워 주며 일하는 게 필요하다고 생각해요. 서로의 약점을 잘 드러내야 문제 해결력이 강해집니다. 성향이 다른 사람들끼리 착착 호흡을 맞추는 데는 시간이 필요하고, 무엇보다 서로 배려하는 마음이 중요합니다. 함께 일하는 우리가 지켜 주면 좋은 그라운드 룰을 제안합니다."

1원칙 : 쉬는 사람(연차/대체 휴무)은 건드리지 말자(이메일이나 협업툴에서 가급적 참조도 하지 마라. 특히 전화하지 말자).

2원칙 : 현장 운영 기간에는 운영 중인 구성원을 배려하자(출장 중인 구성원이 놓친 업무가 있다면 내근 중인 구성원이 신속히 처리하자).

3원칙 : 내가 모르거나 혹은 알고 있던 게 달라질 수 있음을 이해하자 (패싱 아니다. 당신이 쉬는 날 또는 야심한 시간에 변경이 발생했을 수도 있다).

4원칙 : 항상 최종 버전 문서를 구글 드라이브에 공유하자(완결 문서가 아니더라도 날짜와 버전을 표기하여 공유하자).

C와 D가 상호 업무 방식을 공유하게 하고 동일한 업무를 처리하는 데 중복되는 시간과 에너지를 쓰지 않도록 보고서 템플릿을 통일했다. 특히 앞서 진행한 업무의 수행 결과를 철저하게 내부에서 공유하도록 했다. J 팀장은 C 앞에서는 D의 꼼꼼한 일처리를 칭찬했고, D 앞에서는 C의 신속한 일처리를 칭찬했다. 두 사람이 서로의 업무 결과를 살피며 업무 스타일을 보완하고, 더 나은 결과를 만들기 위해 건강하게 경쟁하기를 바랐다. 팀 내에는 각자 해결할 일

과 함께 해결할 일이 늘 발생하기 때문에 강점이 다른 인재와 일하는 것이 훨씬 유리하고, 서로에게 자극이 될 수 있다. 물론 상호 호흡을 착착 맞춰가는 데는 다소 긴 시간이 필요할 수 있지만 서로 도와 더 좋은 결과를 내는 데 강점과 구성원 간 상호작용이 긍정적인 영향을 주고 있는 것은 분명하다. 팀은 똑똑한 사람들이 모여 완벽한 팀을 이루는 것이 아니라 강점과 약점이 있는 사람들이 모여 완전한 팀을 이루기 때문이다.

3) 과감하게 위임하기

강점이 발견되고 해낼 만하다는 판단이 든다면 과감하게 위임해 줄 필요가 있다. 개인의 성향에 따라 과감한 위임이 리스크를 불러올 수도 있지만 자율성을 크게 부여할수록 결과의 크기가 더 확장된다. 물론 책임의 범위가 감당할 만할 크기여야 하고 선험적인 위험 요소에 대해 충분히 가이드를 주고 맡기는 게 필요하다. 행여 위임한 일의 결과에 실수나 문제가 발생하면 후방에서 적극적으로 해결해 주고, 책임질 테니 안심하고 일을 추진할 수 있게 믿음을 주는 것도 중요하다.

위임할 때는 리더라는 이름표를 정확히 달아 줘야 한다. 업무를 맡긴 후 일을 추진함에 있어 대내외적으로 소통할 때 리더라는 지위를 정확히 해 줄 필요가 있다. 첫 미팅에서 상대방이 정확하게 인지할 수 있도록 안내해 주고, 업무 추진의 주도권을 넘겨줘야 한다. 업무를 추진하는 중간에 스스로 물어보기 전에는 절대 간섭하지 않고 기다려 주는 미덕이 필요하다. 구성원이 스스로 이 일에 주도권을 가지고 있다는 느낌을 가지려면 업무 관계자와의 미팅에서도 항상 위임받은 구성원이 회의 시작과 마무리를 진행할 수 있게 물러나 있어야 한다. 특히 주의해야 할 점은 현장에서 약간의 실수가 발견되더라도 먼저 도움을 청하기 전에는 나서지 말아야 한다. 도와준다는 생각으로 끼어들기를 하게 되면 위임의 관계가 깨지게 되고, 그 일의 처리는 다시 팀장에게 고스란히 돌아온다.

　일을 맡길 때는 일에 대해 목표를 구체적으로 설명하면서 목표 달성을 위해 무엇을 해야 하고, 어느 범위까지 책임져야 하는지 등을 정확하게 이야기해 줘야 한다. 무엇보다 공식적으로 폼 나는 일, 예를 들어 프로젝트 보고의 도입부 배경 소개나 업무 메일 수신, 발신 목록 상단에 운영 리더의 성명을 표기하는 등 실제 프로젝트 리더의 이름표를 명확히 달아 줘야 한다. 위임한 업무를 처리할 때 뒤에서 일하지 않도록 일의 전면에 나설 수 있게 맡겨야 한다. 우리의 팀원들이 팀장보다 훨씬 더 위대한 결과를 만들 수도 있으니까.

4) 공정하게 보상하기

공정한 보상의 힘에 대해 깔끔하게 정리해 주었던 인상적인 인터뷰가 있었다. 〈뉴욕 타임스〉에 실렸던 스톰벤처스 남태희대표의 인터뷰 핵심은 회사의 진정한 문화는 보상, 승진, 해고에 의해 정의된다는 점이다.

"내게 있어서 문화란 사람들이 위에서 무엇을 해야 하는지 일일이 지시를 받지 않아도 올바른 방향으로 가도록 만드는 것입니다. 문화란 무엇인가에 대해서 많은 이야기가 있습니다. 하지만 이것은 결국 회사 안에서 누가 승진되며, 누가 연봉을 올려 받고, 누가 해고되는지에 연결되어 있습니다. 물론 CEO는 우리 회사의 문화는 이런 것이라고 공표할 수 있습니다. 하지만 회사의 진정한 문화는 보상compensation, 승진promotions, 해고terminations에 의해 정의됩니다. 기본적으로 사람들은 회사 내의 누가 성공하고 실패하는지 관찰하면서 문화를 형성하게 됩니다. 회사 내에서 성공한 사람들은 회사가 어떤 것에 가치를 두는가를 보여 주는 롤 모델이 됩니다. 그리고 그러면서 회사의 문화가 형성됩니다.*

* Adam Bryant, "Tae Hea Nahm of Storm Ventures: A Believer and a Skeptic in One", 뉴욕 타

공정한 분배의 중요성과 시간적인 보상이 팀 성과를 이끄는 데 중요한 요소로 작용한다. 중소기업에 다니는 J 팀장의 팀은 지방 출장이 잦고, 경우에 따라 주말에 업무 준비로 시간을 써야 하는 일이 종종 발생한다. 그래서 팀 운영 폴더에 OT일지를 따로 관리하면서 현장 운영이 없는 기간에 눈치 보지 않고 대체휴무를 사용할 수 있게 운영하고 있다. 팀원 스스로 일정 관리를 철저히 할 수 있도록 계획하고 쉬는 날에는 업무 메신저에 접속하지 않도록 배려한다. 대신 기한이 있는 업무의 완결을 꼼꼼하게 체크하고, 빠르고 정확하게 처리할 경우 1시간 내외의 빠른 퇴근을 허용한다.

우리는 모두 8시간 근무를 하고 있지만 사실 딥 워크Deep Work는 평균 3시간 내외다. 집중력이 지속되는 시간에 핵심적인 일이 처리될 수 있도록 목표 관리의 습관이 들어야 한다. 완전히 집중하지 않는 시간을 인정하고 최대한 효율적으로 업무 처리가 이뤄질 수 있게 업무의 우선순위를 잘 판단하고 진행하는지 체크할 필요가 있다.

보상에 있어 중요한 점은 공정성이다. 무엇보다 함께 일하는 사람이 일의 양을 적절하게 잘 나눠 가졌다고 느낄 수 있게 해 주는 것이 제일 중요하다. 더 많은 일을 해낸 사람에게 더 큰 보상이 돌

임스, 2015-6-26,
https://www.nytimes.com/2015/06/28/business/tae-hea-nahm-of-storm-ventures-a-believer-and-a-skeptic-in-one.html

아갈 수 있게 설계해야 한다. 많이 일해도 보상이 불가한 일에 구성원이 많은 에너지를 쓰게 해서는 안 된다. 팀장의 지갑을 열어 보상할 수 있는 범위는 시원한 치맥 한잔이 최선이니까. 종종 일 욕심이 많은 구성원을 만날 때가 있다. 월급을 올려 주는 일이 아님에도 업무의 경험과 성장을 위해 시간을 투자하려는 구성원에게는 일을 더 주는 것도 보상이 될 수 있다. 팀 내에서도 개인의 특성에 맞는 보상 체계를 고민하고 동기부여가 될 수 있게 이끌어야 한다.

업무에 몰입할 수 있는
환경을 설계하라

4차 산업혁명과 빠른 경영 환경 변화, 52시간 근무 제도, MZ세대의 증가, 코로나 팬데믹 등의 변화로 인해 많은 기업들은 효율적으로 일하기 위한 업무 방식의 혁신을 고민하고 있다. 특히 한 번도 경험하지 못했던 코로나 사태로 인해 구성원들의 재택근무가 증가하였고, 이로 인해 구성원들이 과업에 스스로 몰입하고 최선을 다할 수 있도록 업무 환경을 조성하는 것이 중요한 조직의 과제로 떠올랐다. 이제 구성원이 몰입할 수 있는 업무 환경을 구축하는 것은 조직의 핵심 경쟁력이 될 뿐만 아니라 회사의 성과 창출 및 성장을 도모하기 위한 필수 요소가 되었다. 업무 몰입이 어렵지만 중요하다고 인식되는 이유는 구성원들의 업무 몰입이 업무 성과를 높이고, 창의와 혁신의 조직 문화를 만드는 데 기여하고, 나아가 조직의 생산성을 높이는 데 큰 영향을 주기 때문이다.

구성원이 업무에 몰입할 수 있도록 환경을 구축하기 위해서는 어떤 노력이 필요할까?

1) 상호 Win-Win 관계 형성

구성원은 과거와 다르게 직장인이 아닌 직업인의 마인드로 조직보다 개인의 커리어를 중요하게 생각하며 직장을 다니고 있다. 따라서 과거처럼 일방적으로 조직의 지시를 따르게 하기보다 구성원이 프로젝트와 업무 수행을 통해 역량 개발과 성장을 경험할 수 있도록 환경을 제공하고, 구성원은 조직의 성과에 공헌하고 기여하는 상호 Win-Win 관계로 재정립할 필요가 있다. 조직과 구성원이 함께 고객 가치 중심의 성과를 창출하고, 그 과정에서 구성원은 즐거움과 의미, 성장을 경험할 수 있도록 해야 구성원의 업무 몰입을 높일 수 있다. 참고로 다음과 같은 질문으로 구성원의 생각을 가늠해 볼 수 있다.

팀원의 성장을 탐색하는 데 필요한 질문

1) 과업(일)을 통해 성취감을 느끼고 있는가?

2) 본인의 성과를 자랑스럽게 생각하는가?

3) 자신의 성과를 정기적으로 돌아보고 잘했던 점과 아쉬웠던 점을 성찰하는가?

4) 전문성 향상을 위해 역량이 개발되고 있는가?

5) 본인의 강점이 업무에 발휘되고 있는가?

6) 경력개발을 위해 경험해 보고 싶은 업무가 있는가?

7) 목표를 가지고 직장생활을 하고 있는가?

2) 정보에 대한 'Sync-up'

조직 구성원이 조직의 성과에 스스로 기여할 수 있도록 하기 위해서는 조직 구성원 모두가 정보에 대한 'Sync-up'이 되어야 한다. 리더가 조직의 정보를 독점하지 않고 구성원들에게 투명하게 공유해 준다면 구성원은 일의 방향과 배경을 알고 일을 하기 때문에 스스로 동기부여가 되어 성과를 창출하기 위한 도전정신을 갖게 된다. 투명한 정보 공유는 구성원으로 하여금 조직의 성공을 위해 기꺼이 공헌하고자 하는 의지와 동기를 만들어 낸다. 따라서 리더의 투명성과 개방성은 구성원과의 신뢰를 높이고 협력적 관계를 강화하는 기반이 된다. 팀장 스스로가 다음의 질문들로 자신이 잘하고 있는지를 확인해 보자.

정보 비대칭을 해소하기 위해 점검해야 할 질문

1) 업무의 배경과 맥락을 파악하여 공유하고 있는가?

2) 기대하는 결과물과 수준을 명확히 제시하고 있는가?

3) 일에 대한 정보와 네트워킹을 제공하고 있는가?

4) 주간 단위로 1on1 미팅을 실시하고 있는가?

5) 팀의 방향성과 비전을 공유하고 있는가?

3) 구성원의 자율성 강화

코로나 확산에 따른 거리 두기의 일환으로 많은 기업들이 재택근무제를 공식적으로 제도화하였다. 한국 기업들은 기존에 경험하지 못했던 재택근무에 발 빠르게 적응하기 위해 화상회의 시스템, 성과관리 시스템, 협업툴 등을 적극적으로 도입하여 구성원들의 재택근무를 지원하였다. 그리고 1년 이상 재택근무 제도를 실행한 결과 많은 기업이 재택근무 시행으로 구성원들의 업무 몰입도가 상승한 것을 확인하였고, 포스트 코로나 이후에도 재택근무 비율을 어느 정도 유지할 것이라고 발표하였다.

재택근무가 구성원들의 업무 몰입을 향상시킨 배경에는 자율성이 큰 영향을 주었다고 많은 전문가들은 말한다. 구성원들에게 일의 시간과 방법을 선택할 수 있는 자율성이 부여되다 보니 책임감을 가지고 효율적으로 일을 하기 위한 노력이 증가된 것이다. 사람은 자신의 행동을 누군가의 요구가 아닌 스스로 선택한 행동이라고 믿을 때 자신의 능력을 최대한으로 사용하기 위한 노력을 한다. 또한 자율성을 가지고 노력한 결과에 대해서는 구성원이 성취감과 자기효능감을 느끼게 되어 일에 대한 자신감도 더욱 강화시킬 수 있다. 반대로 리더의 마이크로 매니징Micro Managing(일을 맡긴 사람이 일하는 사람의 모든 일에 간섭하고 통제하는 행위)은 구성원의 창의성과 혁신성을 억제시킬 뿐만 아니라 업무에 최선을 다하고자 하는 마음을 감소시키는 요인이 된다.

만족을 넘어 몰입으로(Satisfied → Engaged)

지금까지 조직은 구성원들의 만족도를 높이기 위해 다양한 편의시설과 복지제도 등을 만드는 노력을 했었다. 하지만 단순히 만족도만 높은 회사는 오히려 구성원과 조직의 Win-Win 관계를 어렵게 만들 수도 있다. 구성원의 업무 몰입은 일에 대한 개인의 긍정적 경험이 조직의 성장과 경쟁력으로 이어지게 하는 선순환을 가져온다. 따라서 이제는 구성원 만족을 넘어 업무에 몰입할 수 있는 환경을 구축해야 한다. 앞에서 언급했던 것처럼 평생직장이 사라진 시대에 조직과 구성원이 함께 성장하고 성과를 낼 수 있는 업무 환경이 무엇보다 중요하다는 것을 기억하자. 추가로 많은 기업들이 언제 어디서나 시간과 장소에 얽매이지 않고 구성원들이 일에 몰입할 수 있는 업무 환경을 조성하기 위해 다양한 물리적 공간과 시스템과 제도를 마련하고 있다. 효율적인 업무 환경을 구현하기 위해 기업들이 어떤 노력을 하고 있는지 사례를 통해 알아보자.

1) 워케이션

CJ ENM은 '워케이션 제도'를 정규 프로그램으로 운영하고 있다. 워케이션이란 일Work과 휴가Vacation를 합성한 신조어로, CJ ENM은 매달 10명을 선정해 제주도 거점 오피스에서 근무할 수 있는 기회를 제공하고 있다. CJ ENM은 워케이션 제도를 통해 휴가지에서 일도 하고 휴식도 취하며, 업무 효율 상승은 물론 회사의 브랜드 가치 또한 상승시켰다.

2) 다양한 유연근무제 도입

대웅제약은 유연근무제를 ▲재택근무 ▲탄력근무 ▲부분근무 ▲육아기 근로시간 단축의 4가지 유형으로 나눠 제공함으로써 직원들이 자신의 여건에 맞게 근무 시간이나 장소를 자유롭게 선택해 일할 수 있도록 돕고 있다.

3) 스마트오피스 구축

D사는 스마트오피스의 개인 업무 공간은 업무 몰입에 방해되는 소음을 줄인 '업무 공간'과 시각적으로는 개방됐지만 소음은 차단한 집중 업무 공간인 '포커스룸'으로 구성되어 있다. 업무 공간은 '스탠드존', '모니터존', '테라스존'으로 다양하게 구성되어 있다. 책상은 업무 효율이 가장 높은 4~6인 그룹형으로 배치되어 있으며, 직원들이 스스로 업무에 최적화된 공간을 선택할 수 있도록 자율좌석제를 도입했다. 또한 시선과 소음이 모두 차단되는 집중 업무 공간인 1~2인용 '포커스룸'도 업무 공간 주변에 배치되어 있다. 포커스룸은 집중 근무가 필요한 경우나 업무 중 전화가 왔을 때 소음차단을 위해 활용할 수 있다. 더불어 번거로운 예약 없이 이용할 수 있는 4인, 8인용 '미팅룸'과 30~40명의 본부 전체가 모일 수 있는 계단형 라운지인 '소통라운지'도 직원들의 호응을 얻고 있다. '소통

라운지'의 경우 본부별 회의 및 세미나, 업무 브리핑 등 다목적 공간으로 활용되고 있다. 이외에도 스마트오피스에는 공유 문화의 취지에 맞게 업무 편의 공간이 마련되어 있다. 개인 사물함 대신 팀 공용 사물함을 지급해 업무에 꼭 필요한 최소한의 물품을 보관하도록 했으며, 옷장을 마련해 사용 편의성과 사무 공간의 쾌적함을 높였다.*

---

* 이현아, 스마트 워크 도입으로 우리 회사 '생산성' 높이기, HR 인사이트, 2019-04-01, http://m.hrinsight.co.kr/view/view.asp?bi_pidx=27614&in_cate=112

역량 수준에 따라
권한 위임하라

매일 나 홀로 야근하는 A 팀장

A 팀장은 항상 바쁘다. 누구보다 아침 일찍 출근하여 저녁 늦게까지 일을 한다. 하지만 A 팀장은 팀원들과 함께 일을 한다는 느낌보다는 항상 혼자 일을 다 하고 있다는 느낌이 들 때가 많다. 실제 팀의 중요한 업무는 A 팀장이 다 붙잡고 있고, 필요한 일이 있을 때만 팀원에게 요청을 하며 일을 추진하고 있다. 이를 지켜보던 B 상무가 A 팀장에게 물었다. "왜 팀원들에게 일을 맡기지 않고 본인이 직접 처리하나요?" A 팀장이 대답했다. "팀원들에게 일에 대해 설

득하는 것도 힘들고, 제가 처리하는 것이 더 빠르기도 해서요."

최근 실무형 리더가 많아지면서 팀원에게 일을 맡기지 않고 자신이 혼자 일을 처리해버리는 팀장들이 점점 많아지고 있다. 하지만 팀장이 구성원들에게 권한 위임을 하지 못하면 모든 의사 결정과 책임의 주체가 팀장이 되어버리고, 팀원들은 책임을 회피하는 팀이 되어버릴 수 있다. 변화가 빠른 환경에 조직과 팀이 적응하고 팀으로 함께 성과를 내기 위해서는 리더가 세세한 관리와 통제를 하기보다 팀원들이 최선을 다해 최고의 결과를 낼 수 있도록 리더십을 발휘할 수 있어야 한다. 리더가 팀원들의 역량과 의욕을 최대한으로 끌어내기 위해서는 마이크로 매니징이 아닌 팀원이 책임감을 가지고 스스로 세운 기준을 바탕으로 자율적으로 업무를 수행해 나갈 수 있도록 권한을 위임할 수 있어야 한다. 그런데 왜 많은 리더들이 구성원에게 업무를 믿고 맡기지 못하는 것일까? 다양한 리더들을 관찰한 결과, 다음 3가지로 요약되었다.

첫째, 팀원을 믿지 못하고 본인이 개입해야 일이 마무리된다고 생각한다.

팀원에게 일을 시킨 후 마음에 들지 않으면 본인이 고치고 완성해버린다. 본인이 마무리를 해야 리스크를 줄일 수 있다고 생각한다. 이렇게 되면 결국 팀원은 뭘 해야 할지 모르고, 팀장은 업무를 처리하느라 항상 바쁜 사람이 된다. 구성원들도 결국 '팀장님이 다 고칠 텐데 우리가 열심히 해서 뭐 하나?', '할 수 있는 만큼만 하면 팀장님이 다 수정해 주시겠지'라는 생각을 갖게 된다. 그러면 구성원은 자신의 지식이나 경험을 넘어서는 새로운 도전이나 시도는 하지 않게 되고, 책임감과 일의 동기도 잃게 될 수 있다.

둘째, 본인이 처리하는 것이 더 빠르고 효율적이라고 생각한다.

팀원에게 업무의 방향과 목적을 설명하고 지시한 뒤 과정을 기다리고 결과를 피드백할 시간에 업무 역량이 높은 본인이 직접 하는 것이 시간을 단축시키고 효과적이라 믿는다. 하지만 리더가 계속 업무를 처리하게 되면 팀원들은 팀의 과제와 이슈를 더 이상 고민하거나 함께 해결하려고 하지 않고, '팀장님이 해결하시겠지'라는 마음을 갖게 된다. 그러다 문제가 생기면 '팀장이 제대로 역할을 하지 않아 문제가 생긴 것이다'라며 모든 책임을 팀장에게 전가하게 된다.

셋째, 팀원의 성장과 역량 개발에 관심이 없다.

팀장으로서 구성원의 역량 개발과 성장을 돕겠다는 마음보다 당장 임원이 지시한 일을 처리하는 것이 중요하다고 생각하는 실무자 마인드가 강하다. 일의 결과로만 팀원의 역량을 평가하기 때문에 구성원에게 발전적 피드백보다는 본인의 기준으로 부족한 부분에 대해서만 피드백을 주게 되어 구성원의 강점과 잠재력은 활용하지 못하게 된다.

권한 위임의 중요성

리더 혼자 잘해서 성과를 내는 시대는 지나갔다. 이제는 구성원과 함께 팀으로 성과를 낼 수 있어야 한다. 팀으로 함께 성과를 내기 위해서 리더는 '팀원들이 내가 없이는 아무것도 해내지 못할 것이다'라는 생각이 아니라 '어떻게 하면 스마트한 팀원들이 스스로 해낼 수 있도록 도와줄 수 있을까?'라는 생각의 리더십으로 접근해야 한다. 그러기 위해서는 팀원들의 잠재력과 역량을 최대한 활용하여 한계를 넘어 최고의 성과를 낼 수 있도록 팀 환경을 조성하고 권한 위임을 할 수 있어야 한다.

리즈 와이즈먼의 연구에 의하면 멀티플라이어(구성원들을 더 똑똑하게 만들고 그들의 역량을 최고로 이끌어 내는 리더)는 디미니셔(구성원의 역량을 고갈시키는 리더)보다 구성원들의 지적 능력을 평균 2.1배 더 언어낸다고 한다. 리더로서 여러분은 멀티플라이어인가, 디미니셔인가?

권한 위임을 잘하기 위한 3가지 방법

리더가 권한 위임을 잘하기 위해서는 어떻게 해야 할까? 권한 위임을 잘하기 위해서는 먼저 수행하고자 하는 업무의 목적과 난이도를 가늠할 수 있어야 하고, 구성원의 역량 수준에 맞게 권한을 줄 수 있어야 한다. 그리고 기대하는 성과를 창출할 수 있도록 업무를 수행하는 과정에서 코칭과 피드백을 제공해 줘야 업무를 위임받은 구성원이 책임감을 가지고 스스로 문제를 해결하며 업무 목표를 달성할 수 있다.

첫째, 업무를 명확히 파악할 수 있어야 한다.

리더는 업무의 전체적인 맥락을 파악하고 있어야 권한 위임을 올바르게 할 수 있다. 업무를 위임하기 위해서는 먼저 주어진 업무를 구체화하여 구성원에게 일의 배경과 목적, 방향, 기대하는 결과물을 명확히 설명할 수 있어야 한다. 이를 위해 리더는 추진해야 하는 일이 1) 목표와 결과물이 명확한 업무인지, 2) 업무의 양을 가늠할 수 있는 업무인지, 3) 업무 지원 시스템이 갖추어진 업무인지, 4) 업무 리스크를 미리 확인할 수 있는 업무인지, 5) 기존의 업무와 연결되는 업무인지 아니면 새로운 업무인지를 확인해야 한다. 이를 바탕으로 업무를 추진할 담당자를 선정할 때는 구성원의 역량과 해당 업무에 대한 관심, 성장 의지, 현재 맡은 업무량을 고려해야 한다.

업무를 위임할 담당자가 정해졌다면 업무를 알려 줄 때 다음 사항을 참고하자.

〈업무를 명확히 알려주기 위한 체크리스트〉

☐ 일의 맥락과 배경을 설명할 수 있다.

☐ 기대하는 결과물이 무엇인지 이야기할 수 있다.

☐ 일을 수행하는 데 있어 꼭 지켜야 하는 원칙과 기준을 설명할 수 있다.

☐ 일을 추진하기 위해 필요한 정보를 제공할 수 있다.

☐ 일의 결과가 조직과 고객에게 어떤 도움을 주는지 설명할 수 있다.

☐ 결국 리더의 역할은 '주어진 일을 얼마나 잘 수행할 수 있느냐'가 아니라 구성원에게 '일을 목적과 배경, 기대하는 결과물을 명확히 설명하고 동기를 부여할 수 있느냐'이다.

둘째, 팀원의 업무 수행 능력에 맞게 권한을 위임한다.

올바른 권한 위임을 위해서는 반드시 구성원의 역량과 의욕을 분석하고, 구성원의 역량 수준에 맞게 권한을 위임할 수 있어야 한다. 만약 구성원의 업무 수행 능력이 낮은 상태인데 리더가 무작정 위임을 하게 되면 이는 오히려 방임이 될 수 있기 때문이다. 실제로 많은 리더들이 '구성원을 믿고 맡겨야 한다'라는 말을 듣고 구성원에게 무작정 권한을 위임했다가 기대했던 성과가 나지 않거나 수습할 수 없는 문제가 발생하여 본인이 책임을 지는 경우도 자주 발생한다. 리더가 권한 위임에 대한 실패를 경험하게 되면 이론은 이론일 뿐 현장에서는 리더가 확실히 권한을 갖고 있어야 성과가 난다는 인식을 더 강하게 갖게 되기도 한다. 따라서 리더가 올바르게 권한을 위임하기 위해서는 업무의 특성과 구성원의 역량에 대한 분석과 위임 전략이 필요하다.

허시-블랜차드Hersey & Blanchard는 팀원의 업무 발달단계에 따라 리더십 유형을 달리해야 한다고 주장하였다. 팀원의 업무 발달단계를 역량과 의욕으로 분석할 수 있는데, 역량은 주어진 과업을 수행하는 데 있어 필요한 지식, 경험, 기술을 얼마나 보유하고 있는지를 판단하는 것이고, 의욕은 과업을 수행하는 데 있어 동기와 자신감을 얼마나 가지고 있는지 판단하는 것이다.

낮은 역량 낮은 의욕	낮은 역량 높은 의욕
• 구체적인 지시(무엇을, 언제, 어디서, 어떻게)를 내리고 업무수행을 디테일하게 관리 • 인정/개선 피드백 • KSA*로 성과 부진 원인 파악	• 조직이 기대하는 성과를 명확히 제시 • 업무 수행에 필요한 정보와 네트워크 제공
높은 역량 낮은 의욕	높은 역량 높은 의욕
• 인정, 자문, 요청의 언어 사용 • 의사 결정 과정에 팀원을 참여시켜 책임을 함께 갖기	• 의사 결정과 문제 해결의 권한을 팀원에게 위임 • 도전적 과제 수행

업무를 수행할 수 있는 역량 수준을 분석하여 구성원의 역량이 높다고 판단할 때는 적극적으로 권한을 위임하고, 구성원의 역량이 낮다고 판단될 때는 무조건 맡기기보다는 일의 방향과 방법과 정보를 리더가 제공해 주고 일을 추진해 나가는 과정에서 작은 시도를 해 볼 수 있도록 기회를 주는 것이 구성원에게 더 도움이 된다.

셋째, 상시 피드백을 통해 구성원의 업무 수행을 돕는다.

권한을 위임했다고 해서 리더의 역할이 끝난 것은 아니다. 구성원이 업무를 수행하는 과정에서 나타나는 행동을 관찰하여 성과 창출과 역량 개발을 위해 더욱 장려할 필요가 있거나 보완해야 할

---

* KSA: Knowledge, Skill, Attitude

부분이 있으면, 적극적으로 피드백을 해 줘야 한다. 리더는 구성원의 평가적 태도로 지적하는 사람이 아니라 성장과 발전기회를 제공할 수 있는 사람이 되어야 한다. 그저 비판하고, 부정적 결과를 질책만 한다면 구성원의 성장을 도울 수 없고 권한 위임도 어려워질 수 있다.

리더가 권한 위임을 잘하기 위해 필요한 3가지 방법 외에 추가적으로 참고하면 좋을 4가지 Tip을 소개한다.

구성원에게 일을 잘 맡기기 위한 4가지 Tip

1) 일의 원칙을 가지고 일하게 하라

일을 하는 기준이 리더의 생각에 따라 그때그때 달라진다면 구성원들은 결국 리더의 방향에 맞추기 위한 노력만 하게 될 것이다. 구성원들이 일을 수행하는 데 있어 꼭 지켜야 하는 원칙과 기준을 알고 일할 수 있도록 팀 환경을 세팅해야 구성원이 일을 제대로 할 수 있다. '고객의 연락이나 요청을 받으면 당일 5시 안에 리턴 콜해 주기', '일의 목적, 기간, 결과, 공유 대상을 고민하며 일하기', '책임 소재가 불분명한 일은 팀장과 상의하기' 등 일을 수행하면서 꼭 지켜야 하는 행동은 무엇이 있는지 고민해 보자.

2) 업무 협의를 위한 미팅 계획을 세워라

권한 위임을 했다고 해서 일의 처음부터 끝까지 팀원이 알아서 결과를 내야 한다는 것은 아니다. 리더는 팀원 스스로 업무를 수행하고 결과를 창출해 나가는 과정을 꾸준히 모니터링하고 필요한 지원과 피드백을 제공해야 구성원이 성과를 창출할 수 있다. 구성원의 역량에 따라 업무의 파악, 협의 및 지원을 위한 미팅 일정을 미리 세워 보자. 그리고 아직까지 스스로 업무를 해낼 수 없는 팀원에게는 리더가 함께 의사 결정을 해주는 것이 오히려 도움이 된다는 것을 잊지 말자.

3) 팔로워가 아닌 플레이어로 대하라

권한 위임이 제대로 이루어지기 위해서는 팀원을 '리더가 시키는 것을 잘하는 사람'으로 생각하지 말고, '자신의 일에 대해 책임감을 가지고 스스로 업무 성과를 창출해 내는 사람'으로 생각하자. 팀원에게 시킨 일을 체크하고 잘못을 추궁하는 데 집중하는 관리자-팔로워의 관계가 아니라, 수시 피드백을 통해 팀원의 성장을 돕고 함께 더 나은 대안을 만드는 데 집중하는 리더-플레이어의 관계로 발전시켜야 한다.

4) 결과에 대한 책임은 리더가 져야 한다.

팀원이 위임한 업무를 수행하다 문제가 생겼을 때 문제를 어떻게 해결하면 좋을지에 대해서는 팀원에게 맡기는 것이 좋다. 하지만 결과에 문제가 생겼을 때는 팀원을 믿고 위임한 리더가 최종 책임을 지는 것이 옳다. 만약 실패에 대한 책임을 팀원에게 전가한다면 아무도 업무를 위임받으려고 하지 않을 것이다.

Chapter 3

[좌] 동료 팀장 편
"나는 동료에게"

취업 전문 사이트 인크루트에 따르면 국내 직장인들은 하루에 6시간을 자고, 10시간 이상 회사에서 시간을 보내는 것으로 나타났다. 그렇기에 직장인들에게 회사는 어쩌면 집 이상의 의미를 가질 것이다. 아무리 직장생활과 개인의 삶을 분리하라고 하지만, 철저하게 100% 분리하는 것은 로봇이 아닌 이상 어려울 것이다. 따라서 직장생활이 힘들면 개인의 삶도 힘들어진다. 그러므로 회사에서 동료와 어떤 관계를 형성하느냐는 직장인들에게 매우 중요하다. 특히나 팀 간 업무 조율이나 회사 내 자원을 최대한 활용해야만 하는 팀장의 경우는 더욱더 동료 팀장들과의 관계가 팀장 개인의 정신 건강뿐 아니라 업무 몰입, 더 나아가 팀 성과에도 지대한 영향을 미친다. 직장인들에게 회사 생활 중 가장 힘들었던 부분이 무엇이냐고 물으면, 수행했던 업무에서 발생하는 스트레스는 일이 끝나면 사라지는 것이기에 일시적이지만 직장 동료 관계에서 발생했던 스트레스는 지속성이 있어 어려움이 있다고 말한다. 직책이 없는 팀원들의 경우. 마주하기 싫은 사람이 있으면 공과 사를 확실하게 구분해 업무만 처리하면 되지만 팀장들은 그럴 수가 없다. 우호적인 관계에서 비롯되는 긍정적인 상호작용이 많기 때문이다. 그렇다면 팀장들은 어떻게 동료 팀장들과 긍정적인 관계를 형성할 수 있을까? 팀장도 사람인지라 싫은 사람이 있다. 그들과는 어떻게 지내야 할까? 이번 장에서는 신뢰, 소통, 업무 측면에서 동료 팀장들과 함께 일하며 현업에서 활용해 보면 좋을 다양한 방법을 제안해 보고자 한다.

신뢰:
경쟁자인가, 조력자인가?

동업자 정신으로
신뢰를 구축하라

모두 같은 회사에 다닌다. 회사가 수익과 성과를 창출하면 구성원 모두가 금전적 소득과 개인의 성장으로 보상받을 수 있다. 그런데 A 팀장은 B 팀장이 싫다. A 팀장이 보기에 B 팀장은 회사가 아닌, 본인 팀의 입장에서만 일을 한다. 본인 팀의 입장에서 빛이 나는 일만 하려 하고, 조금이라도 손해 보려 하지 않는다. 관련 부서들이 어떨지는 일절 고려하지 않는다. B 팀장은 C 팀장이 싫다. B 팀장이 보기에 C 팀장은 재무팀이 가지고 있는 업무적 권한을 본인의 권력이라 생각하는지, 일단 덮어놓고 반대를 한다. C 팀장은 A 팀장이 싫다. C 팀장이 보기에 A 팀장은 앞뒤 전후를 생각하지 않고 무조건 자신이 필요한 일을 당장 해달라고 한다. 메일 하나 보내 놓고 나중에 왜 이거 안 해 주냐고 따진다.

A, B, C 팀장은 같은 해 경력직으로 입사했다. 나이는 서로 한두 살 차이 나지만 비슷한 시기에 회사에 입사해서 서로 소주잔도 기 울이고 상사들 뒷담화도 하면서 가깝게 지냈던 사이다. 이러던 그 들이 회사에서 직책을 맡으면서, 목표나 일하는 방식 등의 차이로 서로를 눈엣가시로 여기기 시작했다. 이렇게 팀장 간의 사이가 좋 지 않은 것을 해당 팀원들도 모두 안다. 그러니 서로 도와주려다 도 팀장의 눈치가 보여서 해 주지 못한다. 결국 부서 간 이기주의는 날로 심각해졌다.

이는 단순히 개개인의 성향과 업무 방식의 차이 때문일까? 한때 는 친하게 지내던, 서로가 서로에게 힘이 되어 주던 사이였는데 말 이다. 팀 간, 팀 리더간 불편한 관계는 다음과 같은 '불균형'도 이유 가 될 수 있다.

첫째, 자원의 불균형이다.

새로 생긴 메타버스 대응팀은 외부 영입과 사내 잡포스팅을 통 해 인력을 확보했지만 아직 경험도 부족하고 인력 수도 목표한 만 큼을 채우지 못해 허덕이고 있다. 팀원들의 대다수가 평균 근무시간 주 60시간을 넘겨가며 업무를 하고 있다. 지난달에 A 팀장은 주말 내내 출근하였다. 그러나 같은 사업본부 내 B 팀장은 동료들과 골프 회동을 하며 주말을 여유롭게 보냈다. 필요한 시스템 구축도 어렵다. A 팀장은 매주 본부장을 붙잡고 애원하고 있지만 좀 기다려 보라는 얘기만 돌아온다.

둘째, 권한의 불균형이다.

A 팀장은 신규 부서이고 기술적인 부분들이 아직 내재화되어 있지 않다 보니, 예상하지 못한 각종 시스템 비용이 발생하고 또 외주 업체를 활용해야 할 일도 많다. 이에 재무팀 C 팀장은 매번 시비를 건다. '왜 이런 비용이 갑자기 올라오느냐, 프로젝트 시작 초기에 예산 예측을 눈 감고 한 거냐', '인력이 O명이나 있는데 이걸 왜 외주 업체에 의뢰하느냐, 그럼 메타버스 팀은 도대체 뭘 하는 거냐', '이 규모의 비용을 집행하려면 지원 본부장 재가를 받아야 하니, 좀 더 구체적인 자료와 향후 예상되는 성과에 대하여 분석한 데이터를 보충하라' 등등. A 팀장은 C 팀장과 재무팀을 대응하느라, 정작 해야 할 중요한 일들을 못하고 있다.

셋째, 정보의 불균형이다.

영업팀 B 팀장은 거래처인 D사 본부장과 저녁 식사를 하면서 D사의 내년도 추진 방향과 신규 사업 진출 시 필요한 협력사항 등을 들었다. B 팀장은 다른 팀과 이를 일절 공유하지 않고 있다가 내년도 전략 발표회 때 경영진 앞에서 폭탄처럼 터트렸다. 덕분에 영업팀과 B 팀장의 위상은 올라갔지만 다른 관계 부서들은 내년도 전략을 이에 맞춰 수정하고 다시 짜야 했다.

넷째, 애정의 불균형이다.

B 팀장에 대한 사장의 애정은 각별하다. B 팀장은 같은 대학, 같은 학과 선후배 사이에 미국에서 MBA를 거쳐 좋은 조건에 데려온 우수 인재로, 사내에서도 업무 능력은 뛰어나다는 평판을 받고 있긴 했으나 사장의 편애가 지나치다고들 생각하고 있다. 사장은 주요한 저녁 식사 자리에 빠짐없이 B 팀장을 불러 동석했고, 또 중요한 의사 결정을 해야 할 때는 B 팀장의 업무가 아님에도 따로 불러 의견을 물어보곤 했다. B 팀장은 어느 순간부터 '왕손'이라 불린다. 물론 B 팀장도 이런 분위기를 즐기고 있다.

결국 이러한 문제는 팀장 개개인 간의 문제가 아닌, 조직 간의 문제로 확대된다. 이전에는 전화 한 통이나 간단한 메신저로 얻을 수 있는 정보, 자료, 지원은 이제 엄격한 내부 승인 하에 움직이게 되면서 업무 추진력과 속도는 점점 떨어지고 있다. 또한 친한 동료들 간에 회동은 발전적이고 긍정적인 아이디어와 정보가 공유되는 자리가 아닌, 누군가를 비방하고 조직의 리더들을 뒷담화하는 소모적인 자리가 되어가고 있다.

세상에 그 어떤 팀장도 이런 불균형에서 자유롭기 쉽지 않다. 그러나 항상 잊지 말아야 할 것은 회사와 내가 추구하는 목표가 동일하다는 점이다. 하지만 바쁜 일과 감정에 빠지다 보면 본질은 잊고 눈앞에 닥친 현안과 나, 그리고 우리 팀의 이익에만 매몰된다. 조금 더 큰 시각으로 회사와 사업을 바라볼 수 있는 시야를 갖추기 위해 노력해야 한다. 계기가 무엇이 되었든, 관계 부서와 사이가 벌어지면 이를 바로잡는 데는 많은 시간과 노력이 필요하다. 그래서 처음부터 적을 만들지 않는 것이 더 편하다.

적을 만들지 않는 방법, 특별한 건 없다. 이건 평생 동안 인간관계를 맺으며 살아온 사람에게 '이렇게 친구를 사귀는 거야'란 얘기를 하는 꼴이다. 하지만 직장생활, 눈앞의 현안에 맞춰 앞만 보며 달릴 때 놓치기 쉬운 마음가짐을 짚어 보려 한다.

여유

쫓기는 일상 속에서도 중심을 잡을 수 있는 최소한의 여유가 필요하다. 작게라도 마음의 여유가 있어야 전후좌우를 살펴보고 올바른 판단을 할 수 있다. 최소한 생각을 하고 주위를 둘러볼 수 있는 만큼의 여유는 필히 장착하라. 이게 시작이다.

롤 플레잉 Role Playing

동료 팀장이 되어 보자. '그는 왜 반대할까?' 상대방의 입장이 되어, 좀 더 다른 시각으로 갈등이나 그 전조를 지켜보면 이유가 보일 것이다. 내가 하고 있는 일이 나에게는 무엇보다 중요한 일이지만, 모든 관계자에게 해당되는 것은 아니다. 내가 하는 일이 중요하듯, B 팀장도 본인이 맡고 있는 일이 가장 중요하고 또 우선순위에 있을 것이다. 상대의 입장이 돼서 사안을 보면 의외로 쉽게 해결책이 보일 수도 있다. 그렇게 단추를 풀어가는 것이다.

배려

'싫음'의 감정은 상대적인 것이다. 일방적으로 상대가 싫은 경우는 없다. 즉, 상대가 나를 싫지 않게 해야 하는데, 바쁘게 살다 보면 이를 놓친다. 그렇게 '싫음'이 쌓이는 원인 중 하나는 서로 배려가 없기 때문이다. 조직 내에서는 주위 팀장들보다 업무적으로 탁월한 성과를 내 경영진의 신뢰를 받는 팀장이 있기 마련이다. 그럴 수 있다. 그러나 이러한 팀장들 중 극소수는 본인이 뭐라도 된 양, 주위를 무시하는 경우가 많다. 잘나갈수록 나보다 어려운 상황에 처해 있는 다른 팀장들을 심리적으로 배려해야 한다. 특히, 조직 내에서 암묵적인 약자의 역할을 담당하고 있는 구성원들과의 좋은 관계 형성은 이후 찰기 있는 협력자로 도움이 될 가능성이 높다.

저축

누구에게나 어려운 일이 생긴다. 그게 본인의 실수든, 주위의 환경 때문이든 의도치 않게 난관에 봉착하거나 또는 사고의 한가운데에 빠져 허우적거리는 경우가 있기 마련이다. 이럴 때 먼저 손을 내밀어 도와줘라. 도와주지 못한다면, 하다못해 하소연이라도 들어 주고 같이 해결책을 찾아보는 노력을 기울여라. 그렇게 '저축'하는 것이다.

공통의 목표를 향해 달리고 있는 동업자라는 '동업자 정신'과 눈앞의 문제에만 빠지지 않고 주위를 둘러볼 수 있는 '여유', 최소한 이 두 가지만 마음속에 새겨도 지금 여러분이 겪는 동료들 간의 불편한 관계를 조금이나마 해소할 수 있지 않을까?

신뢰 구축의 출발,
공통점 찾기

　회사의 모든 팀장들은 한 배를 탄 사람들이다. 즉, 회사의 궁극적
인 목표인 성과 창출과 기업의 성장을 향해 함께 달려가야 하는 직
원들이다. 하지만 팀장들도 회사에서 평가를 받는 직원이고 사람이
기 때문에 회사라는 전체 그림을 보기보다 당장 내 팀의 눈앞의 성
과에만 집중하고 집착할 수 있다.

　이런 시각으로 업무를 하다 보면 팀의 성과는 일시적으로 좋을
수 있지만, 회사는 긍정적인 성과를 내기 어려워질 것이다. 그러다
보면 회사가 점점 힘들어질 것이고, 회사가 힘들어지면 아무리 팀
성과가 좋은 조직이라 하더라도 그 성과는 무의미할 것이다. 그렇

기에 팀장들은 본인의 밥그릇 챙기기에 급급하기보다는, 회사의 이익과 성장을 위해 회사 전체를 볼 수 있는 안목과, 눈앞에 보이는 작은 성과보다 큰 성과를 위해 희생할 줄 아는 배포를 키워야 한다. 그리고 이러한 역량을 기반으로 동료 팀장들과의 좋은 관계를 형성하여 하나의 목표를 향해 서로 도우며 달려가야 한다.

이렇게 하기 위해 가장 먼저 생각해야 할 것이 바로 동료 팀장과의 관계 형성, 특히 신뢰를 구축하는 것이다. 팀장 간 서로에 대한 신뢰에 기반하여 회사의 비전 또는 목표 달성을 위해 한 방향으로 달려간다면 회사는 자연스럽게 성장하게 될 것이고, 그 결과는 모든 팀장 그리고 더 나아가 회사 전체의 임직원들에게 돌아가게 될 것이다. 이렇듯 동료 팀장 간 신뢰를 구축하는 것은 회사 성장의 전제 조건 중 하나라 할 수 있다. 즉, 신뢰가 구축되지 않았다면 동료 팀장들의 협조나 지원을 얻기 어렵고, 본인 팀만의 노력으로는 회사 전체의 목표 달성을 할 수가 없다. 이러한 선순환을 위해 동료 팀장 간 신뢰를 구축하는 여러 방법 중 서로의 공통점을 찾아 서로에게 관심을 갖고 이를 기반으로 신뢰를 구축하는 방법에 대해 알아보고자 한다.

동료 팀장과 신뢰를 구축하는 방법이라고 해서 우리가 아는 '다른 사람과의 공통점을 찾아 이를 기반으로 신뢰를 구축하는 방법'

과 크게 다르지 않다. 그럼 인간관계에서 상대방과 공통점을 찾아 신뢰를 구축하려면 어떻게 해야 할까?

1단계: 다양한 것에 관심을 갖자!

우선 동료 팀장들과 관계를 형성해야 신뢰를 구축할 수 있다. 이를 위해 동료 팀장들과 자주 대화를 하는 것이 중요한데 그러기 위해서는 이야깃거리가 풍부해야 한다. 이야깃거리가 풍부하지 않다면 상대방과 통하는 무언가가 필요하다. 다양한 이야깃거리나 상대방과 통하는 무엇을 찾기 위해서는 우선 내가 호기심이 많은 사람이 되어야 한다. 다양한 분야에 관심을 갖고 동료 팀장들과 이야기할 때 어느 정도 낄 수 있을 만큼만 알고 있다면, 동료 팀장들과 대화 시 좋은 인상을 남길 수 있고 이로 인해 급격하게 친해질 수 있을 것이다. 따라서 다양한 취미나 관심사를 가질 수 있도록 노력하는 것이 중요하다.

물론 팀장은 조직에선 팀장, 집에선 배우자와 부모 등 여러 역할을 동시에 수행해야만 하기에 다양한 관심사에 시간을 내고, 취미 활동을 하는 것은 쉬운 일이 아니다. 하지만 매일 또는 매주 일정 시간을 할애하여 다양한 관심사를 가질 수 있도록 노력하거나, 새로운 분야의 취미를 배우는 등의 노력을 한다면 동료 팀장들과 관계를 형성하고 신뢰를 구축하는 데 많은 도움이 될 것이다.

2단계: 경청하고 또 관찰하자!

다양한 사람들과 이야기를 할 수 있는 준비가 되었다면 다음으로 해야 할 것은 무엇일까? '다양한 관심사로 이야깃거리는 충분하니 이제 만나서 이야기를 시작해 볼까?'라는 생각을 가지고 있다면 잠시 멈추고 아래의 사례를 읽어 보기 바란다.

만약 우리가 사격장에서 총을 쏜다고 가정해 보자. 우선 우리는 사격장을 찾아갈 것이고, 그곳에는 총과 총알이 준비되어 있을 것이다. 총과 총알이 준비되어 있다고 바로 총을 쏠 수 있을까? 아니다! 우리는 우선 사격에 관심이 있어서 사격장을 찾았고, 사격을 위해 총과 총알이 무엇이고 어떻게 결합되는지, 무엇을 신경 써야 하고 해야 할 행동과 해서는 안 되는 행동 등이 무엇인지에 대해 관심을 갖고 전문가를 통해 교육을 받거나 관련 서적이나 자료를 찾아가며 스스로 터득해야 할 것이다.

이렇듯 이야깃거리가 준비되어 있다고 동료 팀장들과 무작정 이야기를 시작해서는 신뢰를 구축하기 어려울 것이다. 물론 무작정 시작한 이야깃거리가 상대 팀장의 관심사에 딱 맞는 것이라면 쉽게 대화를 이끌어 가며 관계를 구축하고 신뢰를 쌓아 나갈 수 있겠지만, 만약 그게 아니라면 서로 관계만 더 서먹서먹해지고 상대 팀장에게 '이 사람은 그냥 자기 이야기하는 걸 좋아하는 사람이구나!'라는 인상만 주고 말 것이다. 따라서 우리는 다양한 관심사에 기반한 이야깃거리를 가지고 있더라도 먼저 말하지 말고, 우선은 동료 팀장에게 진정으로 관심을 갖고 그 팀장을 관찰해야 할 것이다.

그렇게 하기 위해서는 먼저 본인이 이야기하기보다 경청하는 태도가 필요하다. 경청을 통해 상대방의 관심사가 무엇인지, 어떠한 생각을 가지고 있는지 등을 파악하고 이를 바탕으로 내 이야깃거리 중 어떠한 이야기를 하며 관계를 형성해가는 게 좋을지를 고민해 봐야 한다. 물론 공통의 관심사를 통한 연결고리를 만들려면 자기 자신에 대한 이야기도 해야 한다. 하지만 상대방이 더 많은 말을 하면서 대화가 이어지도록 하는 게 먼저다.

그러면 자연스럽게 동료 팀장은 본인의 이야기를 경청해 주는 것을 좋게 생각할 것이고, 그러다 보면 마음을 열고 편안하게 먼저 다가올 것이다. 그리고 거기에 동료 팀장이 관심 있어 하는 분야에 관심을 보여 주면, 동료 팀장은 신이 나서 더 많은 이야기를 들려주려 할 것이고 자연스럽게 관계가 형성되며 신뢰가 쌓일 것이다.

3단계: 진실한 태도에 기반한 소통을 하자!

2단계에서 동료 팀장의 마음을 얻었다면 이제는 본격적으로 그의 관심사에 관해 이야기하면 된다. 단, 여기서도 명심해야 할 한 가지가 있다. 바로 진실된 모습, 즉 거짓된 모습으로 다가가서는 안 된다는 것이다. 거짓으로 동료 팀장의 관심사에 관심 있는 척하며 아는 척을 하거나, 해 본 적이 없는데도 해 본 척하는 등 거짓된 태도로 동료 팀장과의 소통을 하고자 한다면 신뢰를 구축하려는 시도는 실패하고 말것이다.

그리고 관계 형성과 신뢰 구축은 절대적인 시간이 필요하다. 따라서 너무 조급해할 필요가 없다. 동료 팀장과 소통을 통해 공통의 관심사를 찾기가 어렵다면, 시간을 갖고 동료 팀장의 관심사 중 하나에 대해 더 자세히 알아보는 것도 좋은 방법이다. 예를 들어, 동료 팀장이 술을 좋아하고 특히 와인에 관심이 많다면 와인에 대한 책을 사서 읽거나 와인 관련 강의를 듣는 등의 노력을 하는 것이다. 그리고 이를 그 동료 팀장에게 솔직하게 이야기하며 '당신의 관심사에 나도 동참하고 싶어요. 나도 관심을 가지려고 노력하는 중이에요!'라는 인상을 심어 주면 상대 팀장은 하나라도 더 알려 주고 싶어 할 것이고, 그러다 보면 자연스럽게 좋은 관계가 형성될 것이다. 그러한 관계 속에서 자연스럽게 신뢰는 더욱 굳건해질 것이다.

4단계: 겸손한 태도와 동료 팀장에 대해 존중하는 마음을 갖자!

'공통점을 찾아 관계 형성하기'의 마지막 단계는 바로 겸손한 태도와 동료 팀장에 대해 존중하는 마음이다. 더 많이 아는 척, 더 많이 해 본 척 등 겸손하지 못한 태도를 보인다면 관심사가 같더라도 그런 상대방이 좋아 보일 리가 없다. 본인이 잘 알고 경험이 더 많다 하더라도 동료 팀장이 먼저 이야기하게 하고, 그 이야기에 본인이 아는 것을 추가하는 형식으로 대해야 한다. 즉, 공통의 관심사를 찾았고 이를 기반으로 관계를 형성 중이라면 겸손하게 다가가야한다는 것이다. 이때, 공통의 관심사를 가지고 있어 서로 비슷하단 생각에 너무 편하게 대해서도 안 된다. 동료 팀장을 존중하는 마음이 기본이 되어야 하고, 이를 바탕으로 하나의 공통점을 깊게 파거나 다양한 공통점을 찾으려고 노력하는 것이 중요하다.

이렇게 순차적으로 단계를 밟아 공통점을 찾으려고 노력하다 보면 동료 팀장과 어렵지 않게 관계 형성을 할 수 있을 것이고, 더 나아가 서로 간의 튼튼한 신뢰를 구축하는 데 많은 도움이 될 것이다.

신뢰를 굳건히 하는
인정과 칭찬

"노스캐롤라이나대학교 연구진이 〈실험 사회심리학 저널Journal of Experimental Social Psychology〉에 기고한 연구에 따르면 사람들은 진실 여부에 관계없이 자신을 아낌없이 칭찬해 준 사람에게 가장 큰 호감을 느끼는 것으로 드러났다. 게다가 엘런 버샤이드Elaine Hatfield Walster가 집필한 『대인 매력Interpersonal Attraction』이라는 저서에서는 상대방의 특성, 태도, 성과에 대한 긍정적인 발언이 발언자를 향한 호감뿐만 아니라 발언자의 부탁에 대한 호의적인 반응으로 되돌아온다는 사실을 뒷받침하는 실험 결과가 제시되기도 했다."*

* 닉 모건 외 지음, 『영향력과 설득』, 21세기북스(2018)

이 책에 따르면, 유능한 관리자라면 칭찬을 활용해 유익한 관계를 맺을 수 있을 뿐만 아니라 이를 활용해 팀의 성과까지 높일 수 있다고 한다. 인사 담당자로서 회사에서 팀장들과 관련된 다양한 사례들을 직접 듣고 경험할 기회가 많은데, 이와 관련된 사례 두 가지를 소개하고자 한다.

팀장 간의 절교로 실무자들이 업무 진행에 어려움을 겪은 사례

A 팀장과 B 팀장은 각각 조직 문화팀 & 채용팀 팀장이다. A 팀장은 이 회사에서만 15년 이상 재직한 리더이고, B 팀장은 A 팀장의 추천으로 입사하게 된 5년 차 리더이다. 초반에 두 팀장은 둘도 없는 친구 사이로 업무 시간 중간중간마다 함께 담배도 피러 나가고, 퇴근 후 저녁 식사도 함께 하며 우정을 쌓았다. 그러나 이것도 잠시, 사실 A 팀장은 기회주의 성향이 있었고 임원의 총애를 받을 수만 있다면 어떤 일이든 맡아 결과를 내는 리더였다.

어느 날, A 팀장은 상무님께서 B 팀장이 맡은 업무 중 잘 진척되지 않는 일 때문에 고민하는 모습을 보며 자신이 그 일을 가져가

해 보겠다고 말했다. 평소 A 팀장에 대한 신뢰가 두터웠던 상무님은 이를 허락했고, 그 결과 A 팀장과 B 팀장의 우정에 금이 가기 시작했다. 배신감을 느낀 B 팀장은 A 팀장의 뒷담화를 다른 동료들에게 하기 시작했고, 이를 알게 된 A 팀장 역시 다른 동료들에게 B 팀장의 뒷담화를 하기 시작했다. 결국 서로 건널 수 없는 강을 건너게 되면서 그들은 절교(?)를 선언했다.

고래 싸움에 새우 등 터진다고 했던가. 조직 문화팀과 채용팀은 조직명만 들어도 예상했겠지만 같은 인사 본부 소속에, 협업해야 할 일들이 많은 조직이다. 그러나 두 팀장 간의 단절로, 그 아래에 있는 실무자들이 힘들어지기 시작했다. 우선 두 팀 내 실무자들은 평소에 자주 만나고 소통하며 친하게 지냈지만, 두 팀장이 절교한 이후부터 두 팀 간 실무자들의 만남은 비밀리에 이루어졌다. 점심시간에 만나기로 했으면, 각 팀장에게는 타 사업부와 점심 약속이 있다고 거짓말을 한 후 회사에서 조금 떨어진 곳에서 접선했다. 또한 두 팀 모두 서로에게 업무상 협업을 요청해야 할 일들이 많은데, 일단 협업 사유를 듣지도 않고 거절하기 일쑤였고 메일을 서로 주고받으며 협업할 수 없는 이유들만 공식적으로 열거했다. 이뿐만이 아니다. 상무님을 중심으로 서로가 서로의 업무를 뺏어가려고 애를 썼다(동일한 업무 기획안을 두고 누가 상무님의 마음을 빼앗느냐의 싸움이었다). 이로 인해 각 팀의 에이스 실무자들이 매우 힘들어졌다. 이러한 시간 속에서 두 팀장은 서로에 대한 오해와 불신이 쌓여만 갔다.

이렇게 2년의 시간이 지났을 무렵, 그나마 두 팀장 중 조금 더 관계지향적인 B 팀장이 더 이상 이렇게 불편하게 지낼 수는 없겠다는 생각을 했고 관계 개선을 결심했다. B 팀장이 A 팀장에게 다가와 2년 만에 처음 던진 말은 무엇이었을까? 바로 칭찬이었다.

"요즘 A팀이 진행하는 일들, 구성원들의 반응이 좋던데요?"

그런데 너무나 신기하게도, 아니면 너무 놀란 나머지 헛웃음이 나온 건지는 모르겠지만 A 팀장은 "허허허" 하고 웃었다.

이를 계기로 A 팀장과 B 팀장은 술자리를 가졌고 대화를 나누며 서로 오해가 쌓였던 부분들을 풀었다. 그 이후, 이전처럼 막역한 관계까진 아니더라도 적어도 두 팀 간 협업을 할 때 이전에 들었던 커뮤니케이션 비용이 반의반으로 줄어 실무자들의 업무 진행이 보다 수월해졌다.

두 팀장 모두 수많은 오해 속에 부정적인 감정이 쌓였을 텐데, 칭찬 한마디로 관계의 물꼬를 틀 수 있다는 게 참 신기했다. 혹시 동료 팀장과 불편한 관계로 어려움을 겪고 있는 분이 있다면 칭찬의 힘을 믿고 행동으로 옮겨 보길 추천한다. 분명 지금 이 글을 읽으면서 '에이, 무슨 칭찬 한마디로 관계가 개선돼? 말도 안 돼!'라고 생각하는 사람도 있을 것이다. 그래도 밑져야 본전 아니겠는가!

그럼 또 누군가는 '그래. 밑져야 본전이니 한번 칭찬을 해 보자!' 라고 결심하며 '아……, 그런데 솔직히 칭찬할 게 없는데…….'라고 생각하는 사람도 분명히 있을 것이다. 평소 단절된 관계였기에 칭찬할 점을 찾기 어려울 수는 있지만 '구성원을 잘 챙긴다든지' 혹은 '회의 준비를 평소에 잘하는 것 같다든지' 등의 칭찬할 수 있는 점을 하나쯤은 만들 수 있을 것이다. 그리고 동료 팀장을 만났을 때 자연스럽게 칭찬해 보라. 처음 했을 때 반응이 없다면 적어도 세 번 까지는 도전해 보라. 그러면 동료 팀장도 불편한 마음을 조금이라도 억누르고, 마음의 문을 열려고 노력을 시작할 것이다.

칭찬으로 신뢰 관계를 형성한 사례

A 팀장은 우연한 기회로 갑작스럽게 리더로 보임되며 자신의 역할에 대해 오랜 시간 고민을 해왔다. 그녀는 자신에게 처음으로 주어진 리더 역할을 잘 해내고 싶었기에 최대한 팀원들의 의견을 수용했고, 조직이 자신에게 기대하는 업무 측면에서의 역할도 성공적으로 수행하기 위해 노력했다. 덕분에 팀원들로부터 높은 신뢰를

받게 되었지만, 그녀는 '리더로서 내가 잘하고 있을까? 놓치고 있는 것은 없을까?'라는 고민을 끝없이 했다.

특히 그녀를 힘들게 하는 점은 업무를 수행하며 내린 의사 결정 사항들 중 잘한 선택도 있었지만 후회가 남는 결정들도 있었는데 그 후회되는 순간들을 계속해서 떠올리며 그때 그러한 결정을 내린 자신을 스스로 채찍질하는 것이었다. 그 탓에 A 팀장은 자신감과 효능감이 많이 떨어져 있었다. 이때, A 팀장은 외부에서 영입된 동료 팀장 B를 알게 되었다. B 팀장은 리더로서의 경험도 풍부하고, 타인에게 도움을 주고자 하는 마음이 컸기에 어려움을 겪고 있는 A 팀장에게 그녀가 잘하고 있는 부분들을 끊임없이 칭찬해 주며 A 팀장의 자존감을 높여 주었다. 처음에는 어리둥절했던 A 팀장도 지속되고 일관적인 B 팀장의 칭찬에, 문득 '내가 못하고 있진 않았나 보다'라는 생각을 하게 되면서 리더로서 자신감을 가지게 되었다. 그 후부터 A 팀장은 B 팀장에게 고마움과 호감을 가지게 되었고, 때때로 B 팀장이 업무 협조를 요청하는 일에 적극적으로 도움을 주기 시작했다. 그렇게 서로가 서로에게 도움을 주고자 하는 긍정적이고 선한 마음 덕분에 함께 협업한 업무 성과 역시 당연히 좋았다. 결과가 좋으니 서로 신뢰가 쌓였고 결국 Win-Win 관계를 형성할 수 있었다.

이처럼 '칭찬'은 대화의 물꼬를 틀 수 있는 좋은 수단이다. 물론 그 칭찬이 진심이면 더욱 좋겠지만, 진심이든 아니든 '칭찬'을 대화 스킬의 한 도구로써 활용해 보면 어떨까? 이를 통해 대화를 일단 시작만 한다면 공통점을 하나라도 발견할 수 있는 기회가 되고, 그 공통점을 바탕으로 관계를 맺게 되어 형성된 유대감은 여러분이 새로운 일을 추진할 때 동료 팀장들의 지지를 얻기가 더 쉬워질 것이다.

소통:
대화가 통하는 동료인가?

상황에 따라 적절한 가면을 쓰고
소통하는 방법

팀장들도 가끔은 착각을 한다

생각보다 많은 리더들이 요즘 후배, 나아가 신입사원들이 책임감이 없다고 이야기한다. 리더는 생각한다. '그들이 현재 그 일이 정말 자신의 일이라고 생각한다면 조금 더 고민했을 텐데' 또는 '이 일이 단순히 숙제처럼 빨리 끝내버려야만 하는 개인의 과업Task이 아니라, 팀과 조직에도 영향을 주는 회사의 업무라는 생각을 왜 그들은 하지 못할까' 하는 안타까움도 느낄 때가 있다. 하지만 그런 리더조차도 가끔 착각할 때가 있다. 자신은 결코 그렇지 않다고 생각하는 순간, 특히 다른 리더들과의 커뮤니케이션과 관계에서 자신도 모르게 무책임한 말과 행동이 현실로 튀어나오게 된다. 때로는 팀 역량이나 구성원의 입장을 고려하지 않은 선택으로 신의를 잃어버리거나 팀을 위기에 빠뜨리기도 한다.

그래서일까, 아이러니하게도 구성원들이 바라는 리더의 최고 덕목 역시 책임감이다.* 이 말의 의미는 곧 책임감이 없는 리더도 생각보다 많다는 이야기이기도 하다. 우리의 니즈는 아이러니하게도 결핍에서 발생하기 때문이다. 우리는 이러한 무책임한 모습을 실제 비즈니스 현장에서 자주 목격하고 있다. 자신의 책임과 의무를 다하지 않았을 때, 전혀 합의되지도 않은 과정과 결과를 단독적으로 만들어 냈을 때나, 특정 행동에 의해 발생한 결과 혹은 잠재적 리스크에 대해 지속적으로 방관했을 때나, 마지막으로 지키지 못할 약속을 지나치게 많이 만들었을 때, 상하고저를 막론하고 그 원인 제공자는 주변인들에게 무책임한 사람으로 비춰진다. 만약 누군가에게 신뢰받고 싶고, 인정받고 싶다면 바로 이 점을 꼭 상기해야 한다. 흔히 이야기하는 프로 정신의 시작은 바로 이 책임감에서부터 비롯되기 때문이다.

* 김종민, "리더에게 가장 필요한 덕목 1위는 책임감", 2019.06.03
 https://n.news.naver.com/article/003/0009264701?sid=101

하지만 이론과 다르게 실제 현장에서는 정말 말도 안 되는 변수와 상황, '어떻게 이런 사람이 있지'라는 생각이 자연스럽게 들게 하는 다양한 이해관계자들 속에서 차가운 이성과 지성을 유지하기가 어려운 순간들이 많다. 과연 이런 상황에서 우리가 선택할 수 있는 최선의 방법은 무엇일까? 어떻게 해야 상황에 맞게 알맞은 책임감을 리더가 보여 줄 수 있을까? 결국 우리는 여러 개의 가면(페르소나)이 필요하다. 때로는 팀장 간의 사소한 대화가 자칫 팀과 구성원을 배신할 수도 있고, 때로는 팀과 구성원을 위한 섭섭한 말 한마디가 더 큰 화가 되어 팀 간 협업을 지속적으로 저해하는 요인이 될 수도 있다. 그렇기 때문에 비즈니스 상황에서, 특히 리더와 리더 간 대화에서는 적절한 가면을 꺼내 쓸 수 있는 대처가 필요하다.

그렇다고 없는 자아와 가면을 억지로 만들어 쓰자는 이야기는 아니다. 이미 우리는 항상 다중의 자아를 가진 멀티 페르소나적 존재다. 심지어 세계적인 정신분석학자 카를 구스타프 융Carl Gustav Jung은 개인 안에는 천 개의 페르소나가 있어서 상황에 따라 다른 페르소나를 사용한다고 주장한다. 예를 들면 한 개인이 집에서는 한없이 엄격하지만 신뢰할 수 있는 가장의 페르소나를, 조직에서는 유연하고 유능한 리더로서의 페르소나를, 오랜 친구들을 만났을 때는 자칫 자신을 가볍게 만드는 농담도 스스럼없이 던질 수 있는 친근

한 페르소나를 보일 수 있다.

뇌과학적으로도 우리는 단일한 페르소나가 아니다. 우리 뇌의 좌반구는 의식적 자아를, 우반구는 무의식적 자아를 형성하고 있다. 그렇기에 우리는 충분히 상황에 알맞은 내면의 가면을 찾아 사용할 수 있는 것이다. 그렇다면 다른 팀장 간의 소통 상황에서 우리는 어떤 가면이 필요할까?

보통은 협력자의 가면을 써라

경쟁은 그 장소와 상황에 따라 전혀 다른 결과를 야기한다. 소속된 조직의 진정한 경쟁자는 사실 외부에 있다. 그들은 주로 경쟁사나 선도 기업에서 근무하며 우리가 속한 사업, 조직의 전체 파이를 감소시킨다. 하지만 아이러니하게도 대부분의 리더와 구성원들의 진짜 경쟁자는 내부에 존재한다. 여기에는 여러 가지 원인이 존재한다. 시스템이 지나치게 내부 경쟁을 유도한다거나, 실제 성과가 아니라 상대방을 험담하고 비난하는 목소리를 마치 실력으로 아는 리더가 존재한다면 이와 같은 상황은 더욱 악화된다. 물론 선의의 경쟁은 서로의 노력과 성과를 극대화시키는 선순환을 일으킨다. 하지만 아직 성숙되지 않은 조직과 리더십, 그리고 유년기 때부터 경쟁에서 무조건 이겨야 된다고 치열하게 배운 우리 사회의 인식이, 경직된 노동 시장과 기업의 문화가 어쩌면 우리의 '선의'를 망가뜨려버렸는지도 모르겠다. 결과적으로 대부분의 조직에서 팀장을 포함한 보직자들의 관계는 그들이 CEO가 되기 전까지 경쟁자 구도를 가지게 된다. 따라서 팀 간 협업이 원활하게 이루어지기란 쉽지 않다.

그렇다면 팀 간 협업에 있어 가장 이상적인 방법은 무엇인가? 바로 '협력자의 가면'을 쓰는 것이다. 협력자協力者는 말 그대로 '힘을 합하여 서로 돕는 사람'이라는 뜻이다. 우선 팀장은 상대 팀의 조력자가 되어서는 안 된다. 본인 팀의 성과와 구성원들의 노력을 낭비시키며 다른 팀의 성과에 조력하는 행위는 그다지 현명한 선택이 아니다.

세계적인 조직 심리학자 애덤 그랜트가 이야기한 1%의 성공한 기버Giver(남에게 봉사와 헌신을 아끼지 않고 배려하는 사람)는 개인과 개인의 관계에서는 유효할 수 있지만, 팀 대 팀의 관계에서는 더욱더 성립하기 어려운 조건이 된다. 왜냐하면 팀장 간의 관계는 개인 간의 관계를 넘어 조직 간의 관계로, 다양한 이해관계자들에게 의도치 않은 업무와 결과를 전가할 수 있기 때문이다. 만약 여러분이 동료 팀장으로부터 "사람이 너무 좋다"라는 이야기를 들을 때가 많아진다면, 냉정하게 팀장으로서 무분별한 Give 행위가 있었는지 진지하게 생각해 봐야 한다. 즉, 협력자로서 다른 팀과 협업하는 방식은 서로가 Win-Win 할 수 있는 합의점을 찾아 함께 노력하는 과정으로 전개되어야 할 것이다.

가끔은 동료의 가면을 써라

하지만 어디까지나 진정한 경쟁자는 외부에 있다. 같은 조직 내에서 유관된 팀과 팀의 관계가 더욱 돈독해지고 협업이 촉진될 수 있다면 다른 외부의 경쟁자들에게 맞설 수 있는 단단한 결집력을 지니게 된다. 마치 똑같은 재료인 탄소로 구성되어 있지만 구성에 따라 싸구려 석탄이 되기도, 백만 불짜리 다이아몬드가 되기도 하는 것처럼 말이다. 결국 선의의 경쟁자로서 또한 동료로서 다른 팀장들을 바라볼 필요가 있다. 팀장이 가지고 있는 수많은 고민들을 구성원에게 나눌 수는 있지만 팀장은 위로받지 못한다. 아직 팀장이 가져야 할 고민의 무게를 함께 짊어질 자격도, 연차도, 심지어 연봉도 얻지 못한 그들이다. 구성원이었을 때 느꼈던 동료의 따스

한 위로가 그립다면, 혹은 도움이 필요하다면 '동료'의 가면을 쓰고 다른 팀장과 더욱더 유대적인 관계를 맺을 필요가 있다.

이를 위한 가장 좋은 방법 중 하나가 바로 인정과 칭찬이다. 조직에서 가장 인정받고 칭찬받기 어려운 것은 신입사원도, CEO도 아니다. 바로 중간관리자, 즉 팀장들이다. 그들은 그 누구보다 외롭고 고독하다. 그리고 서로를 진심으로 이해해 주고, 동료가 되어 줄 수 있는 유일한 포지션 역시 동료 팀장일 수밖에 없다. 그렇기 때문에 먼저 내 팀의 업무를 가장 우선시하는 것은 당연하겠지만, 조금 더 시야를 넓혀 동료 팀장들의 업무를 살펴보려는 노력이 필요하다. 그리고 딱 두 가지만 도와주면 된다. 기쁜 일에는 칭찬을, 나쁜 일에는 위로를 더하는 것이다. 이와 같은 작은 노력은 동료 팀장 간의 관계뿐만 아니라 나아가 팀 간 구성원들의 관계에도 도움을 줄 수 있다.

만약, 정말 만에 하나로 다른 팀들은 모두 힘든데 우리 팀만 잘나갈 때가 있을 수 있다. 그럴 때는 '아차!' 하고 주변을 둘러보자. 어쩌면 그 순간이 다른 동료 팀장들에게 스스로가 민폐를 주고 있을 확률이 있다. 특히 근래 너무 수월하게 우리 팀만이 상위 리더나 외부에 돋보이고 있다면 객관적인 시각에서 반대로 의심해 봐라.

때로는 침묵의 가면을 써라

물은 중력의 영향으로 위에서 아래로 흐른다. 너무나 자연스러운 이치이며 우주의 법칙이다. 반면 소리에는 특별한 방향이 없다. 이 또한 우리가 일반적으로 알고 있는 진리다. 그런데 가끔 팀장들은 불변의 진리를 망각한다. 예를 들어 아직 완성되지 않고 확실하지 않은 정보를 동료 팀장에게 전달한다거나, 구성원의 뒷담화를 서슴 없이 하는 경우가 종종 발생한다. 물론 얼마나 답답하면 그랬을까 하고 공감은 생기지만, 만약 그 소리가 위나 아래로 퍼지지 않는다고 생각했다면 단단한 착각이다.

말은 말한 사람의 의도와는 관계없이 모든 곳으로 전파된다. 진정한 비밀은 언제나 머리와 가슴에만 남겨질 뿐이다. 그러니 불평불만은 술자리에서 동료 팀장에게 터놓는 것이 아니라 당사자에게 직접 전달하는 것이 훨씬 더 현명한 일이다. 적어도 해당 리더를 진솔한 사람으로는 생각할 것 아닌가. 만약 직접 전달할 수 없다면 차라리 '침묵의 가면'을 써라.

또 한 가지 이 가면을 써야 하는 경우는 바로 확신이 없을 때다. 연차가 적은 실무자, 특히 신입사원의 경우 일종의 면죄부가 존재한다. 아직 이들은 더 경험하고 알아야 할 것이 많다는 사실을 그 누구나 알기 때문에 설사 잘못된 판단과 발언을 하더라도 어느 정도 이해해 줄 수 있는 부분이 존재한다. 하지만 팀장은 다르다. 팀의 행동과 결과를 책임지는 팀장이 부정확한 정보를 전달하는 순간, 팀장뿐만 아니라 해당 팀의 신뢰도 함께 감소한다.

또한 팀장의 손을 타지 않더라도 실무자 간에 오가는 정보도 마찬가지다. 결국 팀 간에 오가는 정보들의 신뢰도는 팀장에게 달려 있다. 사소한 정보, 숫자라도 만약 확신이 들지 않는다면 잠시 침묵했다가 확인한 후에 전달하는 것이 현명하다. 이와 같이 쌓인 작은 습관들은 동료 팀장에게 신뢰받는 리더로 거듭나는 데 언젠가는 도움을 줄 수 있을 것이다.

동료 팀장과 품격 있게
전략적으로 소통하는 방법

항상 리더의 말에는 직급만큼의 무게감이 존재한다. 그 말의 무게감 안에는 그 사람의 다양한 행동과 가치관, 태도가 포함되어 있다고 할 수 있다. 하지만 어느 순간부터 그 무게는 품격과 매너를 잃고, 자연인이 되어가곤 한다. 우리는 이를 '리더로서 조직에 적응해간다'라고 표현하곤 한다. 때때로 우리는 조직에서 희로애락을 같이 했던 동료들, 그리고 같은 직급이지만 직위가 다른 타 부서 동료 팀장과도 업무적인 소통이 필요할 때가 많다. 어떻게 하면 조직 내에서 긍정적인 영향력을 보이며, 조용하면서 잔잔하게 전략적으로 소통하는 리더십을 보여 줄 수 있을까?

조직에서 만나는 구성원들 중 같은 입사 동기나 또는 경력 입사자인 동료 팀장들과의 좋은 비즈니스 관계는 매우 중요하다. 그 긍정적인 영향력은 언제나 위기가 발생했을 때 그 위력을 발휘하곤 하기 때문이다. 특히 업무적 성과와 성취에 큰 힘을 실어야 한다고 생각하는 팀장의 입장에서는 품격 있는 매너를 갖춘 소통 능력이 반드시 필요하다. 이것이 특별히 전략적이라는 모습을 보여 주지 않으면서 매너 있는 소통법을 사용하는 것이다. 이것은 비즈니스 관계에 있어 매우 중요한 포인트라고 할 수 있겠다. 왜냐하면 좀 더 호감 있는 이미지 연출과 프로다운 모습을 보여 주는 데 이만한 것이 없기 때문이다.

그런데 굳이 품격까지 갖추어야 할까? 맞다. 품격 또한 전략이기 때문이다. 내가 다른 팀장들과 다른 그 무엇이 필요한데, 그것이 '남다른 리더의 태도'라면 이는 다른 이들보다 유리한 게임인 것이다. 그렇다면 품격과 매너는 어디에서부터 출발하는 것일까? 특히 동료 팀장들과의 품격 있는 매너 말이다.

먼저 조직에서 흔히 존재하는 가십Gossip이란 것을 생각해 보자. 가십은 어느 조직에나 존재하며, 누구나 가십의 피해자이자 가해자가 될 수 있다. 그만큼 인간관계에서 빠질 수 없는 소통의 한 형태가 가십이다. 하지만 가십을 바라보는 시선은 두 가지가 존재한다.

건강한 조직의 자연스러운 현상으로 보는 관점과 어수선한 조직을 더욱 혼란스럽게 만드는 소모적 갈등의 한 형태로 해석하는 관점도 있다. 그러나 다른 표현으로 '뒷담화'라는 점을 고려해 보면, 이러한 가십의 소통 형태를 부정적으로 볼 수밖에 없다. 이러한 뒷담화는 수다를 좋아하는 일부 직원들의 전유물이나 아래 직원들의 모습으로 치부되곤 하지만, 사실 그렇지만은 않다. 흔히 동료 팀장들끼리도 자주 일어나곤 한다.

그럼 팀장 간에 이런 일이 왜 일어날까? 그것은 아마 보이지 않는 조직 내 '경쟁심'이 원인이 되는 경우가 많다. 그 경쟁심 속에는 무수한 사람들의 복잡한 감정들이 존재한다. 그 감정들 안에도 성과와 성취 사이에 혼돈되는 감정이 있다. 그중 대표적인 가십의 원인은 지나친 질투심이다. 하지만 그게 무조건 나쁜 것은 아니다. 질투를 통해 자아 성장도 이뤄지고, 성과도 이뤄 낼 수 있기 때문이다.

또한 사람들은 누구나 종종 자기 자신과 다른 사람을 비교한다. 주변 사람들의 위치를 기준으로 삼아 자신의 위치를 파악하는 것은 어쩌면 경쟁 사회에서 성공하기 위해 당연한 것은 아닐까? 특히 성취욕이 강한 사람, 즉 리더는 끊임없이 다른 동료 팀장과 비교함으로써 의욕이 생기고 커리어를 성공적으로 이끌어 갈 명확한 목표를 세울 수 있다. 하지만 끊임없이 자신과 다른 팀장을 비교하다 보면 질투라는 고통스러운 감정에 빠지고 만다. 그러다 보면 다른 팀장이 본인보다 조금이라도 더 높은 성과나 인정을 받게 되면 열등감에 빠지게 되거나 구성원들을 다그치는 일이 발생한다.

최근 연구에 따르면, 조직 내에서 75%가 넘는 팀장들이 심한 질투심을 경험하곤 한다고 응답했다. 누군가에게는 질투가 동기를 유발하기도 하지만, 질투 때문에 성공할 기회를 잃는 사람들도 있다. 고통스러운 비교의 굴레에서 벗어나고 싶은 팀장들을 위해 두 가지 조언을 하고자 한다. 첫째, 질투하는 것은 괜찮으나 수치심을 느끼지 않도록 노력해 보자. 이것은 동료 팀장과의 건강한 비즈니스 매너를 갖추는 데 어려움을 느끼게 만드는 것이니 자괴감과 수치심을 갖지 않도록 마음의 맷집이 필요하다. 둘째, 비교의 질투심에서 호기심으로 관점을 전환하면 훨씬 편한 관계로 만들 수 있다. 이것은 패배감에서 존중감으로 바뀌는 좋은 전환점이 될 수 있기 때문이다. 이렇게 팀장들 간의 동료 의식은 남다른 의미가 있다. 구성원 사이에서 이들은 모든 조직의 중심에 서 있고, 그들로부터 조직의 문화가 구축되기 때문이다.

그러면 조직 내에서 동료 팀장들과 만들어야 하는 품격과 매너가 좋은 소통은 어떠한 것일까? 이 질문에 정답은 없지만, 중요한 것은 소통을 할 때 사용하는 언어에서 가장 크게 좌우된다고 할 수 있다. 회사에서 인정받는 팀장은 언제나 '말투'부터 다르다.

한 성과가 높은 A 팀장의 특별한 소통 언어를 예로 들어보자. 교육 회사의 영업 1팀 팀장인 A 팀장은 다른 팀장들과 확실히 달랐다.

A 팀장은 다른 팀장들처럼 전략적이지도, 치밀하지도 않았다. 다른 팀장들보다 나이가 많기도 했고, 요즘 젊은 팀장들이 자주 사용하는 IT 기기나 SNS를 즐겨 사용하지도 않는 데다, 능력이 탁월하지도 않았다. 하지만 그가 맡은 팀은 언제나 성과가 좋았다. 팀의 분위기도 다른 팀들과 비교될 정도로 좋았다. A 팀장의 어떤 능력이 고성과 팀을 만들도록 이끌었을까?

A 팀장은 항상 팀원들 속에 있었다. 팀원들이 도움을 청하면 언제나 적극적으로 응대해 주었다. 그리고 항상 동료 팀장들 속에 있었다. 언제든 협업이나 부탁을 요청하면 기꺼이 알아봐 주고, 도움을 줄 수 있는 기회를 만들고자 하는 도움 언어를 사용하는 모습을 보여 주었다. 또 팀원들에게는 업무 이야기보다는 그들의 사적인 이야기, 직장에서의 어려움 등 성과와는 무관해 보이는 일에도 많은 상담 시간을 할애했다. 그는 팀원들의 어깨를 한번 쳐 주면서 "잘 되지?", "오늘 좋아 보이는데?", "역시 이 대리야"라는 말을 잘 건넸다. 관심과 칭찬을 아끼지 않으면서 가볍지 않은 인정 언어를 사용하는 팀장이었다. 하루는 이런 그를 의아하게 여긴 옆 팀의 B

팀장이 A 팀장에게 물었다.

B 팀장: "A 팀장, 팀원을 상담할 때 업무적인 부분을 주로 코칭해야 되는 거 아냐? 그냥 팀원들 얘기만 들어 주면 어떡해? 그래도 참 희한하다. A 팀장 팀은 항상 목표를 달성하니 말이지. 당신은 팀원 복이 많은가 봐."

A 팀장: (웃으며) "내가 뭐 그리 아는 게 없잖아. 그 친구들의 이야기를 잘 들어 주고, 잘하라고 어깨를 두드려 주는 게 내가 잘할 수 있는 일인 것 같아. 요즘 친구들은 하도 똑똑해서 본인들의 일 처리는 알아서 잘하잖아."

B 팀장: "하하하. 하긴 그렇긴 하지. A 팀장은 팀원들과도 그렇지만 동료 팀장들과도 관계가 좋아서 평소 A 팀장을 신뢰하고 도와주고 싶어 하는 우리 동료들이 참 많아. 그게 참 부럽기도 하고, A 팀장에게 많이 배우게 되네."

A 팀장: "아이고, 무슨 소리! 난 우리 B 팀장한테 배우는 것이 얼마나 많은지 몰라. 매사 바른 의사 결정과 업무에 있어 어느 누구보다 탁월한 실력을 갖추고 이 자리까지 올라온 B 팀장을 신망하지 않고 존경하지 않는 팀원과 동료 팀장이 있겠냐. 내가 더 부럽고, 배울 점이 많네."

깊은 신뢰를 바탕으로 인정과 칭찬의 메시지로 소통하는 두 팀장의 모습이 참 훈훈하기까지 하다. 결국 관계십의 기본은 존중과 인정하는 메시지의 상호교환을 통해 발생하는 대화가 아닐까? 이런 것이 본인의 품격을 보여 주는 마음이며, 조직에서 보여 줄 수 있는 리더의 품격 있는 매너라고 할 수 있다. 동료들 간의 이러한 평온한 관계십은 일을 하는 데 큰 도움을 줄 수 있다. 반대로 평탄치 않은 관계십은 회사에서도 치명적인 결과를 초래할 수 있다.

다음과 같은 동료 팀장들과의 관계를 단절시키는 4가지 소통 스타일을 피하면 훨씬 매너 있는 소통 팀장으로 인정받을 수 있을 것이다.

첫째, 어떠한 상황이든 서로를 비난하지 말고, 예의를 갖추어 대화하자.

비난은 남의 잘못이나 결점을 책잡아서 나쁘게 말하는 것이다. 여기에는 항상 판단과 과장이 포함된다. 예를 들어, 다른 부서의 팀원에게 업무적인 문제로 반말과 심한 욕설을 퍼붓거나 분노를 표출하며 전체적으로 비난하는 말을 한다면, 그 이야기를 들은 해당 부서의 팀장은 얼마나 속상하고 마음이 상하겠는가? 솔직히 남의 자식을 함부로 대하거나 건드리는 모습처럼 느껴지는 예의 없는 일련의 행동이다. 이럴 때는 해당 부서의 팀장과 단독으로 이야기를 나누는 것이 바람직하다. 만약 그 팀원의 결정적인 실수가 있었다면, 해당 팀장이 손수 질책을 하는 것이 낫다.

둘째, 서로 방어하는 말을 하지 말고 솔직하게 인정하고 받아들이자.

방어는 상대방의 공격을 막는 것이다. 방어의 형태는 다양하게 표출된다. 분노, 되받아치기, 짜증 내기, 징징거림, 과도하게 고통스러워하기 등의 표현으로 표출된다.

셋째, 경멸이나 욕 대신 신뢰와 존중을 나타내는 말을 하자.

경멸과 욕은 상대방을 깔보고 업신여겨서 나오는 행동이다. 특히 경멸은 상대방이 열등하다는 생각을 함축한 표현법이다. 무시, 비아냥거림, 우습게 보기 등의 표현으로 나타날 수 있다.

넷째, 담 쌓기 대신 의도적으로 소통의 다리를 만드는 대화법을 시도해 보자.

담 쌓기는 무관심, 건성으로 답하기, 비꼬기 등의 표현으로 나타난다. 만약 동료 팀장이 이런 반응을 보인다면 일부러 식사도 같이 하고, 추억이 될 만한 작은 선물도 건네면서 의도적인 관계의 소통으로 이끄는 것이 필요하다. 즉, 이미 시작된 단절의 골에 의도적으로 다리를 놓는 용기가 필요한 것이다.

　이처럼 동료 팀장들과 좋은 관계십을 만드는 품격 있는 소통은
탁월한 리더로 인정받을 수 있는 중요한 기술이라고 할 수 있다.

불편한 동료 팀장과
소통하는 방법

"부부 싸움 한 엄(마)(아)빠 사이에
끼어 있는 것 같아"

영업 1팀의 박 프로는 오늘도 마음이 불편하다. 영업 1, 2, 3팀이 전국을 권역별로 나누어 세일즈를 담당하고 있고 영업 1팀이 수도권을 담당하고 있다 보니, 회사에서는 영업 1팀을 선임 부서로 인식하고 영업 관리팀에서 각종 지표를 취합하는 등의 업무를 영업 1팀의 주무 담당자인 박 프로에게 요청하는 일이 많다. 으레 그랬던 것처럼 오늘도 영업 관리팀에서 온 메일을 영업 2, 3팀에 재전

송하며 자료 취합을 요청했는데, 팀장의 불호령이 떨어졌다.

"야, 박 프로! 이걸 왜 맨날 우리가 취합을 해? 저 팀에는 사람이 없어? 박 프로가 2팀 영업 상황을 잘 알아? 각자 하라고 해, 각자! 앞으로 박 프로는 저쪽 팀 관련된 일에는 관여하지 마!"

박 프로는 하는 수 없이 영업 2팀장에게 가서 2팀에서 관련 자료를 직접 영업 관리팀에 제출해 줄 것을 부탁했으나 돌아온 대답은 내 마음 같지 않았다.

"아니, 영업 관리팀에서 1팀에다가 요청한 내용이잖아. 박 프로가 봐봐. 지금 2팀에 자료 정리하고 보고서 쓰고 할 사람이 누가 있어? 하던 대로 하면 되지, 갑자기 왜 그래? 숫자는 바로 뽑아서 줄 테니 박 프로가 잘 정리해서 한 번에 보고하면 되잖아."

영업 1팀과 2팀은 같은 사무실, 바로 옆 파티션에 위치하고 있다. 1팀장과 2팀장이 박 프로에게 하는 이야기는 바로 옆자리에 있는 상대방에게 다 들리고 남을 거리다. 언제부터인지 모르게 두 팀장은 요즘 서로 얼굴도 쳐다보지 않고, 직접 대화도 하지 않고 있다. 중간에 낀 박 프로만 양쪽에서 혼나고 핀잔을 들으며 힘든 상황이다. 어쩔 수 없이 박 프로는 영업 관리팀 담당자에게 전화를 한다.

"최 프로님, 죄송한데요. 영업 1, 2, 3팀에 각각 자료를 제출하라고 다시 메일 좀 보내 주시면 안 될까요. 저도 중간에서 미치겠어요. 무슨 부부 싸움 한 엄빠 사이에 끼어 있는 것 같아요. 차라리 둘이서 옥상 가서 한 판 싸우고 오던지, 정말……."

일은 되게 하라

회사는 친목 단체나 동호회가 아니다. 각기 다른 성향의 사람들이 조직의 성과 창출이라는 하나의 목표를 향해 모인 이익집단이다. 따라서 조직 구성원의 가장 기본적인 책무는 조직의 성과를 창출하는 데 있어서 저마다의 역량을 발휘하여 조직의 성과에 기여하는 것이다. 친목 단체나 동호회에서는 불편한 사람이 있으면 보지 않으면 그만이다. 서로를 투명인간 취급하고 나머지 구성원들과 잘 지내면 된다. 그러나 회사에서는 동료와 불편한 관계라고 해서 업무적인 소통까지 멈추고, 그것이 조직의 성과에 악영향을 미치게 해서는 안 된다. 즉, 개인적인 소통이나 관계는 맺지 않더라도, 일이 되도록 하기 위한 업무적인 소통까지 멈추어서는 안 된다.

런던경영대학원 리더십연구소의 랜들 피터슨Randall S. Peterson과 크리스틴 베파Kristin J. Behfar 교수는 하버드 비즈니스 리뷰 2022년 3~4월호에 기고한 칼럼 〈동료와 언제 협력하고 언제 경쟁할 것인가

When to Cooperate with Colleagues and When to Compete〉에서 조직 내에서의 업무 관계를 다음의 다섯 가지 범주로 설명하고 있다.

부정적				긍정적
갈등 (적)	경쟁 (라이벌)	가능한 최대한의 독립 (이웃)	협력 (친구)	협업 (연합군)
다른 사람의 이익을 무산시키거나 부정하려는 시도	자기 이익을 보호하거나 발전시키기 위해 다른 사람을 막는 투쟁	다른 사람이 자기 이익에 미치는 영향을 없애는 행동	공동 이익을 증진하는 동시에 자기 이익 유지	자기 이익과 다른 사람의 이익 결합

출처: Conflict Continuum, Joint Concept for Integrated Campaigning, March 16, 2018; "Cooperation and Competition," by M.Deutsch, Conflict, Interdependence, and Justice, Springer, 2011; and Brigadier David Hafner, Australian Army.

동료 팀장과의 관계가 상호 긍정적 관계인 협업Collaboration 또는 협력Cooperation 관계이거나 상호 독립적이며 중립적 관계에서는 물론이고, 부정적인 관계인 경쟁Competition 또는 갈등Conflict 상황에 있는 경우라 하더라도 '일이 되도록' 하기 위한 업무적인 소통은 이루어져야 한다.

불편한 동료 팀장과 어떻게 소통할 것인가

1) 공식적인 소통 프로세스를 준수한다.

불편한 관계일수록 공식적인 방법으로 소통하는 것이 좋다. 불편한 관계의 동료 팀장과 개별적으로 대면 협의 또는 통화를 하거나 일대일 메신저나 메일보다는 공식적인 회의 자리나 임원의 의사 결정 등을 통해서 또는 문서로 약속된 기획서, 품의서 등의 내용을 바탕으로 정해진 절차나 상호 합의된 업무 추진 기한을 정확히 지키며 소통하는 것이 개인적인 감정이나 불편감을 업무로까지 이어지지 않도록 하는 데 도움이 된다. 또한 내용적인 부분에 있어서도 미사여구나 쿠션언어(부탁 혹은 의뢰, 반론, 거절 등의 꺼내기 어려운 말을 할 때, 문장 앞에 "실례합니다", "괜찮으시다면"과 같은 언어를 넣어 상대방에게 불쾌감을 주지 않고 용건을 부드럽게 전하는 표현) 같은 불필요한 부분은 최소화하고 '팩트만 드라이하게' 전달하는 것이 오히려 더 깔끔하고 명확한 업무 소통이 될 수 있다.

2) 소통 과정의 근거를 남긴다.

상호 긍정적인 관계의 경우라면 식사 시간이나 티타임, 흡연 시간, 퇴근 후 간단한 술자리 등 비공식적인 소통을 통해서도 업무적인 이야기가 충분히 오고 갈 수 있겠지만 불편한 관계의 동료 팀장과는 이러한 비공식적인 소통의 기회를 갖고 싶지도 않고, 가질 기회도 별로 없을 것이다. 따라서 앞서 언급한 대로 공식적인 프로세스를 통해 소통하되, 그 근거는 분명히 남겨 둘 필요가 있다. 직접적인 협업 관계가 아닌 경우라면 업무 메일에 참조 수신인으로 등록하여 기록을 남기거나 메신저 대화 내용, 회의록 등의 히스토리를 저장해 두어 나중에 딴 얘기가 나오지 않도록 할 필요도 있다.

3) 부서의 차석들을 통해 소통하게 한다.

임원과의 회의에서, 메일을 통해서 공식적으로 소통을 한다 하더라도 같은 사무실, 바로 옆 파티션에 있는 동료 팀장과 업무 협의를 하면서 키보드만 두드리고 있을 수는 없는 노릇이다. 때로는 열 줄의 메일보다, 몇 페이지의 문서보다, 몇 분간의 대화가 더 명확하고 빠른 업무 협의가 될 수 있음은 당연한 일이다. 하지만 만약 동료 팀장과 얼굴을 맞대고 대화하고 싶지 않은 경우라면, 각 부서의 차석들을 통해서 소통하는 것도 하나의 방법이 될 수 있다. A팀의 팀장이 B팀의 차석에게 또는 A팀의 차석이 B팀의 팀장에게 업무 협의를 하는 것은 자칫 서로 기분 나쁜 상황으로 이어질 수도 있다. 그럴 때는 각 부서의 차석들이 팀장들을 대신해서 소통하고 협의

하도록 하는 것이 좋다. 차석들이 각 팀장들의 의견을 듣고, 차석끼리 협의를 하고, 그 결과를 다시 팀장들에게 보고하는 과정들이 굉장히 비효율적일 수 있으나 그럼에도 불구하고 안 하는 것보다는 나을 수 있다. 이런 비효율을 걱정할 정도였으면, 두 팀장들의 관계가 이 정도로 불편한 상황까지 오지도 않았을 것이다.

4) 결정적인 순간에 손을 내밀어 준다.

앞서 소개한 조직 내에서의 업무 관계(갈등 - 경쟁 - 독립 - 협력 - 협업)는 고정되어 있는 것이 아니라 살아 있는 생물처럼 언제든지 변할 수 있다. 즉, 상황과 필요에 따라서 긍정적인 관계가 중립적으로 변할 수도 있고, 또 부정적이었던 관계가 어떤 계기로 인해 긍정적인 관계로 바뀔 수도 있다. 너무나도 당연한 이야기이지만, 상호 긍정적인 업무 관계를 만들고 유지하는 것이 조직 간 시너지를 통해 조직 전체의 생산성을 높이는 데 유리하다. 지금 현재 옆 팀의 팀장과 불편한 관계여서 공식적인 프로세스를 통해 소통의 근거를 남겨가며, 차석을 통해 필요한 최소한의 소통을 하고 있다 하더라도 이 상황이 지속되는 것보다는 조금이라도 덜 불편한 상황, 그리고 희망컨대 긍정적인 관계로 개선하는 것이 좋겠다.

동료 팀장도 어찌 보면 나와 같은 위치에서 비슷한 고민을 갖고 있을 것이다. 임원과의 회의 자리에서 옆 팀의 팀장이 질타를 받고 있을 때, 그 팀장을 도와주는 멘트를 슬쩍 던져서 곤경에서 빠져나올 수 있도록 해 준다든지, 리더십 다면진단 결과를 받아 보고, 괴로워하는 동료 팀장에게 퇴근 후 소주 한잔을 청한다든지……. 아무리 밉고 불편한 사람이라도 힘들 때 손 내밀어 주는 사람은 고맙기 마련이다. 잊지 말자. 옆 팀의 동료 팀장도 어차피 월급 받고 일하는, 나와 비슷한 사람이다. 아등바등하며 불편한 관계를 유지하는 것이, 길게 보면 무슨 큰 의미가 있을지를 다시 한 번 생각해 보자.

3-3

업무:
같이 일하고 싶은 동료인가?

R&R 명확화의 함정에
빠지지 마라

R&R(Role & Responsibilities, 역할과 책임)을

따지는 게 필요한가?

A 수석

> 정 책임님, 데이터 분석자료 정리를 책임님 팀에서
> 하는 거죠? 언제쯤 전달받을 수 있을까요?

B 책임

> 앗? 저는 기획팀에서 작업하실 줄 알았어요…….

A 수석

팀장님께 전달 못 받으셨을까요? 저는 당연히 정 책임님이 해 주시는 줄 알고 있었습니다.

B 책임

음……, 커뮤니케이션 미스가 있었나 보네요. 제가 오늘 오후 중에는 전달드릴 수 있도록 하겠습니다.

A 수석

네. ASAP로 부탁드려요. 그리고 다음 주 중에 만 나서 R&R 다시 정리해 봅시다!

B 책임

잠깐 작업하면 되긴 하는데, 매번 애매하긴 하네요. 저희 팀장님과 정리 한번 해 주세요.

일을 하다 보면 종종 당황스러울 때가 있다. 다른 팀에서 본인 팀의 일을 당당하게 요청하거나, 우리 팀이 일을 하는데 선을 넘어 이래라저래라 하는 경우다. 다른 팀만 경계할 게 아닌 것이, 팀에 배정된 업무를 진행하면서도 자기 일은 아니라며 다들 나 몰라라 할 때도 있다. 무엇이 문제일까? 역할과 책임에 대한 인식이 부족하기 때문이다. R&R이 붙는 단어는 늘 '명확화'이다. 하지만 현실은 팀끼리 서로 역할을 떠넘기고, 그 경계를 침범해서 서로 얼굴을 붉히는 경우가 많다. 다음은 팀 간 R&R 불가사의의 대표적 예시다. 대부분 공감이 가지 않을까 한다.

- 애매한 일을 떠맡는 팀은 정해져 있다.
- 궂은일을 떠맡는 팀도 정해져 있다.
- 받아 오긴 했으나 아무도 맡지 않아 결국 팀장이 혼자 해낸다.
- 한 번만 해달라고 한 일은 다음에도 할 가능성이 크다.
- 빛나는 일은 늘 정치적이라고 뒷담화했던 그의 몫이다.

이런 상황이 자주 발생하면 어떻게 될까? 업무가 부딪치는 팀끼리 경계 태세가 강화되어 사소한 일에도 예민하게 반응할 것이고, 팀원들은 업무 분장도 제대로 못하는 팀장을 탓하기 바쁠 것이다. 여러 설문조사 결과를 보면, 팀장에게 갖는 불만요소 중 늘 상위에 랭킹되는 것이 '일 거절 못 하고 받아 오는 리더'라고 한다. 회사 차원에서 필요한 일인 줄 알면서 마다할 수도 없고, 우리 팀 일인데 타 팀에서 가져가 생색내는 바람에 무능한 팀으로 낙인찍히는 걸 두고 볼 수만도 없다. 왜 이런 일이 발생하는 걸까?

왜 자신의 역할을 인식하지 못할까?

첫 번째로 가장 큰 이유는 R&R에 대한 서로의 입장이 다르기 때문이다. R&R에 대한 회사의 입장은 어떨까? 한마디로 큰 관심이 없다! 그냥 잘 해낼 수 있는 팀이 가져가서 빨리해주면 그만이다. 누가 잘해 줄 수 있을지에만 관심 있는 경우가 많다. 그러다 보니 업무가 몰리는 팀이 생기고, 엉뚱한 곳에서 일을 가져가는 경우도 있다. 서로 자기가 하겠다고 나서 주길 꿈꾸는 회사의 입장은 알겠으나, 그 일을 실행해야 하는 입장에서는 늘 그렇게 무너지는 경계가 불편하기만 하다. 그럼 팀장의 입장은 어떨까? 팀장은 일을 가려서 받고 싶다. 좋은 평가를 받을 수 있는 일, 상사가 깊이 관심 갖고 있는 일은 강력한 의지를 표현해서라도 가져오고 싶을 것이다. 반면 시간 소요만 많이 되고, 표도 안 나는 일을 수행하고 싶진 않다. 가져가 봐야 팀원들의 원성만 살 게 뻔한 일은 더욱 거부권을 행사하고 싶을 것이다. 그렇다면 팀원은 어떨까? 한마디로 알아서 일을 잘라 주는 팀장이 최고다. 자신의 평가에 긍정적인 영향을 줄 수 있는 일이라면 기꺼이 손을 들 수 있겠지만, 이미 주어진 역할 이외의 과제를 받을 때는 망설일 수밖에 없다. 긍정적인 영향을 줄 수 있는 일이라도 업무 과중이 예상되는 일을 선뜻 받기란 누구라도 쉽지 않다.

두 번째는 팀명만 잘 지어 놓으면 할 일을 잘 알 거라고 생각하기 때문이다. 팀명을 작명할 때는 꽤나 많은 시간을 들여 고심한다. 하지만 그게 끝이 아니다. 채용공고를 보면 이를 확인할 수 있다. 채용공고가 난 포지션은 동일 직무Roles라도 담당하게 될 역할을 기술한 내용을 보면 제각각이다. 즉, 맡아야 할 구체적인 업무 Responsibilities는 상이하다는 것이다. 각 회사마다 규모가 다르고, 업무 환경, 제품이나 서비스의 특성이 다르기 때문에 당연한 것이다. 이것은 한 회사 안에서도 마찬가지다. 단순히 직무 구분뿐만 아니라 팀의 역할과 권한을 명확히 설정하는 게 필요한데, 팀명 안에 모든 게 담겨 있다고 생각하는 사람이 의외로 많으니 안타까울 뿐이다. 여기에서 R&R은 중첩되고, 누수가 발생한다. 언젠가 시간차를 두고 올라온 한 그룹사 내 인사 부서 공고문에서도 이를 실감했다. A

계열사는 우수인력 확보를 위한 채용 운영 및 리텐션 방안 수립과 운영이 주요 업무로 강조되어 있고, B 계열사는 조직 문화 개선 활용을 기획하고 운영하는 것을 핵심 업무로 설명하고 있었다. 각 계열사의 상황을 뉴스를 통해 접하고 있었기 때문에 납득이 되는 공고였다. 같은 인사 파트라도 기업의 상황에 따라 수행해 줘야 하는 역할의 범주가 달랐던 것이다.

세 번째는 누구를 탓할 것 없이 팀장 때문이다. 팀장의 역할은 팀 전체적으로 업무가 잘 진행되도록 만드는 것이다. 일을 하면서 삐걱거리는 잡음이 생기는 경우를 보면 대부분 R&R이 불명확한 영역에서 발생한다. 명확한 영역의 일은 힘들긴 해도 본인이 해야 하는 일인 걸 인지하고 있기 때문에 도움을 청하지, 불만을 토로하진 않는다. 팀원이 토로하는 불만을 듣고 있자면 팀장인 여러분이 가장 곤란할 것이다. 그런데도 R&R을 명료하게 하는 데 공을 들이지 않는 팀장이 많다. 왜 중요한지 명확한 인지가 안 되어 있거나 어떻게 하는지 방법론을 잘 몰라서일 것이다. 또 성향의 문제도 있다. 태생이 거절을 못하는 성격이다 보니, 업무 조율도 그대로 하는 것이다. 사람이 착하다고 일도 착하게 하면 안 된다는 표현을 쓸 때가 있는데, 팀원들에게는 정말 치명적인 약점이다. 반대로 성취 욕구가 높은 성향도 문제가 된다. 본인이 일욕심이 있는 걸 팀원들이 감내해야 하니 미칠 노릇일 거다. 많은 경우는 아니지만, 이럴 때도 있지 않은가? 팀원들은 협조해 주고 싶은데, 팀장끼리 사이가 안 좋아서 선뜻 나서 주지 못하는 경우. 절대 해 주지 말라고 선을 긋는 고래 팀장 덕에, 그 사이 팀원들만 새우 등 터지는 것이다. 마지막으로 경력직으로 입사한 팀장일 때도 난감하다. 이전 회사의 경험으로 팀의 역할을 단정짓기 때문이다. 당연하다는 듯이 타 팀에 이 정도는 해 줘야 하는 게 아니냐고 요구하기도 하고, 이 일은 우리 팀에서 해야 하는 게 맞는다며 잘 진행되고 있는 일을 가져오기도 한다. 어차피 하게 될 일인데, 팀 간 R&R이 불명확해 발생하는 갈등을 줄이려면 어떻게 해야 할까?

R&R은 어떻게 따져야 하는가?

단 몇 명만이 모인 회사라도 자신의 역할을 명확히 알고 그 책임을 다해 준다면 규모에 상관없이 아주 체계적으로 운영될 것이다. 조직도에 의존하지 않고 팀 간 R&R 정립을 잘하려면 어떻게 해야 할까?

대전제는 공동의 목표가 같아야 한다. 팀끼리 잘하고 싶은 게 같아야 한다는 뜻이다. 함께 해내고 싶은 게 같다는 사실을 확인하게 되면 자연스럽게 해야 할 일이 무엇인지 나올 것이고, 그걸 나눠 가지면 된다. 한 회사에서 목표가 다를 수 있나 싶지만, 얘기를 나눠 보면 일의 경중이나 의미가 다를 때가 많다. 이 부분에 대한 충분한 대화가 이뤄진다면 그 뒤는 손쉽게 해결될 수도 있다. 큰 틀에서 중요도와 우선순위를 일치해 뒀기 때문에 이후 세세한 이슈도 덜할 가능성이 크다. 다시 한번 강조하지만, 10할 중 7할 이상은 '우리가 함께 이루고자 하는 게 같지요?'를 확인하고 맞추는 데 써야 한다. 그게 그 어떤 기법보다 우선이다. R&R 명확화를 결과로 보지 말고 과정으로 인식의 프레임을 바꿔 보자. 조직의 목표와 방향이 '저기' 인데, 그곳에 어떻게 다다를 수 있을지 끊임없이 의논해가면서 각자 어떤 부분으로 협력할지 정하고 이행하기를 반복하는 과정인 것이다.

팀장 간에 이렇게 대화를 나눴다면 놓치지 말아야 할 것이 있다. 상급자끼리 정리했으니 팀원들에게 이대로 가자고 해서는 안 된다는 것이다. 시간이 없다고 해서 인사 담당자가 책상에 앉아 업무 분장표를 만들어 일방적으로 배포해서도 안 된다. 업무 분장은 팀 간, 개인 간 협의와 공감대가 반드시 필요하다. R&R과 관련해 꽤 괜찮은 기억을 갖고 있는 리더가 있다. 앞서 얘기한 대로 입장 차가 있기 때문에 R&R과 관련해 리더에게 긍정적인 경험을 갖기란 여간해선 힘든데, 비결이 무엇이었을까? '존중'이라는 키워드가 있었기 때문이다. 그는 타 팀의 팀장과 논의하러 가기 전에 꼭 먼저 팀원들에게 물어봤다. "이번에 급하게 이런 요청을 받았습니다. 솔직히 이러이러한 게 우려가 됩니다. 우리가 할 수 있다면 어디까지는 가능할까요? 우리가 한다면 어떤 방법이 있을까요?" 이렇게 충분히 의견을 청취해 갔고, 돌아와서는 또 한 번 요청을 했다. 타 팀의 실무진들과 협조함에 있어 무리가 없을지 얘기를 나눠 보라는 것이었다. 이런 식의 업무 분장 과정에 참여하다 보면 어떤 효과가 있을까? 갑작스런 일이라도 스스로 납득이 되어 반감이 많이 사그라든다. 실무단으로 시뮬레이션을 해 봤기 때문에 R&R이 확정되자마자 기민하게 움직일 수도 있었다.

이렇게 R&R 명확화라는 것은 팀장 선에서가 아니라 팀원들까지도 수용하게 됐을 때 이뤄진다. 무슨 일이라도 팀원들이 기꺼이 해 주겠다고 나서면 전혀 문제될 게 없는 게 R&R이기 때문이다.

이렇게 명확화가 중요하다는 경험을 하게 되면 어떤가? 모든 걸 명확하게 하고 싶어진다. 2000년대 초까지만 해도 대부분의 컨설팅 회사에서 제안 주는 내용이 'R&R 명확화를 통한 업무 효율성 개선'이었다. 신드롬이라고 할 만큼 웬만한 회사에서는 부서별, 직급별 R&R을 규정하고 역할에 충실해 줄 것을 요구했다. 책임 소재가 명확해지니 따져 묻기도 용이했고, 나름의 성과도 냈다. 요즘도 이 형식은 유지되고 있다. '업무 분장표', '업무 프로파일', '직무 명세서', '직무 기술서' 등 명칭은 각기 다르나 조직이 체계를 잡는 데 기초가 되는 아주 중요한 역할을 해 주고 있다. 어떤 부서에서, 어떤 사람이, 어떤 자격을 갖춰 일해 주고 있는지 기술해 두면 나뿐만 아니라 다른 부서의 역할 범위까지 명확히 알 수 있어 이점이 많다. 새롭게 팀에 합류한 사람에게 이 문서의 유무는 온보딩On-boarding(조직 내 새로 합류한 사람이 빠르게 조직의 문화를 익히고 적응하도록 돕는 과정) 소요 시간을 결정하기도 하니, 조직 생산성 향상에 이만한 게 없다. 그래서 이 문서는 나날이 두꺼워지는 경향이 있다. 세분화해 두면 더 좋겠구나 싶어서 모든 일을 규정하려 하지만 불가능하다. 오늘 가능할지 몰라도 내일 새롭게 발생한 일은 그 문서에 없기 때문이다. 그럼 어떻게 하는 게 좋을까?

성문법과 불문법이라는 구분에서 그 힌트를 얻을 수 있다. 성문법은 조문화된 법이다. 주요 사안에 대해 미리 기준을 협의하고 제정해 두었기 때문에 법생활의 안정성을 확보해 준다. 반면 불문법은 비제정법이다. 판례나 관습법이 여기에 속한다. R&R도 이와 같아야 한다. 모든 걸 규정하려는 시도를 하지 마라. 규칙만 많아지고 복잡해진다. 기준은 최소화해 두고 예외사항이 발생했을 때 관리하면서 가는 것이 바람직하다. 특히 소기업, 중소기업에서는 너무 자세한 업무 분장은 하지 않는 게 좋다. 문서화된 업무 이외의 일은 떠맡지 않으려는 역효과를 낼 수도 있기 때문이다. 하지만 오해하면 안 된다. 매번 융통성을 발휘하라는 게 아니다. 판례를 쌓아 융통성을 발휘해야 할 거리를 없애라는 것이다. 그러려면 평상시 타 팀의 팀장 또는 상사와의 대화가 원활해야 할 것이다. 사안이 발생할 때마다 조정해 줘야 하는 팀장 입장에서는 번거로울 수 있으나, 적힌 일 이외에는 절대 하지 않으려는 팀 간 업무 조정보다는 수월할 것이다.

R&R 명확화의 함정에 빠져 있진 않는가?

R&R 논의 자체에 한계를 느낄 때가 있다. 언제일까? R&R 명확화를 '땅따먹기' 쯤으로 생각하는 사람과 마주할 때다. '내 영역'을 지키기 위한 것에만 혈안이 되어 있으면 '우리가 목표'로 하는 것을 더 효과적으로 달성하기 위해 논의한다는 것은 불가능하다. R&R

은 무 자르듯이 자르기 어렵다. 사실 업무라는 것은 맞물려 돌아가기 때문이다. 그래서 애초에 완벽한 업무 분장이란 없다고 생각하는 편이 낫다. 기계적으로 접근해서 정리하려고 해 봐야 일을 위한 일만 생길 뿐이다. 팀별로 작대기를 들고 선 긋기에 바쁘면, 기업이 해 나가려는 수많은 일들에 동력을 상실하게 된다.

우리는 새로운 시도를 하지 않으면 생존을 위협받는 시대에 살고 있다. 선 밖에 있는 일들도 누군가는 가져다 해 줘야 한다. 상황도 수시로 바뀐다. 호흡이 짧아져 상시로 전략을 달리해야 할 때가 많다. A 팀이 하기로 했지만 B 팀이 가져가야 할 때도 있고, 여기까지 해 주기로 했지만 범위를 확대해 줘야 할 수도 있다. 상황적인 수용은 어느 정도 하면서 우리가 간과하는 것 중에 하나가 사람의 바뀜이다. 요즘 시대적 특징 중 하나를 '대퇴사의 시대'라고 할 만큼 팀명만 유지되고 구성원이 바뀌는 경우도 많다. 원래 그래왔으니 앞으로도 그렇게 해달라고 요구하는 건 당연하지 않다. 그 사람의 숙련도와 포지션에 따라 책임의 수준을 달리 해 주는 게 맞다. 이렇게 주기적으로 재정의해 줘야 하는 것이 R&R이다. 고정 불변의 법칙이 아니라는 것이다. 환경과 상황에 맞춰 생각이 빠르고 유연하게 변할 수 있어야 비즈니스가 유지될 수 있다는 것은 귀가 따갑게 듣고 있다. R&R '명확화'가 자칫 R&R '경직화'가 되어가고 있진 않은지 수시로 점검해 봐야 한다. 팀장 간에 R&R을 너무 따지면 새로운 일을 할 수 없다. 기능의 분화가 오히려 책임 소재의 불투명으로 나타나, 결국 그 결과는 나와 회사의 발목을 잡게 될 것이다.

그레이존을 해결할 뾰족한 방법은 없는가?

"그래서 R&R은 명확화하는 게 맞다는 거야, 아니면 유연성을 갖는 게 맞다는 거야?" 결론부터 이야기하면 R&R은 명확화해 주는 게 맞다. 다만 이전보다 그레이존이 발생하는 일이 많아졌으니 이를 대하는 태도에 유연성을 갖는 게 필요하다는 것이다. 그레이존이라는 표현은 원래 정치 용어였다. 유럽도 아시아도 아닌 중동 지역과 같은 곳을 일컫는 말이었다. 초강대국의 세력권에 들어가 있지 않은 권력의 회색지대에 있다 보니 이 지역을 둘러싸고 전쟁이 일어날 가능성이 높았다. 이 용어는 경제경영 용어로 넘어와 신규 사업이 속출하는데 이를 규제할 법이 불투명할 때도 사용되고, 직장 내 상대방 일인지 내 일인지 불명확할 때도 자주 사용되고 있다. 중동 지역이 그러하듯 그레이존을 둘러싼 갈등은 계속된다.

그렇다면 그레이존은 왜 생기는 걸까? 업무의 성격을 구분하지 않고 눈에 보이는 사람에게 일을 시키던 습성이 남아서일 수도 있고, 기존의 해왔던 일만 자기 일의 전부라고 생각해서이기도 하다. 열정이 넘칠 때라야 업무를 가리지 않고 할 수 있겠지만 방치하다 보면 조직 간 불협화음을 자초하게 된다. 수월하게 진화할 방법이 없을까? 두 가지 툴을 활용해 보면 좋겠다.

하나는 WBS이다. Work Breakdown Structure의 약자로, 1950년 대 미국방성에서 최초로 사용된 용어인데 작업 분류 체계도라고 이해하면 된다. Things To Do와 Scheduling이 믹스된 듯한 구조도를 짜는 것이다. 업무 분해를 하는 것이 핵심인데, 규모가 있는 프로젝트를 진행할 때는 내야 하는 주요 산출물이 어떤 것이 있는지에 맞춰 작업의 범위와 상하관계를 구조화해 보는 것이다. Gantt chart(시간을 기준으로 하여 활동 또는 이벤트 등을 표시하는 프로젝트 관리 방법 중 하나)가 일정 관리에 무게를 둔다면, WBS는 범위 관리에 더 비중을 두고 있다고 보면 된다. 이렇게 미리 설계해서 작업에 들어가면 그레이존이 발생할 여지를 많이 줄일 수 있을 것이다.

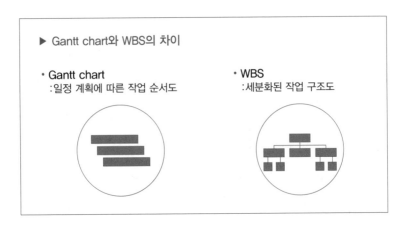

▶ Gantt chart와 WBS의 차이

・Gantt chart
　:일정 계획에 따른 작업 순서도

・WBS
　:세분화된 작업 구조도

그리고 역할에 대한 구분을 명확하게 하고자 할 때 많이 쓰는 툴도 있다. 바로 RACI 차트다. 단어의 앞 글자로 이루어진 RACI를 적용하면 담당할 업무를 명확하게 하고 역할 때문에 눈치 보는 일도 줄일 수 있다.

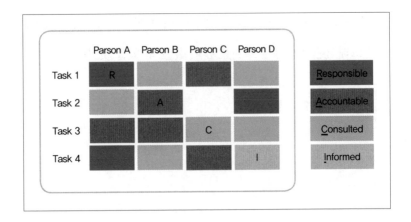

RACI가 의미하는 각각의 단어는 다음과 같다.

Responsible(실무 담당자)

실무 담당자는 업무를 직접 수행할 사람으로, 한 명 일수도 있고 테스크 단위별로 달라질 수도 있다. 이는 A의 결정에 따르게 된다.

Accountable(의사 결정권자)

의사 결정권자는 작업 완료를 총괄하는 사람이다. 직속 상사가 맡는 경우가 많지만 실무자 선에서 끝내라고 할 때는 R과 A가 같아지는 것이다.

Consulted(업무 수행 조언자)

업무 수행 시 결과물을 내는 데 조언을 받을 사람이다. 말 그대로 조언자이기 때문에 의사 결정자와는 명확히 구분되어야 한다. 팀 간 영역을 침범해 불쾌할 때가 있는데, 이 부분 때문일 때가 많다. 조언은 적극적으로 들을 수 있지만 의사 결정은 우리 팀에서 하는 것임을 명확히 해야 한다. 또한 C를 미리 정해 두면 필요한 영역의 조언을 구할 때 공식적인 업무로 여기고 친절히 응해 줄 가능성이 높을 것이다.

Informed(결과 통보 대상자)

결과 통보 대상자는 업무 진행 상태와 완료에 대해 보고받는 사람이다. 최상위 리더일 수도 있지만, 업무 진행 사항을 지속적으로 공유해 줘야 할 사람일 수도 있다. 결과물을 내는 데 관여하지 않지만 내용을 인지해야만 연결된 업무가 가능해서 지정하기도 한다.

말로만 조율하는 것과 이런 차트를 펼쳐 두고 협의하는 것의 힘은 다를 것이다. 사전에 일언반구도 없이 치고 들어오는 일이 없으려면 체계화된 툴을 활용해 지혜로운 방어전을 펼쳐 보자. 다시 한 번 강조하는데, R&R은 명확화로 시작해서 유연성으로 넘어가지만 마무리는 명확화로 끝나야 한다. R&R은 미묘하다. R&R이란 선은 계속 들여다보고 희미한 부분이 있다면 선명하게 만들어 줘야 한다.

여러분은 골을 잘 넣는 수비수입니까?

2022년 베이징 동계패럴림픽 파라아이스하키에서 맹활약을 보여 준 장동신 선수의 인터뷰를 인상 깊게 본 적이 있다. 이탈리아와의 4강 진출 결정 플레이오프에서 4-0으로 승리한 직후에 한 인터뷰다. 이때 장동신 선수는 패럴림픽에서 '이탈리아 킬러'로 불렸다. 그가 경기 종료 2분 22초 전에 쐐기골을 넣으면서 2골 1어시스트를 기록하며 승리의 일등공신이 됐기 때문이다. 팀의 4개 골 중 3개에나 관여한 것이니 스포트라이트를 받을 만했다. "캐나다전에서도 골을 기대해도 되겠냐?"라는 질문에 장동신 선수의 답이 걸작이다. 그는 "나는 디펜스(수비수)입니다. 골 넣는 수비수도 좋지만 일단 실점을 최소화하는 게 나의 임무입니다. 캐나다전에서는 무실점이 목표입니다."라고 힘주어 말했다. 결승이 코앞인데 욕심나지 않았을까? 한 번 더 보여 주고 싶은 마음도 있었을 것이다. 하지만 그는 자신의 본분을 잊지 않았다. 맞다. 어디까지나 수비수는 상대의 공격을 잘 막아 주는 것이 존재 가치다. 이 부분을 자주 혼동하는 사람이 있다. 자신이 멀티플레이어라고 생각하는 사람 중에는 R&R 설정이 명확하지 않아 업무를 비효율적으로 이끌어가기도 한다. 개인만 그러한가? 팀도 마찬가지다. 우리 팀에 기대하는 존재 가치는 무엇일까? 유기적인 역할 분담 이전에 자신의 팀에 주어진 역할에 대한 책임을 최상의 수준으로 잘 수행해 줄 때 R&R은 효율적이면서도 효과적으로 기능할 것이다.

Win-Win 협업관계를
구축하라

조직에서 가장 중요한 것이 무엇일까? 조직은 절대로 혼자서는 만들어지지도, 운영이 되지도 않는다. 지금까지 그랬듯이 조직에서 성과를 창출하기 위해서는 다른 조직 구성원과의 협력이 무엇보다 중요하다. 이렇듯 조직에서 가장 중요한 것은 바로 협업이다. 부서 간, 팀 간, 개인 간의 협업 등 다양한 협업이 있지만 본 책의 제목에 맞춰 상하좌오: 모두의 팀장 간의 협업은 과연 어떻게 해야 하고, 이 협업 능력이 얼마나 중요한지 이야기하고자 한다. 회사에서 업무를 수행하다 보면 조직 내 사일로Silo 현상을 종종 발견하게 된다. 조직 내 사일로 현상은 협업을 방해하는 대표적인 현상으로, 팀장들은 팀 간 협업을 위해 '사일로란 무엇이고, 왜 이런 현상이 발생하는지'에 대해 명확히 알고 있어야 한다.

사일로란?

"회사 안에 성이나 담을 쌓고 외부와 소통하지 않는 부서를 가리키는 말이다. 과거 전자 산업계를 호령했던 소니가 침체의 늪에 빠져 좀처럼 재기하지 못하는 이유 가운데 하나로 사일로 문화가 지적되고 있다. 이윤을 독점하려는 사업부들의 이기주의 때문에 기술이 공유되기 어려워졌고, 사업부 간 시너지도 없어 오히려 기술력만 쇠퇴시키는 결과를 낳았다는 것이다."[*]

"사일로에는 곡식 창고라는 뜻이 있다. 단단한 벽을 두르고 남들이 곡식에 접근하지 못하게 창고를 만든 것처럼, 회사 내에서도 여러 사일로가 생긴다. 한 팀이 다른 팀과 벽을 치고 자기 팀의 이익만을 대변하는 현상이다. 이들은 서로 협력해야 함에도 협력하지 않고, 회사 전체의 목표나 공동의 목표보다도 자기 팀의 손해나 이익을 먼저 생각한다. 자기 팀의 손익이라 함은, 업무량이 늘어나거나 평가/보상에서 더

---

[*] 네이버 지식백과, 2013-08-05,
https://terms.naver.com/entry.naver?docId=2070397&cid=55570&categoryId=55570

많이 인정받는 것 등을 말한다. 경영자 입장에서는 이런 현상을 지켜보면 속에서 천불이 나지 않을 수 없다. 서로 힘을 합쳐도 모자랄 판에 '나 몰라라' 하고 반목하기 때문이다."*

협업은 조직의 성과에 절대적으로 중요한 요소 중 하나로 사일로 현상으로 인해 조직 간 협업이 되지 않는다면 성과를 극대화하는 데 한계가 있을 수밖에 없다. 특히 회사는 밸류체인Value Chain으로 묶여진 곳으로, 개인 및 팀 내 협업도 중요하지만 성과의 극대화를 위해 팀 간 협업이 그 무엇보다 중요하다. 이러한 팀 간 협업의 중심에 바로 우리 팀장들이 있는 것이다. 다음 사례를 보며 무엇이 문제이고, 이를 해결하기 위해 어떻게 하면 좋을지 함께 고민해 보자.

건설기계 회사에서 관련 장비를 생산하는 생산팀과 이를 판매하는 영업팀의 사이가 좋지 않을 경우가 있다. 건설경기 붐으로 인해 건설장비가 많이 팔릴 경우 영업팀은 '물 들어올 때 노를 저으려는 심산'으로 어떻게든지 더 많은 물량을 수주하기 위해 노력한다. 회사의 생산 캐파Capacity와 상관없이 말이다. 당연히 건설경기가 호황인 시기에는 건설장비의 수요가 폭발할 것이고, 이 기회에 영업팀

* 유디v 브런치, "조직 내 사일로 없애기", HR Insight, 2021-01-27, https://www.hrinsight.co.kr/view/view.asp?in_cate=114&bi_pidx=31856

직원들은 본인의 목표KPI 달성뿐 아니라 회사 내에서 더욱 인정을 받기 위해 고객의 요청이 무엇이든 다 들어 주며 물량을 확보한다. 그리고 이를 생산팀에 넘기며 이렇게 말한다. "난 물량을 확보했으니 알아서 기한 맞춰 생산해 주세요!" 그러면서 '왜 안 되는지', '무엇이 문제이고, 문제를 해결하기 위해 어떻게 해야 하는지' 등 생산 부서의 이야기를 듣지도 않고, 본인과 본인 조직의 이익만을 생각한다. '난 오더를 받아왔으니 못 만들면 너희들 잘못이야! 만들어만 주면 팔 수 있는데 생산을 못하는 건 나랑 상관없어!' 이렇게 본인과 본인 조직의 이익만 먼저 생각하면서, 안 되는 것은 남 탓을 하면서 눈과 귀를 닫는다.

그럼, 이를 받은 생산팀 직원들은 과연 어떨까? 캐파에 한계가 있는 것을 알면서도 무조건 판매만 하면 된다는 영업 부서 사람들에게 "이미 풀 캐파Full Capacity인데 어떻게 납기를 맞추나? 캐파를 봐 가면서 오더를 받아 와야지, 고객이 원한다고 다 받아 오면 어쩌라는 거야? 무리하게 생산하다 품질 이슈 터지면 본인들이 책임질 거야?"라며 화를 내기 시작한다. 그러고는 영업팀의 오더를 무시한 채 '난 몰라!! 할 수 있는 만큼만 할 거야! 지들이 알아서 하겠지'라는 생각으로 생산팀 또한 눈과 귀를 닫는다.

위의 사례를 보며 어떠한 생각이 들었는가? 저렇게 오더가 많고 풀 캐파로 제품을 생산하고 있으니 '회사가 잘되고 있는데 무엇이 문제야?'라는 생각이 드는가? 아니면 '더 큰 성과를 위해 서로 이야기하고 논의하고 협력하면 고객의 신뢰를 확보하며 더 큰 성과를 얻을 수 있지 않을까?'라는 생각이 드는가? 지금 이 책을 읽고 있는 팀장이라면 후자라고 생각하고 있을 것이다.

그럼 위의 사례에서 문제는 무엇인지, 어떻게 하는 것이 좋을지 이야기해 보자. 영업팀은 '이런 기회를 놓칠 수 없지. 캐파는 생산팀에서 고민할 문제고, 난 무조건 한 대라도 더 수주해야지!'라고 생각하며 지금 당장의 본인과 해당 조직의 이익만을 생각하고 있다. 이럴 경우, 생산에서 납기를 맞춰 고객이 원한 스펙Specification을 품질 문제없이 생산해 내면 다행이지만, 이미 풀 캐파로 기존에 수주한 물량 소화도 못하고 있을 경우라면 큰 문제가 발생한다. 우선 고객이 원한 납기를 못 맞출 것이고, 급하게 진행하다 보니 품질에 문제가 발생할 확률도 매우 높다. 이렇게 되면 고객과의 신뢰가 깨지고 회사는 점점 고객을 잃어가며 이익은 줄어들 것이다.

그럼 생산팀의 문제는 무엇일까? 생산팀은 '현 생산 캐파에 맞춰 품질 문제 없이 본인이 할 수 있는 범위 내에서 제품을 생산만 하면 된다'라는 생각을 하며 일을 한다. '영업팀에서 얼마를 수주하든지 내가 할 수 있는 캐파는 이게 다고, 영업팀의 주문량에 맞춰 생산하려고 하다 품질 문제나 기타 문제가 생기면 본인과 해당 조직만 손해'라고 생각하며 무리하지 않으려고 한다. 이렇게 본인 조직의 이익만 생각하다 보니 회사는 더 큰 성과를 낼 수 있는 기회를 잃어가고, 더 나아가 고객과의 약속을 지키지 못하거나 품질 문제가 발생하여 고객과의 신뢰가 깨져 회사에 악영향을 끼친다.

그럼 이러한 사일로 현상을 없애고, 팀 간 Win-Win 할 수 있는 협업 문화를 구축하기 위해서는 어떻게 해야 할까? 구체적인 방법은 다음과 같다.

첫째, 팀 간 신뢰에 기반한 투명한 소통을 해야 한다.

팀 간 사일로 현상을 없애기 위해서는 팀장의 역할이 무엇보다 중요하다. 팀 간 서로 신뢰를 구축해야 하며, 본인 팀이 조금 손해를 보더라도 회사 전체의 이익을 위해 숨김없이 소통해야 한다. 물론 손해를 보는 팀이 생길 경우 Win-Win이라고 할 수는 없을 것이다. 하지만 결국 회사의 성과가 좋아지고, 이로 인해 전체적으로 평가를 잘 받고 보상을 충분히 받는다면 마지막에는 Win-Win 한 결과를 만들어 낸 것이니 꼭 Win-Win이 아니라고는 말할 수 없을 것이다. 이렇듯 서로 믿고 숨김없이 소통을 하다 보면 팀 간 신뢰가 쌓일 것이고, 이를 기반으로 더 좋은 성과 창출을 위해 서로 양보하고 함께 고민하게 될 것이다.

둘째, '네 일, 내 일이 아닌 우리 일!'이라고 생각해야 한다.

팀 간 협업을 잘하기 위해서는 '너, 나'가 아닌 '우리'라는 생각을 해야 한다. 네 일, 내 일 따지다 보면 결국 서로 손해를 보지 않으려고 할 것이고, 그러다 보면 서로 본인에게 주어진 일만 하려고 하다 그레이존이 발생하고, 팀 간 협업은 꿈도 꾸지 못하게 될 것이다. 팀 간 협업을 위해서는 일을 나누기보다는 내가 먼저 나서고 이야기하며, 눈앞에 보이는 팀의 이익만을 보는 것이 아니라 큰 그림을 보고 회사 전체의 이익 향상을 볼 수 있어야 한다. 즉, 팀장들은 본인 팀의 성과만 생각하면서 업무를 무 자르듯이 자르고, 팀 성과에 관계된 일만 하려고 하기보다는 회사 차원의 성과 또는 이익을 볼 줄 아는 안목을 키워야 한다. 그리고 이를 바탕으로 관련된 타 팀과의 관계 및 신뢰를 미리미리 구축해 두고 본인 팀이 조금 손해를 보더라도 회사 전체 이익을 위해 희생할 줄도 알아야 한다.

셋째, 서로 '연결'이 될 수 있도록 노력해야 한다.

협업은 나 혼자가 아닌, 우리 팀만이 아닌, 다른 직원 또는 다른 팀과 함께 일하는 방식을 말한다. '함께'라는 단어 안에 포함된 중요한 요소가 바로 '연결'이다. 타 직원 또는 팀과 함께 일을 하려면 서로 연결이 되어 있어야 가능하다.

위에서 사례로 든 회사를 다시 한 번 예를 들어 보자. 건설기계는 다양한 부품이 조립되어 완성되는 제품으로, 각 부품이 문제없이 잘 연결되어야 작동이 가능하고 품질에 문제가 발생하지 않는다. 이를 위해 수많은 팀에서 제품을 개발하고 생산하고 또한 협력업체를 통해 구매를 할 것이다. 그런데 만약 각 팀에서 '함께'라는 단어를 빼고 본인의 업무만 바라보며 열심히 최선을 다한다면 과연 좋은 건설기계가 탄생할 수 있을까? 즉, 하나의 제대로 된 건설기계를 만들기 위해서는 모든 팀이 함께 일해야 하며 이를 위해 연결이 잘 되어 있어야 한다. 팀 간 연결이 잘 되어 있으면 당연히 각 팀에서 개발, 생산 또는 구매한 부품들이 잘 연결되어 품질에 문제 없고, 고객이 원하는 멋진 건설기계가 탄생하게 될 것이다.

이렇듯 팀 간 연결이 잘 되려면 서로 간의 신뢰가 튼튼하게 구축되어 있어야 하고 하나하나의 연결을 통해 전체의 성과를 창출하기 위해 모든 팀이 서로 노력해야 한다. 최종 목표를 위해 누락 없이, 중복 없이 연결이 잘 되기 위해 서로 양보하고 조율하여 제대로 연결된 제품이 나올 수 있도록 하기 위해 팀장들은 팀 내 연결뿐만 아니라 타 팀과의 연결을 위해 노력하고 항상 고민해야 할 것이다.

넷째, 모두 '공정'할 수 있도록 노력해야 한다.

MZ세대들에게 회사 생활을 하면서 중요한 요소가 무엇인지 물어보면, 많은 경우가 '공정성'에 대한 키워드를 이야기한다. 그만큼 공정성이 큰 이슈인 것이다. 팀 간 협업을 잘하기 위해서도 공정성은 반드시 고려해야 할 요소다. 공정한 목표 설정, 공정한 업무 분장, 공정한 업무 수행, 공정한 업무 평가, 공정한 보상 등 협업을 하는 모든 순간에 공정성을 필요로 한다. 다만 여기서 중요한 포인트는 공동의 작업을 통해 최상의 결과를 내는 과정에서 한쪽으로 치우침 없이 적당한 균형을 유지해야 한다는 점이다.

공정한 목표 설정을 통해 공정한 업무 분장을 하였지만 업무를 수행하는 담당자의 역량 수준 차이로 인해 목표 달성이 빠르거나 느리게 될 수도 있고, 잘 되거나 잘 되지 않을 수도 있다. 이로 인해 어느 한 팀이 유독 더 빛나 보일 수도 있고, 반대로 다른 한 팀은 빛나지 않을 수도 있다. 이런 것들을 신경 쓰다 보면 오히려 좋지 않은 결과를 도출할 수 있다. 그렇기 때문에 업무 수행의 과정에서 팀 간 분배된 업무를 명확히 처리하며, 어느 한 팀이 뒤쳐지지 않도록 독려하고, 최상의 결과를 도출할 수 있도록 공정하게 협력해야 한다. 결국 팀 간 Win-Win 하는 협업의 결과를 만들어 내기 위해서는 모두가 공정성이라는 키워드를 바탕으로 공동의 업무를 수행해야 할 것이다.

다섯째, 협업의 목표는 협업 자체가 아닌 성과 창출임을 명심해야 한다.

"협업을 하는 목표가 무엇인가요?" 이 물음에 대한 답변은 간단하다. 바로 성과를 창출하기 위함이다. 오늘날 대부분의 조직에서는 전략적 목표 달성을 위해 협업이 필수적인 요소라고 생각하고 권장하고 있으며, 필요에 따라 다양하게 활용하고 있다. 하지만 실상은 잘못된 협업을 통해 시간과 비용과 자원을 낭비하는 경우가 부지기수다. 바로 성과를 내는 협업이 아닌, 단순히 공동으로 일을 처리한다는 불분명한 목적에서 비롯된 잘못된 인식 때문이다.

구글 회장인 에릭 슈미트는 "누가 협업이라는 단어를 말하면 평균 45세 직장인들이 함께 둘러앉아 멋진 취지와 태도로 고상한 대화를 나누는 팀을 연상한다"라고 말하며, 협업은 단순히 함께 일을 하는 것이 아니라는 점을 단적으로 표현했다. 결국 핵심은 조직에서 협업을 하는 팀이나 프로젝트나 업무의 개수를 늘리는 것이 아니라, 목표로 한 성과를 달성하는 올바른 협업을 추진하는 것이 중요한 것이다. 이러한 관점에서 프로젝트 협업 팀이 구성되고, 출범할 때부터 목표에 대한 결과물이 어떤 것인지를 명확히 세팅하고, 목표를 달성하는 데 방해가 되는 장벽을 제거해 나가야 한다. 협업

자체가 목적이 아니라, 성과를 창출하는 수단으로서 올바른 협업을 실행할 수 있도록 명심하고 또 명심해야 한다.

팀 간 협업을 통해 Win-Win 하기 위해 본인 팀원들만 챙기고 본인 팀원의 성과만 바라보는 시야에서 벗어나 큰 그림을 보며 회사 전체의 이익 향상과 성과 창출을 위해 타 팀과 연결되어 '함께' 일할 수 있는 그런 팀장이 되도록 노력하자! 물론 이미 그런 팀장들이 많을 것이고 이 책을 읽는 팀장들 또한 그런 리더일 거라 확신하지만, 팀장으로서 갖추어야 할 중요한 역량이니 이미 잘하고 있는 팀장이라면 이 역량을 팀원들에게 잘 전수할 방법까지 고민했으면 한다. 이 또한 팀장의 역할이자 의무임을 잊지 말자.

갈등을 긍정적인 에너지로 승화시켜라

동료 리더들과의 업무에서 협업과 팀 간, 팀 내의 R&R에 대하여 알아봤다. 이러한 것들에 문제가 발생한다면 갈등이 발생하게 된다. 이번 장에서는 갈등에 대하여 알아보고 갈등을 해결하는 방법에 대하여도 생각해 보고자 한다. 갈등에 대한 3가지 관점은 다음과 같다.

첫째, 전통적인 관점(1930~40년대)은 '갈등은 나쁜 것이다'라는 가정 아래 갈등은 조직 성과에 부정적인 영향을 미치므로 원인을 찾아 제거해야 한다고 생각하였고, 모든 갈등은 부정적이므로 조직에서는 어떤 갈등도 존재해서는 안 된다는 관점이다.

둘째, 인간관계론적 관점(1950~70년대)은 '갈등은 자연적인 것이며 불가피하다'라는 가정 아래 갈등의 긍정적인 측면을 인정하지만 적극적인 활용을 고려하지는 않고 갈등은 필연적 현상으로 완전한 제거는 불가능하다는 관점이다.

셋째, 상호작용주의적 관점(1970~현재)으로 '갈등은 긍정적인 것이며 필요하다.'라는 가정 아래 긍정적인 갈등은 조장하면서 적극 활용해야 하고 갈등은 조직 발전의 추진력이 될 수 있으므로 건설적 갈등의 중요성을 강조한다.

리더로서 조직 내에서 동료 리더들과 협업하여 성과를 내야 하지만, 그들과 경쟁관계에 있는 것도 사실이다. 같은 조직 내에 소속되어 있다면 평가를 같이 받게 되기 때문에 경쟁자의 관계를 무시할 수 없을 것이다. 따라서 동료 리더가 나보다 더 좋은 성과를 내는 것에 대하여 경계하게 되며 협조적이지 않을 수 있는 것이다. 그래서 분명한 조직 간의 R&R이 정해져 있음에도 회사와 상사에게 어필할 수 있는 일을 먼저 선점하여 일을 진행하는 경우가 있다.

예를 들어 인사 조직에서 채용팀과 교육팀이 나누어져 있으면 명확한 R&R을 가지고 있음에도, 회사에서 신입사원의 퇴직률이 이슈가 되어 경영층이 관심을 가지게 되었을 경우 두 조직의 리더들은 어떤 생각을 하게 될까? 신입사원 퇴직의 원인에 대하여 채용팀 리더는 인재를 잘 뽑았는데 교육을 잘 못해서 벌어진 일이라고 할 수 있고, 교육팀 리더는 채용에서 걸러내지 못해서 그렇다고 할 수 있다. 그래서 해결 방법에 대해서도 채용팀 리더는 신입사원의 경우는 채용에서 신입사원 교육, 온보딩 프로그램을 진행하겠다는 아이디어를 낼 수도 있다. 교육팀 리더는 채용에서 걸러진 인재지만, 신입사원 교육과 멘토링 프로그램 중에 문제가 있는 사원을 걸러내는 프로그램을 운영해야 한다고 주장할 수도 있다.

서로의 R&R을 침범함으로써 갈등이 발생하는 경우도 있지만, 자기 조직의 R&R에 너무 충실해서 갈등이 발생하는 경우도 있다. 실제 경험했던 사례를 이야기해 보겠다. 회사에서 진행하는 조직 개발 프로그램인 인터-팀빌딩Inter-Teambuilding을 진행한 사례다. 회사의 조직 중에 조직 간의 갈등을 해결하고 싶은 조직에 대하여 신청을 받아서 진행하였는데, 개발 조직에서 품질 조직과의 갈등을 해결하고 싶다는 신청을 해왔다. 그래서 먼저 개발 조직의 리더와 구성원의 인터뷰를 진행하였는데, 품질 조직에 대한 불만의 수준이 최고

조에 달해 있었다. 가장 큰 불만은 개발에서는 대량생산에 적용하기 위해 빨리 고객의 확인Qualification을 받아야 하는 것이 자기 조직의 R&R인데, 고객이 인정한 제품에 대해서도 품질 부서에서 'Fail' 처리를 하는 바람에 개발 조직의 성과 달성이 늦어지고, 목표에 미달하는 상황이 지속된다는 것이다. 그럼 왜 품질 조직은 고객이 이 정도면 문제없을 것 같다고 인정한 제품에 대하여 'Pass'를 주지 않는 것인가?

이번에는 품질 조직의 리더와 구성원의 인터뷰를 진행하였다. 품질 조직에서는 개발 조직의 불만은 이해하지만, 품질은 품질만의 기준이 있고 이에 미치지 못하면 당연이 'Fail' 처리를 해야 한다고 주장하였다. 이것이 품질의 R&R에 가장 충실한 것이라고. 인터뷰를 지속하면서 개발 조직과 타협하지 못하는 이유를 발견할 수 있었다. 고객이 인정했다는 것을 인정해 주고 개발 조직이 원하는 일정에 맞춰 준 적이 있었는데, 생산에서 양산이 진행된 후에 품질 이슈가 발생하여 고객에게 컴플레인Complain을 받은 경우가 자주 발생하였다는 것이다. 그래서 회사의 품질 기준이 더 엄격해진 것이고, 개발 조직의 어려움을 이해는 하지만 어쩔 수 없다는 것이다.

양쪽의 이야기를 들어 보니, 두 조직 다 이해가 가고 자신들의 R&R을 위해 최선을 다하고 있다는 생각이 들었다. 그런데 가장 심각한 문제는 품질 조직에 대한 개발 조직의 감정이 너무 나쁘다는 것이다. 인터뷰 중에 다음과 같이 이야기한 구성원도 있었다. "품질 조직은 먹이사슬의 꼭대기에 있으며, 다른 조직에 대한 배려는 찾아볼 수가 없다." 이 두 조직은 Inter-Teambuilding 프로그램을 통해 서로 간의 긍정적인 관계 회복을 진행하였다.

우선, 문제와 사람을 분리하는 것부터 시작하여 서로를 이해할 수 있도록 양 조직의 인터뷰 내용을 동영상으로 녹화해서 보여 주었다. 화면에 얼굴은 나오지 않고 얼굴 아래로만 나오도록 촬영하였고, 오디오만 나오는 영상을 통해 서로의 이야기와 애로점을 듣고 난 후 양 조직의 구성원은 서로 깜짝 놀랐다.

"우리가 타 조직이지만 동료들을 이렇게 생각하고 있었다니."

그러고 나서 서로의 이해관계를 다시 형성하는 작업을 진행했다. '두 조직이 양립할 수밖에 없는가? 서로의 이해관계가 회복될 수는 없는가?'를 주제로 토론과 발표가 이어졌다. 다음은 서로 Win-Win 할 수 있는 방법을 찾아보았다. 서로의 공통된 목표는 회사의 목표 달성을 위해 각자의 조직의 역할에 충실하는 것이 맞지만, 다른 조직과 갈등이 발생한다면 서로에게 도움이 되는 방안을 모색해야 한다는 결론에 도달했다. 그중 대표적인 방안은 개발팀이 고객을 대응할 때 품질팀에서도 참여하여 문제를 해결하고, 양산에서 품질 문제가 발생하여 고객의 컴플레인에 대응할 때에 개발팀도 같이 참여하자는 것이었다. 마지막으로 본 프로그램 이후에도 두 조직 간의 갈등을 좀 더 개선하기 위해 기준을 만들기로 결정하였다.

그럼 이제 처음의 사례로 돌아가서 채용팀과 교육팀간의 문제는 어떻게 해결하면 좋을까? 한번 고민해 보길 바란다.

> ※ Tip) 하버드 협상 모델 ICON[*]
>
> 하버드 협상 모델은 '사실적 문제에 대해서는 엄격하게, 협상하는 사람에 대해서는 부드럽게 대한다'는 원칙중심의 협상을 강조한다. 즉, 협상당사자가 자신의 입장만을 내세워 상대방에게 자신의 상황을 이해시키고 자신의 주장을 관철시키는 입장중심의 협상이 아니라 당사자들이 객관적 기준과 적절한 원칙에 근거하여 서로 협력하여 필요한 것들을 얻도록 돕는 방식이다. 이 방식은 관계 욕구 좌절로 인한 감정싸움, 즉 관계 갈등의 해결을 위한 방안은 아니며, 감정을 배제한 업무갈등의 해결에 적용하면 유용하다.

---

[*] 하버드 공개강의연구회, 「하버드 협상 강의」, 송은진 옮김, 북아지트(2018)

하버드 협상 모델의 4가지 원칙

1. 이익에 주목하라 Interests

하버드 경영대학원 비즈니스 협상 수업에서 어느 학생이 질문했습니다. "협상의 근본적 동기는 무엇입니까?" 교수의 대답은 아주 간단했습니다. "이익이죠!" 협상장에서 말과 말이 부딪히고, 인상을 찌푸리고, 서로 비난했다가 다시 어르고 달래는 이유는 모두 이익 때문입니다. 이런 이유로 모든 협상은 이익을 최대화하는 방향으로, 양측이 모두 이익을 얻는 방향으로 진행되어야만 합니다. 이것이야말로 가장 흔히 사용되는, 그리고 매우 효과적인 협상의 기술입니다. 가장 이상적인 결과는 당연히 'Win-Win'입니다. 협상의 목적은 양측의 이익 지향점을 이 완충지대로 끌어와 모두 받아들일 수 있는 일치점을 만드는 것이라 할 수 있습니다.

2. 모두가 이기는 전략 Criteria

앞에서 이야기한 것처럼 가장 이상적인 결과는 바로 Win-Win입니다. 물론 여기에는 엄청난 노력이 필요한데 그 구체적인 방법을 알려드리겠습니다.

선 준비, 후 평가

우선 다양한 후보 방안을 따져보고 결정해도 늦지 않으므로 너무 일찍 판단 또는 확정하지 않도록 합니다. 가장 실용적인 방법은 브레인 스토밍이라는 일종의 소규모 토론입니다. 협상단의 구성원들이 다양한 아이디어와 의견을 자유롭게 발산하고 입 밖으로 꺼낼 수 있도록 유도합시다. 아이디어가 충분히 나온 후 토론을 통해 평가하고, 협상할 때 활용할 수 있는 것을 선택하면 됩니다.

가볍고 다양하게 분석하라

시작하자마자 완벽하게 하려고 애쓰지 맙시다. 이는 초보 협상가가 가장 많이 저지르는 실수 중에 하나입니다. 협상가는 협상을 서로 다른 각도에서 분석하고 주요 의제 안에 있는 개별적 문제와 계약조건 등에 관해 꼼꼼히 살펴야 합니다.

목표는 Win-Win이다

창조적 협상 방안이 Win-Win을 만들어 내는 법이죠. 모든 협상에는 공동의 이익이 숨어 있으며 공동의 이익을 강조해야만 협상이 더 순조롭게 진행될 수 있습니다.

상대방의 이익도 포함시킨다

어떻게 해야 상대방이 시원스럽게 합의하도록 만들 수 있을까? 여러분의 제안이 매우 정당하고 합리적임을 이해시키면 됩니다. 상대방은 양측 모두에 공평하다고 생각하면 주저 없이 결정을 내릴 겁니다.

3. 감정을 뺀 객관적 기준 Option

하버드의 협상 전문가들은 비즈니스 협상에서 가장 피해야 할 요소로 '감정'을 꼽습니다. 감정이 개입되면 주관적인 사고를 통해 문제를 해결하려 들 것이고, 공정성이 훼손되어 상대방이 반감을 일으킬 수 있기 때문이죠. 그렇다면 객관적 기준이란 무엇일까요? 객관적 기준이란 협상의제와 관련 있는 정부 차원의 협의, 공약, 역사적 경험 및 관례 등을 가리키는 말입니다. 이외에 객관적 환경의 제약, 권위자, 삼자 중재도 포함되죠. 이런 객관적 기준은 협상 당사자의 심리, 의사와 무관하기 때문에 양측의 이익 충돌과 갈등을 효과적으로 해결할 수 있습니다.

4. 최고의 BATNA 찾기 No-Agreement Alternatives

하버드 대학의 로저 피셔와 윌리엄 유리는 공저한 『Yes를 이끌어내는 협상법』에서 BATNA Best Alternative To a Negotiated Agreement 를 제시했습니다. 이것은 협상이 결렬되었을 때 협상가가 대신 취할 수 있는 '최선의 대안책'을 가리킵니다. 종종 단지 BATNA를 준비하는 것만으로도 협상에서 훨씬 유리한 위치를 차지할 수 있습니다. 그러므로 자신과 상대방의 BATNA를 정확히 파악하는 일은 성공적인 협상을 위해 매우 중요합니다.

Chapter 4

[외] 자신 편
"나는 스스로에게"

지금까지 팀장을 중심으로 상위 리더(상), 팀원(하), 동료 팀장(좌)과 상호작용하는 다양한 방법들을 알아봤다. 그 어디에도 팀장 본인을 위한 글이 없어 서운했을 수도 있겠다. 이 책을 읽으며 '이 책도 다른 책들처럼 역시나 팀장이 알아서 잘하라는 거구나…….'라고 생각했을 수도 있다. 하지만 이 책은 다르다. [상&하&좌]와 함께 긍정적 에너지를 만들어 회사 성과에 기여하기 위해서는, 팀장 스스로 중심을 잡고 잘 서 있어야 한다. '내'(팀)가 건강한 정신과 마음을 가지고 있어야, 자신의 역량과 잠재력을 최대한 끌어올려 그들과 함께 최고의 생산성을 발휘할 수 있기 때문이다.

그렇다면 팀장 스스로 어떻게 감정 관리를 하고, 탁월한 성과도 창출하며, 팀원들로부터 존경받으며 자신감 있게 조직생활을 잘할 수 있을까?

신뢰:
스스로 믿고 있는가?

조직의 기운은 팀장의 몫이다.
인상 펴라!

금요일 오후 한 시, 신사업 본부의 주간 회의가 있는 날이다. 신사업 본부 A 팀장은 오늘도 점심을 먹는 둥 마는 둥 한 채 오후에 있을 회의에 모든 신경을 쏟고 있다. 금요일 오전만큼은 팀원들도 모두 긴장할 수밖에 없다. 오후에 있을 주간 회의 결과에 따라 평온한 금요일 오후와 주말을 즐길 수 있을 것인지, 아니면 온갖 과제가 떨어져 주말은 고사하고 다음 주 내내 야근을 하게 될 것인지가 결정되기 때문이다.

신사업 본부 내 다섯 명의 팀장 중 A 팀장은 다른 팀장들에 비해 유독 본부장 앞에만 서면 긴장을 많이 하고, 간혹 본부장이 강하게 한마디라도 할 경우에는 적절한 대응을 하지 못해 질타를 받는 경우가 많았다. 오늘도 잔뜩 긴장한 모습으로 본부장실로 들어가는 A 팀장을 보며 팀원들은 걱정이 이만저만이 아니다.

한 시간 정도 흐른 뒤, 본부장실 문이 열리고 팀장들이 하나둘 밖으로 나온다. 본부장실 바로 앞에 위치한 A팀의 팀원들은 일제히 팀장의 표정을 살핀다. '아……, 오늘도 깨졌구나.' 들어갈 때보다 더 축 처진 어깨, 창백한 얼굴빛, 갈 곳을 잃은 채 사무실 바닥 어딘가를 초점 없이 돌아다니고 있는 시선, 그리고…… 깊은 한숨 소리.

"B 과장, 이리와 봐……. 오늘 또 한소리 들었어. 휴…… 늘 그렇지 뭐……. (피식) 고객 초청 행사 기획안은 더 보완해서 다음 주 초에 다시 보고하라고 하시네. B 과장이 좀 더 수고해 주고. 참, 다음 달 출시되는 신상품 마케팅안은 다음 주에 마케팅팀에서 보고하기로 했었지? 그거 왜 빨리 진행이 안 되냐고 나한테 막 뭐라고 그러시는데, 마케팅팀에서 보고하기로 했다는 말씀을 못 드렸네. 하도 막 쏘아 대니까 내가 말할 타이밍을 못 잡겠더라고……. 아무튼 다들 조금만 더 힘내자고……. 휴……."

힘내자는 A 팀장의 힘 빠진 목소리에 사무실은 쥐 죽은 듯 조용하다. 파티션 너머 팀원들 사이에 채팅이 오가는 듯한 키보드 소리만 타닥타닥.

"나는 팀장님이 저렇게 한숨 쉬실 때마다 정말 안쓰러우면서도, 나까지 맥빠지는 것 같아서 좀 그래……."

"저도요. 최근에는 '나 곧 책상 뺄 것 같다'라는 말씀도 종종 하시더라고요……. 그럼 우리는 누굴 믿고 가라는 거야……."

팀장의 감정은 공적인 영역인가? 팀장도 사람이다. 월급 받고 일하러 온 직장에서 성과만 잘 내면 되지, 내 감정 표현도 내 마음대로 하지 못한다는 것은 너무 가혹한 일 아닌가? 맞는 말이다. 콜센터나 고객 접점에 있는 서비스 직군과 같은 이른바 '감정 노동자'도 아닌 경우라면, 때때로 알게 모르게 자신의 감정이 겉으로 드러나는 것은 자연스러운 일이라고 생각할 수 있다. 그러나 조직 구성원으로서의 한 개인이 아니라, 좋든 싫든 조직을 책임지고 있는 리더의 감정은 개인의 사적인 영역임과 동시에 조직의 공적인 영역이기도 하다. A 팀장의 사례에서 볼 수 있는 것처럼, 리더의 감정이 겉으로 드러날 때 조직 전체의 분위기나 퍼포먼스에 적지 않은 영향을 미치게 되는 경우가 많다. 물론 A 팀장의 경우와는 반대로 리더의 긍정적인 감정이 조직 구성원에게 전이되어 팀의 전체적인 에너지 레벨이 높아지고, 그것이 좋은 성과를 만들어 내는 데 기여하는 경우도 많다.

리더는 기획된 제스처와 표정, 말투를 통해 자신의 감정을 계획적으로 표현해야 한다. 상사로부터 질타를 받았든지, 옆 팀장과 갈등이 있든지, 팀 구성원이 하는 일이 마음에 들지 않든지, 어젯밤에 배우자와 다투었든지, 자녀가 사고를 쳤든지, 아니면 주식 계좌에 파란색 그래프들이 가득하든지 간에 자신의 감정을 필터링 없이 조직 내에 표출해서는 안 된다.

내가 지금 어떤 감정을 느끼고 있는지가 아니라, 구성원들이 보기에 내가 지금 어떤 감정을 갖고 있는 것처럼 보이는지가 중요하다. 그리고 이를 통해 구성원들이 어떤 감정과 기운을 전달받게 되는지가 중요하다. 리더의 감정은 조직 구성원에게 전이되기 때문이다. 특히, 리더가 구성원에게 실망하는 경우에 자기도 모르게 감정 표현이 되는 경우가 있는데, 이럴 경우에 더 조심해야 한다. 구성원이 가져 온 보고서를 검토하면서 무표정을 짓거나, 한숨을 쉬거나, 고개를 도리도리 흔들거나, 볼펜을 책상에 탁탁 두드리거나, 그래도 참지 못하고 구성원이 모멸감을 느낄 만한 언행을 하거나, 화를 내고 소리를 지르는 등 부정적인 감정을 폭력적인 언행으로 표현하는 경우에 흔히 말하는 리더십 일탈이 나타나게 된다. 또한 리더는 필요에 따라서는 겉과 속이 달라야 할 경우도 있다. 리더가 회사나 상사의 미션이나 정책에 동의하지 못하고 다른 생각과 감정을 가지고 있다고 하더라도, 그 생각과 감정을 구성원들에게 그대로 전이시켜서는 안 된다. 리더의 개인적인 감정과, 조직과 구성원들을 대표하는 공적인 감정은 구분되어야 한다. 상사의 업무 지시 방향이 개인적으로는 부당하다고 느껴지는 경우라도, 조직 전체의 성과 달성을 위해서 또는 팀 구성원들에게 도움이 되는 방향이라고 한다면 구성원들에게 긍정적인 표현으로 전달할 필요가 있다. 이는 리더에 대한 회사와 구성원의 신뢰에 관한 문제다. 즉, 그 리더가 그 자리를 지키고 있어야 하는 이유다.

그렇다면 어떻게 리더의 감정을 관리할 것인가?

1) 자신의 감정을 직면하라

리더가 자신의 감정을 잘 컨트롤해야 한다는 말은 부정적인 감정을 느끼지 말라는 것이 아니다. 리더도 사람이다. 당연히 부정적인 감정을 느낄 수 있다. 그것도 자주, 어쩌면 매 순간마다 나의 욕구와 주변 환경의 괴리로 인해 부정적인 감정이 발생할 수 있다. 이러한 자신의 감정을 애써 외면하거나 억누르라는 것이 아니다. 외면하고 억누른 감정은 스스로 소멸되는 것이 아니라, 더욱 자라고 비대해져 결국 더 크게 폭발할 뿐이다. 부정적인 감정을 가져서는 안 된다는 것이 아니라 자신의 감정을 예민하게 인지하고 직면하라는 것이다.

'아, 내가 지금 화가 났구나.', '본부장이 사실과 다른 일로 나를 질타하고 있어서 내가 지금 억울함을 느끼고 있구나.', '제한된 인원으로 촉박한 업무 일정을 감당하느라 내가 지금 초조하고 불안하구나.'

이처럼 객관적으로 직면하고 인지할 때, 리더의 감정은 관리될 수 있다.

2) 감정이 끓어오름을 느낀다면 잠시 멈추라

스스로의 감정을 객관적으로 인지했다면, 특히 그것이 부정적인 감정이라면 그대로 표현하지 말고 잠시 멈추자. 대인 관계에서 부정적인 감정을 느낀 경우라면 일단 대화해서는 안 된다. 좋게 좋게 이야기하려고 하다가도 결국은 어떤 형태로든 부정적인 감정이 표출되기 쉽다.

그럼, 잠시 멈추고 무엇을 할까? 차를 한 잔 마시든, 담배를 피우든, 다른 업무 메일을 잠시 열어 보든, 속으로 성경 구절이나 반야심경 한 구절을 암송하든, 화장실을 다녀오든지 해서 끓어오른 감정에 김을 뺄 시간을 잠시 갖자. 내면의 감성을 그대로 겉으로 내보

내는 것은 감정 표현이 아니라 감정 배설이 될 수 있다. 단, 감정을 외면하라는 것이 아니다. 감정을 외면하고 억누르는 것과 감정을 인지하고 직면한 상태에서 잠시 멈추는 것은 천지 차이다.

3) 때로는 자신의 감정을 건강하게 해소하자

아무리 큰 풍선이라 하더라도 계속해서 불다 보면 결국 터질 수밖에 없다. 리더가 자신의 감정에 직면하고 감정의 흐름을 잠시 멈추었다면, 이제는 그 감정을 어디론가는 표현하고 해소해야 한다. 구체적인 방법으로는 조직 내·외부에 '가면을 벗고 만날 수 있는 사람'을 두는 것이 좋다. 때로는 혼자만의 짐을 좀 덜어내고, 자신의 감정을 솔직하게 드러내고 고민을 나눌 수 있는 대상을 찾아보자. 즉, 리더로서의 권위를 해치지 않으면서, 인간적이면서도 개인적인 '리더의 취약성'을 드러낼 수 있는 대상이 있으면 어떨까. 같은 부서의 차석이든, 집이 가까운 동료든, 입사 동기든, 이전 부서에서 함께 일했던 사람이든, 혹은 옆 부서의 팀장이든 마음 편히 이야기할 수 있고 감정을 공유할 수 있는 대상을 두자. 물론 나도 그에게 그런 대상이 되어 주어야 한다.

다만, 그 대상이 조직 내의 구성원이라면 감정의 공유가 업무 분장이나 고과 평가로 이어져 편애 논란이 일거나 또는 그 대상이 조직 외부의 인물이라면 '우리 팀장은 우리를 믿지 못하고 옆 부서에 가서 풀고 다닌다'라는 오해를 사지 않도록 조심해야 한다.

내 자존감은 내가 지킨다

자존감도 관리가 필요하다

"친구야, 요새 회사일 때문에 스트레스도 많고 힘들다. 자존감이 너무 떨어진 것 같아" 어느 날 친한 친구 A 팀장이 전화를 해서 이런 말을 하였다. 평소 능력이 좋아 회사에서도 인정받고 팀장도 빨리 단 그가 이런 말을 하니 많이 놀랍기도 하면서 한편으로는 걱정이 되었다. 바로 다음 날 술 한잔하기로 약속을 잡고 만나서 이야기를 나누었다. 그는 준비되지 않은 상태에서 리더 역할을 하다 보니 팀원들과 소통도 잘 되지 않고, 다른 팀장들과 비교가 되기 시작하면서 스스로 이런 상황을 견디지 못하는 상태가 되었다고 했다. 그는 욕심도 많고 자존심도 강한 친구라 지금의 현실을 돌이켜봤을 때 충분히 자존감이 떨어질 만한 것처럼 보였다. 그 술자리에서 특별히 솔루션을 제시하기보다 그저 그의 말을 들어 주고 공감해 주기만 했다. 조금은 위로가 되었길 기대하면서 말이다.

'자존감이란 무엇일까?', '자존감은 왜 떨어질까?', '자존감을 높이는 것이 중요할까?', '자존감을 높이는 것이 중요하다면, 어떻게 해야 되는 것일까?' 보통의 직장인들이라면 이런 생각을 한 번쯤은 해 보았을 것이다. 직장생활을 하다 보면 자의든 타의든 간에 여러 가지 문제들을 마주하게 된다. 그러한 문제를 해결하는 데 있어 구성원보다 리더에게 훨씬 더 많은 책임과 역할을 요구하기 때문에 리더들에게는 자존감이란 단어가 친숙하게 들릴지도 모르겠다. 자존감은 '자신을 존중하고 사랑하는 마음, 자신의 내부에 성숙된 사고와 가치에 의해 얻어지는 개인 의식'으로 정의할 수 있다. 조직생활을 하는 직장인, 더 나아가 조직의 장을 맡고 있는 리더의 입장에서 자존감을 바라보면 '리더로서의 성숙된 사고, 팀장 직책에 대한 가치'로 해석할 수 있다. 즉, 리더십을 발휘하는 과정에서 리더에게 주어진 역할과 책임을 다하면서도 일관된 신념과 가치관을 유지할 수 있는 성숙된 사고방식이다.

조직에서 리더가 일관된 신념과 가치관을 유지하지 못한 채 자존감이 떨어지게 되면 어떤 상황이 발생하게 될까? 리더는 조직을 대표하는 장이기 때문에 리더가 흔들리게 되면 팀원들이 흔들리게 되고, 결국은 조직 자체가 흔들릴 수밖에 없다. 실제 업무를 수행하고 있는 팀원들이 갈피를 잡지 못하고 흔들리게 되면 개개인의 업무 생산성과 몰입도가 떨어질 수밖에 없기 때문에 조직 전체의 성과 창출에도 영향을 끼치는 것이다. 그렇기 때문에 리더는 더욱이 스스로 자신의 마음을 케어하고 자존감을 유지하기 위해 노력해야 한다. 리더로서 조직의 성과 창출을 위해 흔들림 없이 나의 신념과 원칙, 가치를 유지하며 자존감이 높은 리더로 성장하기 위한 관리를 지속해야 한다.

리더의 자존감이 떨어지는 대표적인 상황

자존감이 떨어지는 상황은 왜 발생하는 것일까? 리더의 자존감을 떨어뜨리는 몇 가지 사례를 살펴보자.

사례1) 상사가 아래 팀장을 무시하고 인정하지 않는 경우다. A 팀장의 상사인 B 임원은 매번 A 팀장에게 보고를 받을 때마다 팀원들이 있든 없든 신경 쓰지 않은 채 A 팀장의 잘못된 점을 지적하고 꾸짖으며 더 분발할 것을 촉구한다. B 임원은 A 팀장의 잘한 부분을 칭찬하지도 않으면서 잘못된 부분에 대해서는 가혹할 정도로 피드백을 하기 때문에 A 팀장이 유독 더 힘들어한다. A 팀장은 이런 일이 있을 때마다 주눅이 들고 팀원들 보기가 창피하다고 한다. A 팀장은 B 임원의 지속된 비판으로 인해 자존감이 많이 떨어졌으며 시간이 지날수록 증상이 더 심해지고 있다고 한다.

사례2) 팀원에 의해 자존감이 떨어지는 경우다. C 팀장의 밑에서 일하고 있는 D 과장은 업무 성과가 뛰어나고 성격도 좋아서 주변 동료 및 선후배들과 관계가 좋기로 소문난 친구다. C 팀장은 D 과장으로 인해 조직의 성과도 높아지고 위의 상사로부터 인정도 받아서 기분이 좋지만, 한편으로는 자신보다 더 뛰어난 후배가 있어서 불안한 마음도 있다. 동료 팀장들도 "D 과장을 팀원으로 데리고 있는 건 복 받은 거야."라고 부러운 눈치를 주지만, 시간이 지날수록 D 과장에게 자신의 영역을 빼앗길 것만 같은 불안감과 초조함으로 인해 점점 자존감이 떨어진다고 한다. 팀장으로서 그러고 싶지 않지만 어쩔 수 없는 사람인지라 직책에 연연해질 수밖에 없는 자신이 초라하게 느껴진다고 한다.

사례3) 동료 팀장들에 의해 자존감이 떨어지는 경우다. E 팀장과 F 팀장은 입사 동기로 승진도 비슷하게 했고, 팀장으로서 일을 한 연차도 비슷하다. 다만 E 팀장과 F 팀장은 팀장으로서 보직 보임을 받은 뒤 주변의 평가가 달라지고 있다. E 팀장에 비해 F 팀장이 훨씬 더 성과를 내고 회사 내에서 인정을 받고 있으며 주변의 평가도 좋다. 그에 비해 E 팀장은 팀원이었을 때 평가는 F 팀장에 비해 좋았지만, 팀장으로서 단위 조직을 이끌어가고 조직의 성과를 달성하는 데 있어 F 팀장에 비해 떨어진다는 평가를 받고 있다. E 팀장은 이런 주변의 평가에 의해 자신감이 저하되고, 더 나아가 몰입도도 떨어지다 보니 결국에는 높았던 자존감마저 서서히 무너져가고 있다고 한다.

위의 3가지 사례가 대표적으로 조직에서 리더들의 자존감을 떨어지게 만드는 상황으로 볼 수 있다. 처음부터 완벽한 리더는 없다. 리더십은 고정된 것이 아닌 유동적으로 움직이며, 시대와 상황에 맞게 변화한다. 상·하·좌·우 조직 내 Hierarchy(조직이나 집단 내에서의 계층적 구조) 속에서 리더들에게 부여된 책임과 역할을 수행하며 시대와 상황에 맞는 리더십을 발휘하기 위해서 리더는 자신의 자존감을 관리하고 높이는 것이 필요하다.

자존감을 높이기 위한 방법은 무엇인가

미국 심리학회 학술지인 〈아메리칸 사이콜로지스트American Psychologist’〉에 게재된 자존감 연구에서 미국 캘리포니아대와 스위스 베른대 합동 연구진에 따르면, 높은 자존감은 삶의 여러 측면에서 이롭다고 한다. 연구진은 삶의 다양한 측면을 대인 관계, 학업 및 직업, 정신 건강, 신체 건강, 반사회적 행동 등으로 세분화한 후 각각의 영역과 자존감 간의 상관관계를 살폈다. 그 결과, 높은 자존감은 인생 전반에 이롭다는 결론이 도출됐다. 자존감이 높은 사람은 대인관계가 만족스럽고, 학교 및 직장생활이 원활했으며, 몸과 마음도 건강했다.

이와 같이 자존감이 높은 사람은 삶의 다양한 영역에서 훨씬 더 이로운 결과를 만들어 냈고, 이를 통해 자존감을 높이는 것이 중요한 일임을 유추해 볼 수 있다. 자존감을 높이기 위해서는 어떻게 해야 될까? 특히 조직의 리더들에게 있어 자존감을 높이기 위한 방법은 무엇일까? 다음 2가지 방법을 통해 살펴보자.

1) 자기를 사랑하는 마음 갖기

『리더의 자존감 공부』에 따르면 자기에게 솔직하고, 어떤 잣대로도 스스로를 괴롭히지 않는 것, 그리고 나를 그냥 좋다고 여기는 것이 자신을 사랑하는 일이라고 말한다. 이 책에서는 '나를 힘들게 하지 않도록 돌보며 살기', '나를 그냥 좋다고 여기기', '나를 허용하기' 이 세 가지 방법을 자기를 사랑할 수 있게 실천하는 방법으로 소개하고 있다.* 자기를 좋아하고, 사랑하며, 스스로를 아끼면 자존감도 자연스레 깊어진다. 그러나 타인이 나를 좋아하게 만드는 것도 어렵지만, 내가 나를 좋아하는 것도 쉽지 않은 일이다. 그렇기에 나 자신을 사랑하기 위한 노력이 필요하다.

　나 자신을 사랑하기 위해 내가 되고 싶은 나의 모습을 정해 보고, 이런 모습이 될 수 있도록 힘써야 한다. 일상 속 자그마한 성공들을 통해 자신감을 높이고, 높아지는 자신감만큼 흡족한 모습으로 변화한 만족스러운 자신을 만날 수 있다. 정리해 보면 자신을 사랑하며 자기애를 높이고, 이를 통해 자신에 대한 믿음을 갖는 자신감이 높아지고, 높아진 자신감을 통해 자존감의 향상으로 이어지게 되는 것이다. 혹자는 '나를 믿지 않기에 불안한 것'이라고 말한다. 나를 좋아해 주는 사람을 만나고, 자신을 끊임없이 아껴 주고 사랑하며 자신을 최우선으로 생각함으로써 자존감을 높여 나간다면 진정한 리더가 될 수 있을 것이다.

* 　김대식, 『리더의 자존감 공부』, 해의시간(2019)

2) 자신의 강점을 지속적으로 강화하기

갤럽이 개발한 'Strengths Finder(강점 발견)'를 통해 수년 동안 실시해온 조사에 따르면, 자신의 강점과 행동을 이해하는 사람이 가장 유능한 사람이며 이러한 사람들은 자신의 일상생활, 경력, 가족의 필요를 월등히 충족시킬 전략을 가장 잘 개발할 수 있다고 한다. 즉, 자신의 타고난 소질을 인지하고 이해하고 강화함으로써 꾸준한 성공을 뒷받침할 수 있는 핵심적인 이유를 정확히 파악할 수 있게 된다는 것이다. 여기서 강조하고 있는 것은 강점의 지속적 강화다. 리더에게 자존감이 떨어지는 상황을 돌이켜보면 업무적으로 자신이 갖고 있는 전문성을 충분히 발휘하지 못하거나, 자신이 잘할 수 있는 부분의 역량이 부족하기 때문에 나타나는 상황들이 있다. 리더들은 어떤 상황에서 자존감이 떨어지는 현상을 경험했을 때 그것을 만회하기 위해 특히 본인이 부족한 역량, 전문성을 보완하기 위해 노력하지만, 약점을 보완하는 것보다 더욱 중요한 것이 자신이 가지고 있는 강점을 강화하는 것이다.

대부분의 리더의 경우 스스로에 대한 자부심과 성숙된 가치관, 일종의 세계관이 이미 축적되어왔기 때문에 약점을 말하고 변화해야 된다고 이야기를 해도 쉽게 변화하는 것이 어렵다. 그렇기 때문에 자존감이 떨어진 리더들에게 "당신의 이러한 전문성과 역량이 떨어집니다. 바뀌어야 합니다."라고 이야기해 봐야 달라질 것이 없다는 것이다. 그래서 리더들은 자신의 강점을 인지하고, 거기서부터 출발하는 것이 필요하다. 강점을 강화해갈 때 극적인 성과와 변화를 만들 수 있다. 강점을 지속 강화함으로써 자신이 잘할 수 있는 분야에 집중하게 되고, 그 분야에서 작은 성공을 계속 만들어 나가면 그 성취감과 보람, 인정으로 자신의 자존감을 지켜나갈 수 있다. 더 나아가 원래 타고난 자신의 재능을 찾고 발전시켜 나가는 과정에서 팀에게 주어진 문제를 해결하며 행복한 삶을 살고, 탁월한 성과를 내는 자존감이 높은 리더로서 자리매김할 수 있을 것이다.

리더십 강약점에
절대값은 없다

나는 괜찮은 리더인 줄 알았습니다

"정말 당황스럽습니다. 이제 와서 리더십 코칭을 받으라니요. 여태 헌신했는데, 결과가 이거라니 참담할 뿐입니다. 동료 평가야, '멀리서 뭘 알겠어' 싶지만 팀원들마저 이럴 줄은 몰랐습니다. 여태 같이 고생한 터라 전우애 같은 것도 있는데, 고압적이었다고 한 마디로 평가해버리니 지나온 시절이 통째로 부정당한 기분입니다. 무서워서 말을 못했다니요? 회의 때마다 빠지지 않고 의견 있는 사람은 말하라고 하는데, 한 마디를 안 해서 오히려 답답한 사람은 저였습니다. 그래도 성실하게 따라와 주는 게 고마워서 아이디어도 다 짜 주고 바로 작업할 수 있게 해 줬는데, 그걸 육성을 안 해 줬다고 체크하면 어떡합니까? 이렇게 평가할 줄 알았으면 지들이 머리 싸매며 야근하게 둘 걸 그랬어요!

제가 더 납득이 안가는 건, 옆 팀 B 팀장은 왜 대상자가 아닌 거예요? 저렇게 애들한테 일 다 맡기고 기분 좋으라고 한마디씩 툭툭 던지면 되는 거였어요? 그게 더 좋은 거였으면 저도 편하게 갈 걸 그랬나 봐요. 정말 다시 생각해도 배신감이 느껴지네요. 주관식 코멘트를 보니까 몇 명 짚이는 애들이 있긴 한데, 걔들은 특히 이러면 안 되죠! 편애하냐는 얘기까지 들어가면서 하나라도 더 챙겨 주려고 했는데, 의리가 있어서라도 이렇게 막 찍으면 안 되는 거죠. 이 정도였으면 직접 말을 해 줬어야죠. 앞에서는 그렇게 하고, 뒤에서 개쪽을 주다니……. 애들도 제가 코칭 대상자인 거 알죠? 저도 복수해 줄 겁니다. 연말 평가 때 보자고 하세요."

일대일 코칭 첫 회차에 쏟아낸 어느 팀장의 푸념이다. 이후로도 구성원 색출 작업과 함께 지난날의 성공 신화를 풀어놓았다. 20년을 헌신하고 얻은 성적표가 이거라는 생각에 화가 날 만도 하겠구나, 하고 일부 공감되기도 했다. 그분의 최하위 3개 항목은 '경청하지 않는다', '자율성을 주지 않는다', '심리적 안전감이 없다'였는데 그날 코치가 말할 수 있는 시간은 60분 중 5분도 되지 않았다.

"알고 지은 죄와 모르고 지은 죄 중 무엇이 더 무거운가?"

부처가 제자들에게 한 질문이다. 여러분도 한번 생각해 보라.

한 제자가 답했다. "알면서도 죄를 짓는 것은 인간으로서 할 도리가 아닙니다. 그러므로 알고 죄를 지었다면 응당 중죄로 다루어야 옳습니다." 괘씸죄가 더해져 더 무겁게 다뤄져야 한다는 의견이다. 하지만 부처는 달리 봤다. "모르고 지은 죄를 더욱 엄하게 벌해야 한다." 그 이유는 알고 저지른 죄는 자신이 깨닫는 순간 개선될 수 있지만, 모르고 지은 죄는 주변이 얼마나 괴로운지 짐작도 못해 그 피해 범위가 훨씬 클 수 있다는 것이다. 모르고 있으니 반복될 가능성도 크기 때문이란다.

메타인지를 통한 자기 객관화

이처럼 리더가 강약점을 인식할 때 첫 번째로 가져야 할 시각이 모르고 지은 죄가 없는지 살피는 것이다. 내 관점이 아니라 구성원의 관점에서 볼 줄 알아야 한다. 그들이 불편해하면 개선해야 할 점이고, 그들에게 긍정적인 영향을 주고 있다고 하면 강점인 것이다. 좋은 리더인지의 여부는 구성원의 마음에서 결정되기 때문이다. 주변을 보면 쉽게 알 수 있다. 같은 성향과 스타일을 갖고 있어도, 어떤 사람은 그 성향과 스타일의 강점인 면을 발휘하지만 어떤 사람은 자꾸 약점으로 치우친다. 왜일까? 여러 가지 이유가 있겠지만 가장 유력한 것 하나를 고른다면 '메타인지'가 부족해서다. 메타인지란, 자기 스스로를 객관화하여 볼 수 있는 능력을 말한다. 크게 세 가지다.

- 내가 무얼 알고 모르는지 아는 것.
- 나는 어떤 성향, 어떤 스타일인지 아는 것.
- 더 나아가 나의 성향은 어떤 상황에서 강점으로 발현되고, 언제 약점이 되는지 아는 것.

객관화客觀化의 사전적 의미는 '자기에게 직접 관련된 사항을 제삼자의 입장에서 보거나 생각하는 일'이다. 만약 리더가 이런 객관화가 안 되면 어떤 일이 벌어질까? 편파적으로 판단하거나 편향된 결정을 내리기 쉽고, 그러다 보면 고집스러운 리더, 말이 안 통하는 리더가 되기 십상이다. 조직에서 중요한 것은 리더가 하는 일이나 그 방식이 아니라, 리더가 하는 일과 그 방식을 다른 사람들이 어떻게 해석하는지 아는 것이다. 메타인지를 통한 자기인식은 자신의 말과 행동이 다른 사람에게 어떤 영향을 미치는지 '그들'의 입장에서 생각해 볼 수 있는 자기 객관화 능력을 높이기 때문에 의사소통도 잘 되고 좋은 결과로 이어질 수 있다.

두 개의 주머니

그렇다면 어떻게 메타인지를 높일 수 있을까? 다음 글은 아이와 함께 읽었던 이솝우화 중 일부다.

'전해져 내려오는 옛말에 의하면, 이 세상에 처음으로 사람이 만들어졌을 때 프로메테우스가 두 개의 주머니를 사람들 목에 걸어 주었다고 합니다. 두 개의 주머니 중 하나는 사람의 앞 쪽에, 다른 하나는 뒤쪽에 있는데 두 주머니 모두 단점들로 가득 차 있다고 합니다. 앞쪽에 걸려 있는 주머니에는 주변 사람들의 단점들이 들어 있고, 뒤쪽에 걸려 있는 주머니에는 자기 자신의 단점들이 들어 있답니다. 그래서 사람들은 다른 사람들의 단점들은 쉽게 볼 수 있지만 정작 자기 자신의

단점은 보지 못한다고 합니다.'

정작 자신이 주의를 기울여야 할 것들은 뒷주머니에 있다 보니 억지로 애를 쓰지 않으면 알아차리기 어려운 것이다. 메타인지를 방해하는 심리적 장애 요인들이 있다.

첫 번째는 '행위자 관찰자 편향'이다. 자기 자신에 대한 판단은 의도나 상황까지 고려하면서, 타인에 대해서는 보이는 행동만으로 판단하는 걸 뜻한다. 본인의 선한 의도나 어쩔 수 없는 상황을 고려하다 보니 미치는 영향에 대해서는 과소평가하게 된다.

두 번째 심리 요인은 '자기기만의 상자'에 갇혀 있다는 것이다.

조직학습Organizational Learning 선구자 크리스 아지리스Chiris Argyris의 연구에 따르면 사람은 태어날 때부터 방어기제를 가졌다고 한다. 그러다 보니 성공한 이유는 자신의 능력에서 찾고, 실패한 요인은 외부의 환경 탓으로 돌린다. 피드백을 수용하는 데 있어서도 자존심을 지키려 하지, 건설적으로 피드백을 수용하기가 어려운 것이다.

세 번째 심리 요인은 '더닝크루거 효과Dunning kruger effect' 때문이다. 저성과자低成果者일수록 자신의 수행 능력을 과대평가하는 경향이 있다는 것을 여러 실험을 통해 공통되게 보여 주는 것인데, 리더십 역량 평가 하위자도 대체로 마찬가지의 경향성을 보이는 것 같다.

네 번째 심리 요인은 '영웅적 리더십'에 사로잡혀 있다는 것이다. 우리는 모든 것을 잘하고, 모든 것을 갖춘 리더십을 강조해왔다. 툭하면 예시로 등장하는 스티브 잡스, 이순신, 세종대왕을 벤치마킹하라는데, 내가 처한 현실은 그들과 전혀 다르다. 무엇보다 그들은 내가 아니다.

다섯 번째 심리 요인은 '나르시시즘narcissism'이다. 팀장이 되기까지 얻은 성공 경험과 지식은 지나친 자신감을 갖게 만든다. 차츰 자신이 인식하는 바와 모순되는 증거는 묵살하게 된다. 자기애를 강화하기 위한 보이스만 청취하게 되니 자기 객관성은 떨어질 수밖에 없다. 요즘 같은 변화의 시대에 요구되는 핵심 역량 중 '회복탄력성'이 있다. 그런데 나르시시즘에 빠진 리더가 '반성 없는 회복탄력성'을 발휘한다면 어떨까? 생각만 해도 끔찍하다.

리더로 성장하면서 자신을 온전히 돌아볼 기회조차 갖기 어려운 게 현실이다. 이런 심리적 장애 요인을 인지하고 의도적으로 자기 반성Self-Reflection의 기회를 갖지 않으면, 다들 수군거리는데 나만 알아차리지 못하고 조직과 사회가 요구하는 방향에 맞춰 오늘도 바삐 살아내고 있을 것이다.

다행히 뒷주머니에 뭐가 들어 있는지 알게 됐다면 어떻게 해야 할까? 뒷주머니의 내용이 반가울 리 없지만 조직 내에서 서로 영향을 끼치는 이상 건설적으로 잘 다룰 줄 알아야 하겠다.

리더의 취약성을 오픈하라

미국 와튼스쿨의 애덤 그랜트Adam M. Grant 교수가 쓴 『오리지널스』에 이런 사례가 나온다. 투자설명회에서 여러 기업을 제치고 330만 달러의 투자금을 유치한 기업인데, 발표 제목이 '자기 기업에 투자해서는 안 되는 이유'였다. 그 사례에 대해 그랜트 교수는 이렇게 얘기한다. "약점을 내세우는 의사소통 방법은 듣는 사람을 무장해 제시키는 장점이 있다. 사람들은 누구나 자신을 설득하려 하면 자연스럽게 방어막을 치는데, 상대가 의외로 약점을 드러내면 그 방어막에 미세한 균열이 일기 시작한다. 그 결과 상대에게 호의적으로 변한다."

대니얼 코일Daniel Coyle이 쓴 『최고의 팀은 무엇이 다른가』에서도 같은 이야기를 한다. 최고의 팀을 만들기 위해서 리더가 해야 할 일은 자신의 약점을 드러내는 일이라고 말이다. 그동안 쓰고 있던 철의 가면을 내려놓고 약점을 드러내 보면 오히려 그것이 상대의 문을 여는 열쇠가 된다는 것이다.

하버드 경영대학원의 종신 교수이자 세계 최고의 리더십 대가에이미 에드먼드슨Amy C. Edmondson이 쓴 『두려움 없는 조직』에서 제시하는 핵심 솔루션 중 하나도 리더가 먼저 자신의 취약성을 오픈하라는 것이다. 리더가 먼저 하게 되면 '이곳은 안전한 곳이구나' 하는 메시지를 받아 훨씬 능동적으로 참여할 수 있다는 것이다.

최근 주목받고 있는 세 명의 거장이 공통적으로 말하는 것이라면 믿어 볼 만하지 않겠는가? 취약점을 드러내도 괜찮다. 무시하지 않는다. 오히려 편안해할 것이다!

강점을 강화할까? 약점을 보완할까?

그렇다고 취약점을 오픈하고 말면 그만인가? 아니다. 보완해 줘야 한다. 이쯤에서 생각나는 근본적인 질문이 있다. 강점을 강화해야 할까? 약점을 보완할까?

먼저 인생을 성공적으로 살아낸 사람들은 어땠을까? 목사이자 리더십의 대가로 알려진 존 맥스웰John C. Maxwell이 미국의 정재계에서 영향력을 발휘하고 있는 리더 천여 명을 대상으로, 그들은 어디에 시간을 사용하고 있는지 조사했다. 조사 결과 그들은 강점을 강화하는 데 75%, 새로운 것을 학습하는 데 20%, 약점을 보완하는 데 5%의 시간을 사용하고 있었다. 이 결과만 보면 강점 기반의 리더십을 발휘하는 게 맞아 보인다. 하지만 늘 개선점으로 요구되는 약점을 방치할 수 없는데, 어떻게 해야 할까?

가장 빠르면서 효과적인 방법은 다른 사람을 통해 관리해 나가는 것이다. 리더인 내가 어떻게 해 보려고 하기에는 시간도, 에너지도 많이 들기 때문이다. 솔직히 자신의 약점을 전혀 모르는가? 진단을 해 보지 않아도 짐작은 할 수 있다. 다만 미치는 영향의 강도를 인지하지 못했을 뿐이다. 이미 개선해 보려고 노력한 적도 있을 것이다. 타고난 성향에서 비롯된 것도 있고, 여태 누적된 습관도 있기 때문에 쉽게 바뀌지 않을 거라고 인정하는 게 맞다. 그래서 성공하는 그들이 5% 이상을 여기에 투자하지 않는 것이다. 성공은 약점이 없다고 해서 얻어지는 것도 아니고, 약점이 있다고 해서 피해 가는 것도 아니기 때문이다.

진단 보고서 주관식 코멘트에 이렇게 써 있다고 해 보자. '정보를 주면 잊고, 또 묻고, 또 묻는다.' 그럼 첫 관문을 통과해 보자. 가장 어려운 단계다. "가끔 내가 얘기해 놓고 잊는 내용들이 종종 있죠." 여기까지가 어렵지, 어차피 인정해버리면 그 다음은 쉽다. "그래서 ○○○ 님이 중간에서 내가 놓칠 수 있는 부분이 있으면 언급해 주면 좋겠습니다. 일이 잘 진행됐으면 하는데, 도움을 좀 줄 수 있을까요?" 이후에 이어지는 도움에는 반드시 감사를 표해야 하고, 맡겨 두지만 말고 리더도 노력하는 모습을 보여 줘야 한다.

이렇게 스스로 약점을 어떻게 해 보려는 게 아니라 다른 사람을 통해 그 부분을 채우는 것이다. 도움을 요청받은 사람은 어떨까? 예전에는 '왜 저렇게 깜빡깜빡하시지?'라고 원망하던 구성원은 '솔직하게 인정해버리니 할 말이 없네. 그래도 용기가 대단하시네.'란 생각이 든다. 그리고 도움을 요청받은 자로서 작은 책임 의식마저 느낄 수 있다.

덮어 두고 있으면 심각해 보이던 것들이 수면 위로 나오면 별게 아니라고 느껴질 때가 있다. 이렇게 하다 보면 그냥 그 사람만의 캐릭터로 인지해 쉽게 농담하며 넘길 수도 있게 된다. 약점이라는 게 자꾸 숨기고 없는 척하면 굳이 파헤치고 싶고, 솔직히 드러내면 외려 덮어 주고 도와주고 싶다. 여러분은 어떤 선택을 할 것인가? 이 선택을 잘해서 여태 추앙받는 리더가 있다. 바로 강철왕 카네기 Andrew Carnegie 다. 그의 묘비명을 보라.

"자기 자신보다도 더 현명한 사람들을 주변에 모여들게 하는 능력을 갖춘 한 남자가 여기 잠들다."

카네기가 죽기 전에 직접 준비한 것이라고 한다. 자신의 약점을 보완해 줄 사람들을 끌어들인 후 그들이 잠재력을 발휘할 수 있는 환경을 마련해 주고, 그것을 통해 팀을 관리해 나가는 리더야말로 최고의 팀장이라고 할 수 있겠다. 다음 순위를 보면서 어느 레벨의 팀장인지 체크해 보자.

- 1순위 - 약점을 깨닫고, 자기보다 뛰어난 인재들을 통해 조직을 성장시키고, 다양성을 존중하고 활용하는 문화로 정착시킨 리더

- 2순위 - 약점을 깨닫고, 자기보다 뛰어난 인재들을 통해 성과를 창출하는 리더
- 3순위 - 약점을 깨닫고, 자기보다 뛰어난 인재를 구한 리더
- 4순위 - 약점을 깨닫고 보완한 리더
- 5순위 - 강점을 깨닫고 적극적으로 강화한 리더
- 6순위 - 약점을 깨닫고도 회피한 리더
- 7순위 - 약점을 전혀 깨닫지 못한 리더

약점이 아니라 결점 아닌가요?

이렇게 말하면 5%의 투자를 너무 가볍게 여기지 않을까 걱정된다. 우리가 개선점을 요구받았을 땐 몇 가지를 체크해 봐야 한다. 첫 번째로 치명적인 약점은 아닌가 하는 점이다. 약점과 결점은 다르다. 타인에게 치명적으로 부정적인 영향을 주고 있다면 반드시 다뤄야 한다. 구체적인 액션으로 이어지지 않으면 직책이 상승할수록 별거 아니라고 터부시했던 그 돌부리에 크게 넘어지게 된다. 상위자로 갈수록 평가의 잣대는 엄격해지기 때문이다. 때때마다 이뤄지는 인사 청문회를 보면 어떤 의미인지 쉽게 알 수 있을 것이다.

두 번째로 상대적으로 변화하기 쉬운 것과 어려운 것을 구분할 필요가 있다. 변화하기 어려운 것에 대한 도움을 요청하라는 것이지, 조금만 신경 써 주면 될 것은 직접 노력해 줘야 한다. 약점인지 아는데 애쓰는 모습을 보면 구성원들도 다 안다. 고마워하다가 그 행동이 지속되면 존경심까지 느끼게 된다.

마지막으로, 이전에는 강점이었던 것이 포지션이 바뀌면서 약점으로 작용하는 역량들도 있다. 앞에서 말한 대로 강약점이라는 것은 절댓값이 있는 게 아니다. 자리가 사람을 만든다는 말이 있다. 역할이 바뀌고 직무가 바뀌었다면 그것에 맞춰 강화해 줘야 할 리더십 역량의 우선순위를 조절할 줄 알아야 한다. 쉽지 않겠지만 이런 인식을 갖고 있는 것만으로도 포지션 전환 시 좋은 평가를 받게 될 가능성이 크다.

이렇게 세 가지 체크사항만 잘 유념하면서 자신의 강약점을 다룬다면 이번 장의 처음에 등장했던 팀장처럼 기껏 고생하고 억울해하는 일은 없을 것이다. 시대 전체가 나르시시즘에 빠졌다고 할 만큼 자기애가 강한 때에 살고 있다. 우리 모두가 성공하는 인생을 살기 위해서는 강점에 집중해야 하지만, 리더가 된 이상 약점을 관리해달라는 얘기를 끊임없이 듣게 될 것이다. 밝은 면이 강하면 그림자도 짙은 법이다. 강점이 있다면 분명 그 이면도 함께 따라다닌다. 당연한 이 양면성을 건강하게 인정하자. 그리고 우리의 구성원도 그런 시각으로 바라봐 주자. 구성원의 약점이 보인다면, 그건 역으로 리더가 채워 줘야 할 부분이다.

소통:
객관화시키고 있는가?

자기인식 높이는 법

로버트 서튼Robert I. Sutton 박사의 책 『또라이 제로 조직』을 아는가? 이 책은 회사 내의 골칫덩이인 일명 '또라이' 직원들을 처리하는 방법을 수록하고 있다. 저자는 이런 '또라이' 직원들이 회사와 동료들에게 얼마나 나쁜 영향을 미치는지를 강조하며, 사무실 내 성가신 존재를 뛰어넘어 기업의 성공을 가로막기까지 하는 위협 인물이란 사실을 일깨워 준다. 그런데 이런 '또라이' 중에서도 상황에 따라 일시적 또라이가 있을 수 있다. 자기인식을 기반으로 자기반성이 가능한 사람들은 잘못을 뉘우치고 행동을 개선하고자 노력한다. 그러나 이러한 '일시적 또라이'가 아닌 '공인된 또라이'는 자신의 문제를 인식하지 못하다 보니 그러한 행동이 고착된다.*

우리 주변에는 '공인된 또라이' 리더가 종종 있다. 그 리더들의 공통된 특징으로는 스스로 자기인식이 잘 된다는 착각에 빠져 있다. 그들이 팀원들에게 자주 하는 대표적인 말 3가지가 있다. 직장인이라면 공감할 것이다.

> 1) "솔직히 이 정도면, 나 괜찮은 리더이지 않아?"
> 2) "솔직히 내가 좀 똑똑하잖아⋯⋯. 내가 조금만 노력하면 주변 팀장들, 나한테 다 발려."
> 3) 인사 부서 리더: "리더십 교육, 나는 안 들어도 되지? 어차피 난 다 잘 알잖아. 사업부나 개발 조직 팀장들이 진짜 꼭 들어야 되는데⋯⋯. 리더십의 'ㄹ' 자도 모르는 팀장들이 많잖아."

혹시 이 책을 읽는 리더들 중, 자신이 자주 하는 말이 있는가? 그럼 이번 기회에 스스로 자기인식을 잘 하고 있는지 점검할 필요가 있다. 자기인식이 낮은 리더들은 자기반성이 결여되기 때문에 일을 할 때 그들만의 '고집'이 있는데, 그들은 이를 '강한 신념'으로 포장한다. 저자가 직장생활 중 만난 리더 한 분은 구성원들 사이에서도

---

* 로버트 I. 서튼, 『또라이 제로 조직』, 이실MBA(2007)

자기인식이 매우 낮아 함께 일하기 어려운 분으로 꼽히는데, 그 리더는 항상 팀원들과 주기적으로 다음과 같은 내용의 대화를 나눴다.

(공인된 또라이) **팀장** : "인사 담당자들은 항상 자신만의 인사 철학이 있어야 돼. ○○ 님은 어떤 철학을 가지고 있지?"

팀원 : "저는 구성원들이 업무에만 오롯이 몰입할 수 있는 인사 제도들을 만들어 나가고 싶어요."

(공인된 또라이) **팀장** : "아니지……, 왜 구성원의 입장에서만 생각하지? 그러면 안 되고……."

팀원 : (속마음) '뭐야? 왜 물어본 거야? 나만의 생각인데, 왜 맞다 아니다라고 판단하는 거야?'

직장인의 스트레스 원인 중 가장 많이 언급되는 게 '리더'다. 특히 자기인식이 낮은 리더들 중 지나친 자기애의 소유자는 자존감이 튼튼한 것이 아니라 오히려 작은 비난에도 쉽게 무너져버린다. 그래서 자기 잘못을 이해하고 인정하는 자기반성이 어렵다. 자신은 항상 완벽하다는 억지에 가까운 방어기제를 가지고 있기에 모든 문제의 원인은 리더인 내가 아니라 타인, 즉 팀원에게 있다고 여긴다. 그래서 그러한 리더 밑에 소속되어 있는 팀원들은 동기부여가 낮아짐은 물론이고, 가끔은 좌절과 분노를 느끼며 결국 퇴사를 선택하게 된다.

조직의 관점에서 이 얼마나 큰 손해인가? 따라서 공인된 또라이가 조직에 부정적인 영향을 주는 것은 막아야 하고, 리더 스스로도 성장 관점에서 자기 인식은 반드시 필요하다.

만약 평소 이런 행동을 한 리더들이 있다면, 아마 잘 모르고 그렇게 행동했을 것이다. 왜일까? 대부분은 스스로를 잘 알고 있다고 착각하고 있다. 착각을 깨우쳤다고 해도 자기인식을 위한 방법을 정확히 알지 못한다. 그래서 자기인식을 돕는 다양한 방법을 책 마지막 장*에 공유하고자 하니, 참고하길 바란다.

* p391, "자기 인식을 높이는 방법"

팀원으로부터 솔직한
피드백 받는 법

왕조 국가인 조선의 임금은 과연 백성과 국정 현안을 논의했을까?

왕이 일반 백성을 만나는 일은 흔치 않았다. 그러나 조선 후기로 갈수록 임금은 백성들과의 직접 소통을 원했다. 특히 〈조선왕조실록〉에서 '애민'의 단어가 가장 많이 등장하는 왕인 조선의 21대 왕 '영조'는 궁궐 밖으로 직접 나가 정책 결정 과정에서 백성의 의견을 청취하는 소통을 처음으로 시작했다. 실제 영조는 재위 기간 동안 30여 차례 이상 궁궐 밖으로 나가 백성을 위한 정책과 관련해서는 백성들의 의견을 직접 들었다고 한다. 대표적 사례로 영조는 군역 부담을 경감시키는 균역법 시행에 앞서 백성들을 직접 만나 의견을 널리 구했다. 이후에도 양인들의 군역에 관한 절목 등을 검토하고, 7월에는 양역에 관해 유생들의 의견을 들어 보는 등 적극적인 여론 조사를 진행했다.

이처럼 한 나라의 지도자도 나라를 잘 이끌어가기 위해서는 먼저 백성들의 말을 경청해야 한다. 지도자에게 아무리 고상한 목표가 있다 해도 그것이 백성들과 충분히 소통되지 않으면 그 목표는 추진력을 얻을 수 없기 때문이다.

요즘처럼 회사에서 팀장-구성원 간 소통을 중요시 여겼던 적이 과거에 있었나 싶을 정도로 중요한 화두가 되었다. 양방향 소통에서 한 걸음 더 나아가 이제는 팀장도 팀원으로부터 리더십 평가를 받고 점수가 낮을 경우 개선을 위한 노력을 하지 않으면 큰일이 나는 시대다. 개선이 안 될 경우, 팀장직에서 내려와야 하는 회사도 있다. 상사 눈치도 봐야 하고 팀원들 눈치도 보며 어디에도 끼기 어려운 우리 팀장들, 억울하기도 하고 가끔은 화가 날 때도 있을 것이다.

하지만 주변을 둘러보면 업무 성과도 좋고, 팀원들로부터 높은 신뢰를 받고 있는 팀장들이 더러 있다. 겉으로 봤을 땐 팀원들을 대하는 태도가 자신과 크게 다르지 않은 것 같은데, 리더십 평가 결과를 보면 그들은 항상 높은 점수가 나온다. 시기와 질투는 나지만 사실 그 팀장의 비결이 궁금할 것이다.

8년 차 직장인인 A는 주말에도 회사에 가고 싶어 하고 밤낮없이 일만 생각할 정도로 즐겁게 회사 생활을 한 적도 있었고, 반대로 하루하루 힘겹게 버티며 월급날만을 기다린 적도 있었다. 똑같은 회사 생활이었지만 A가 느낀 감정이 극명하게 상반된 이유를 생각해 보면, '본인이 담당한 업무에서 크고 작은 성공과 실패 경험을 통해 스스로 성장하고 있음을 느낄 수 있었는가?'와 '팀장과 좋은 관계를 형성하고 있는가?' 이 두 가지가 이러한 감정을 결정한 중요한 요소였다.

'좋은 관계'라고 하면 서로 칭찬하고 기분 좋은 말만 주고받으며 하하호호 하는 사이라고 오해할 수 있겠다. A가 말하는 '좋은 관계'란 상호 간의 돈독한 신뢰를 바탕으로 서로의 성장을 위해 때로는 솔직한 조언(혹은 충고)을 주고받을 수 있는 관계다. 단순히 팀장이 팀원인 A보다 더 오래 회사 생활을 했으니 팀장만 A에게 일방적으로 조언(때로는 잔소리)하는 것이 아니라, 팀원인 A도 팀장에게 팀장의 리더십에 대한 의견이나 팀의 더 나은 발전을 위한 방법을 제안한다거나 업무와 관련해 의견이 다른 부분에 대해서 자신의 생각을 솔직하게 말할 수 있는 관계다. 이를 가능하게 하는 것은 무엇일까?

여기에는 가장 중요한 전제 두 가지가 있다.

첫째, 리더인 팀장과 실무자인 팀원 모두 업무적으로 서로 신뢰한다.

어쨌든 우리는 친목 도모를 위한 동호회가 아닌 이윤을 추구하는 회사에서 만난 사이이므로, 회사의 비전 달성을 위해 자신에게 주어진 업무와 역할들을 수행해 내야만 하는 사람들이다. 팀장도 총괄하는 업무 영역의 전문가로서 팀원이 업무를 수행하는 과정에서 어려움을 겪을 때마다 적절한 지원과 코칭을 제공함으로써 팀원이 맡은 업무를 성공적으로 수행할 수 있도록 이끌어 줄 수 있어야 한다. 팀원 역시 자신이 맡은 업무 영역에서 만큼은 프로로서 팀장님과 충분한 논의를 나눌 수 있을 만큼 (준)전문가여야만 한다. 이러한 과정 속에서 성공도, 실패도 함께하며 신뢰가 싹튼다. 아무리 성격 좋은 팀장 또는 팀원이어도 각자가 자신의 역할을 충분히 해내지 못한다면 서로가 상대에게 주는 피드백에는 '의미'도, '힘'도 없다.

둘째, 성숙한 인격을 지녀야 한다.

팀장 및 팀원이 아무리 업무 역량이 뛰어나도, 상대방이 혼자 힘으로 좋은 성과를 이루었다고 생각하는 교만함을 가지고 있다면 피드백을 주고받고 싶을까? 따라서 회사의 구성원이기 전에 한 사람으로서 성숙한 인격을 갖춰야 한다. 우리 각자가 불완전한 존재임을 깨닫고, 서로가 더 나은 방향으로 성장할 수 있게끔 도움을 주고받을 수 있다는 것을 인정하자.

A 과장의 대리 시절 사례를 소개하고자 한다. A 과장이 5년 차 때 만난 팀장으로, 3년이 지난 지금도 A 과장이 종종 먼저 연락하는 사이이다. 이때 대리 직급인 A 과장을 믿고 크고 작은 일들을 많이 위임해 준 덕분에 업무 역량이 크게 성장할 수 있었다. 그래서 늘 감사함을 가지고 있다. 주니어였던 A 과장이 팀장에게 업무/리더십 관련 피드백뿐만 아니라 감정적으로 서운했던 것들(지금 생각해 보면 참 사소했던 것들)까지 모두 솔직하게 이야기했다. A 과장이 이렇게 할 수 있었던 이유가 무엇이었을까?

5년 차였던 A 과장은 팀에서 막내였고 위로 과장, 차장 선배들이 있었다. 일의 경중을 따질 수는 없지만, 아무래도 연차가 높은 선배들이 A 과장보다 더 크고 중요한 일들을 담당하고 있었다. 게다가 그때, 경영진이 선배들이 맡은 업무에 높은 관심을 보이고 있었을 때라 팀장 역시 선배들의 업무에 더 신경 쓰며 선배들과 자주 회의를 가지곤 했다. A 과장은 홀로 팀에 남겨질 때가 종종 있었고, 업무 관련 기획안을 팀장에게 메일로 보내도 빠르게 피드백을 받지 못했다. 원래 항상 빠르게 피드백을 주고 업무 관련해 많은 이야기를 나누면서 업무를 진행했던 터라 더욱 서운함을 느꼈다. 그러던 중, 서운함이 폭발했던 사건이 있었다. 일주일 정도 팀장과 거의 대화를 나누지 못했던 기간 동안, A 과장은 팀장에게 여러 기획안을 메일로 보냈지만 회신을 받지 못하고 있었다. 팀장이 바빠서 메일을 보지 못할 수도 있다는 것을 머리로는 이해했기에, A 과장은 혼자 꾹꾹 참다가 금요일 퇴근할 때쯤 팀장의 자리로 다가가 용기를 내어 말했다.

A 대리: 팀장님, 제가 메일을 4개 정도 보냈는데⋯⋯, 아직 피드백을 받지 못해서요. ○○○ 건 때문에 바쁘신 것 같아서⋯⋯, 일주일 기다리다가 저도 빨리 피드백을 받아야 수정도 하고 일을 진행할 수 있을 것 같아 말씀드려요! 언제쯤 제가 피드백을 받을 수 있을까요?

팀장: (뾰로통한 표정과 함께) 아, 그래요? 제가 너무 바빠서⋯⋯. 일단 이게 좀 더 급해서⋯⋯. A대리 일은 급한 건 아니니까 끝나고 봐도 되지 않아요?

이 말을 듣는 순간, A 과장은 내 일이 선배들 일보다 더 중요하지 않다는 것처럼 들렸다. 지금 생각해 보면 충분히 그 상황을 이해할 수 있고 기다릴 수 있는 상황이었는데, 그 당시엔 팀장의 말에 상처를 받고 퇴근길에 눈물까지 흘렸다. A 과장은 주말 내내 이 일을 생각하며 월요일엔 꼭 팀장에게 1on1 미팅을 요청해 자신의 감정을 말하기로 결심했다. 그래서 주말 동안 팀장에게 할 말들을 모두 정리했다. 그리고 월요일 아침, 팀장에게 메신저로 연락하였다. 다음은 1on1 미팅 내용이다.

A 대리: 팀장님, 요즘 바쁘시죠……. ○○○ 건은 잘 해결되고 있나요? 그 일 때문에 너무 바쁘신 것 같아서 제가 진행하고 있는 업무들 관련해서 최근에 팀장님과 대화를 많이 못한 것 같아서 팀장님이랑 대화하고 싶어서 1on1 미팅 요청을 드렸어요.

팀장: 아, 네……. 요즘 ○○○ 건 관련해서 CSO님이 계속 찾으셔서 제가 A 대리랑 대화를 나눌 시간이 많이 없었네요. 죄송해요. 제가 다 잘 챙겨야 하는데, 저도 부족한 팀장이라……. A 대리가 보내 준 메일들은 일단 주말에 다 확인을 했는데, 몇 가지 피드백 드릴 사항들이 있어서 바쁜 일 끝나면 정리해서 직접 피드백하려고

했어요. 기다리고 있었죠?

A 대리: 아, 네……. 사실 팀장님이 그 일 때문에 바쁘신 거 알아서 저도 메일만 드리고 팀장님의 피드백을 기다리고 있긴 했지만 당장 급한 일은 아니어서 바로 피드백 주시지 않아도 괜찮아요. 다만 제가 팀장님께 1on1 미팅을 요청 드린 이유는, 지난주 금요일에 팀장님이 저한테 하신 말 때문에 엄청 서운했어요(이때부터 눈물이 주르륵 나기 시작했다).

팀장: 아, 서운했다고? 어머, 왜 울어요? A 대리……. (화들짝 놀란 팀장) 혹시 제가 A 대리 마음을 상하게 했을까? 뭐 때문인지 말해주면 제가 상황을 충분히 설명할게요.

A 대리: 저는 팀장님이 바쁘신 거 다 이해하고 일단 긴급한 일 먼저 처리해야 된다는 것도 알고 있어요. 다만 저는 한 주가 끝나기 전에, 팀장님께 제가 메일을 보냈다는 것을 팀장님께 상기시켜드리고 싶어서 메일을 한번 챙겨 봐달라는 의미로 말씀드렸는데, 그때 팀장님께서 제게 한 말이 마치 제 일이 중요하지 않다고 생각하시는 것처럼 느껴져서 너무 서운했어요.

팀장: 아, A 대리. 그땐 제가 너무 정신없고 바빠서 너무 A 대리의 생각과 감정을 헤아리지 못하고 말한 것 같아요. 미안해. A 대리 말을 다시 들어 보니 A 대리가 충분히 서운할 수도 있을 것 같아요. 다만 절대 내가 그렇게 생각하지 않는다는 거, 알죠? A 대리가 맡은 일은 회사 미션 달성을 위해 (~한 측면에서) 기여하고 있고, 그만큼 중요한 일이기 때문에 그 일과 관련해서 우리 수시로 대화를 나누고 있잖아요. 그리고 A 대리가 워낙 주도적으로 잘해 주고 있기 때문에 오히려 믿고 완전 위임을 하고 있었던 상황이어서, A 대리가 서운한 감정을 느끼고 있을 거라고 생각을 못했어요. 그런데 A 대리의 말을 들어 보니……, 우리 팀의 소중한 막내인데 내가 너무 바쁘다는 핑계로 우리 막내를……!!! 내가 혼나야겠네!!

A 대리: (팀장이 서운한 마음을 이해해 주니 오히려 죄송하고 고마운 마음에 더 눈물이 났다.) 이해해 주셔서 감사해요, 팀장님. 그러니까요! 팀장님이 너무 바쁘셔서 바로 피드백을 못 주시는 상황이라면 팀장님이 바쁘신 건 저도 알고 있으니 메신저로라도 '메일 확인했고, 피드백 사항이 몇 가지 있어서 바쁜 일 끝내고 미팅하자'라고 간단히만 말씀해 주셨어도 덜 서운했을 것 같아요!

팀장: 알겠어요, A 대리. 나도 입장을 바꿔 생각해 보니 그렇게 말해 주는 게 더 좋았을 것 같네요. 나는 어차피 같은 팀이니까 말하지 않아도 괜찮겠지 하고 안일하게 생각했던 것 같아요. 오히려 이렇게 솔직하게 말해 줘서 고마워요. 나도 아직 부족한 팀장이라 이렇게 말해 주면 개선할 수 있으니 오히려 A 대리에게 고마워요.

A 대리: 아니에요, 팀장님. 항상 이렇게 솔직하게 말씀드릴 때마다 저를 이해해 주시고, 공감해 주시고 개선하겠다고 말씀해 주셔서 제가 더 감사해요. 혹시나 제가 고칠 부분이 있으면 팀장님도 항상 제게 솔직하게 말씀해 주세요. 저도 여전히 고쳐나가고 배워야하는 주니어니까요!

이렇게 1on1 미팅은 훈훈하게 마무리됐다. 이 에피소드는 정말 사소한 감정에 대한 이야기이지만, 팀원으로서 팀장에게 극강의 솔직함으로 피드백을 한 사례라고 생각한다. 팀장들이 가져야 할 강점은 무엇일까? 가장 중요한 탁월한 업무 역량 외에 다음 4가지가 있었다.

첫째, 팀원들의 피드백을 기꺼이 이해하고 수용한다.

둘째, 팀원들의 크고 작은 피드백을 고마워한다.

셋째, 스스로 판단했을 때 개선이 필요한 사항이라면, 당장 개선을 위한 행동을 취한다.

넷째, 부족함을 인정하고 피드백을 요청한다.

앞 사례와 정 반대의 팀장들도 있다. 그 팀장들이 항상 팀원들에게 자주 하는 말 3가지가 있다.

첫째, "내가 다 해봤는데……."

둘째, "여러분들이 나보다 똑똑하진 않으니까(or많이 안 해봤으니까), 내 말이 대체로 맞을 걸요?"

셋째, "여러분들이 나만큼 비상하진 않지만, 착해서 참 좋아요"

후자의 팀장이 어떤 리더십 스타일인지 감이 오는가? 이러한 팀장들은 업무적으로 의견이 달리하는 실무자가 자신의 생각을 말하면 그때마다 "내 생각이 맞고, 너는 틀렸다"와 같은 말을 계속 한다. 팀장인 자신의 생각을 실무자가 바로 수용하지 않으면 목소리를 높이며 화를 낸다. 팀원들은 이러한 과정을 몇 번 겪고 나면 입을 닫았다. 그게 덜 피곤하고 회의도 일찍 끝나니까. 그래서 회의 시간에는 항상 팀장만 일방적으로 이야기하고, 회의가 끝날 때쯤 팀장이 혹시 다른 의견이 있는지 물어봐도 팀원들은 없다고 말했다. 그리고 팀원들끼리 있을 때면 "어차피 들을 생각도 없으면서 왜 물어봐? 말하면 화만 내잖아!"라고 할 것이다.

팀장들은 팀원으로부터 솔직한 피드백을 받고 싶어 한다. 그런 팀장이라면 팀원들이 자신의 생각을 말하는지, 팀원들과 매번 치열한 논의를 하고 있는지, 아니면 반대로 회의시간에 팀장만 말하고 팀원들이 항상 "네, 알겠습니다"라는 말만 반복하며 실없는 농담만 서로 주고받고 있는지 관찰해 보자. 만약 후자의 팀장이라면 팀의 현실을 가장 모르고 있는 '아싸(아웃사이더)' 팀장일 수 있다. 자신의 행동을 되돌아본 후, 팀원들에게 자신의 잘못과 부족함을 솔직하게 인정하며 다가가 보자. 팀원들은 팀장의 진심 어린 행동을 보면, 기꺼이 도움을 주고자 할 것이다.

좋은 선배 vs 좋은 리더

'좋은 사람은 좋은 리더가 될 수 있을까?' 질문을 바꿔 보겠다. '좋은 리더는 좋은 사람인가?'

두 질문 모두 예스라고 답변하는 데 머뭇거림이 있었을 것이다. 왜일까? '좋은 사람'과 '좋은 리더'의 관계가 필요 조건인듯, 충분 조건인듯 혼돈이 되기 때문이다.

질문을 쪼개 보자. 먼저 '좋은 사람'은 누구일까? '화내지 않고, 기분 좋은 말만 하는 사람', '나에게 잘해 주는 사람', '함께 잘 어울리고, 즐거운 사람' 등 각자의 경험에 근거해 다양한 답변을 들려줄 것이다. 하지만 조직 구성원들이 생각하는 '회사에서 좋은 사람'의

정의도 이와 같을까? 회사 내에서 '좋은 사람'의 정의가 일로 엮이지 않는다면 일반적으로 생각하는 사람들의 정의와 비슷하거나 동일할 수 있다. 하지만 일, 즉 업무적인 부분으로 엮인다면 '내가 생각했던 그 직원이 정말로 좋은 사람이 맞나?'라는 의문이 생길 때가 있다.

그럼 좋은 리더는 어떻게 정의할 수 있을까? '일을 잘하는 사람', '팀원의 성장에 관심이 많은 리더', '팀원 모두를 공정하게 대하는 리더', '업무를 지시하고 기다려 주는 리더', '쓴소리라도 필요하다면 기분 나쁘지 않게 꼭 피드백을 주는 리더', '그냥 항상 웃으며 좋은 말만 해 주는 리더' 등 개인별로 생각하는 좋은 리더의 기준은 다를 것이다.

과연 우리는 일을 잘하고, 팀원들에게 기분 좋은 말만 하고, 팀원들에게 잘해 주는 척하며 함께 잘 어울리는 리더를 좋은 리더라고 부를 수 있을까? 또는 객관적으로 평가해서 '아닌 것은 아니다!'라고 이야기하고, 팀원들의 성장을 위해 쓴소리도 하며, 팀원 모두에게 공정하게 대하느라 조금은 냉정하게 느껴질 수 있는 리더를 좋은 리더라고 생각할까?

앞에서 말한 '좋은 사람과 좋은 리더란 누구인가?'라는 질문에 저마다의 답은 다를 수 있다. 당연하다. 이는 모든 사람이 '좋은'에 대한 경험이 다르고, 추구하는 가치가 다르기 때문이다. 우리 모두는 좋은 사람이고 싶어 한다. 또한 좋은 리더이고 싶어 한다. 하지만 '좋은'에 대한 오해가 없으려면 명확한 범주와 기준이 필요하겠다.

이제부터 '좋은 사람'과 '좋은 리더'에 대해 이야기하기 위해 논의의 범주를 '회사'로만 국한하고자 한다. 또한 좋은 사람이나 좋은 리더 모두 '일을 잘하는 사람'으로 가정한다. 왜냐하면 우리는 리더십에 대해 이야기하고 있고, 조직 내에서 리더로 성장하는 사람들은 기본적으로 일을 잘하고 탁월한 리더십을 기반으로 성과를 창출하는 사람들이기 때문이다. 만약 '좋은 사람'을 정의할 때 일을 잘하는 사람이라는 가정 없이 이야기한다면, 좋은 리더와 비교조차 어려울 것이고 더 이상 할 이야기가 없을 것이다. 이에 좋은 사람과 좋은 리더에 관해 이야기를 하고자 두 부류 모두 기본적인 가정으로 '회사에서 일을 잘하는 사람'에 국한하고자 한다.

그럼 지금부터는 '좋은 리더는 좋은 사람일까?' 또는 '사람들은 좋은 리더와 좋은 사람은 동일하다고 생각할까?'라는 질문에 대해 답을 해 보자. 결론부터 이야기하자면 좋은 사람과 좋은 리더는 '한 끗 차이'다. 그럼 어떠한 부분에서 '한 끗 차이'가 나는지 하나하나 살펴보자.

좋은 사람과 좋은 리더는 소통하는 방법에 있어 차이가 난다. 좋은 사람은 상대방에게 듣기 좋은 이야기만 한다. '안 좋은 말을 해서 괜히 서로의 관계가 어색해지면 어떻게 하지?', '오지랖이야! 내가 그런 부분까지 이야기할 필요가 있을까?', '괜히 긁어 부스럼 만들지 말자.' 등 좋은 사람의 경우 현 상태를 유지하길 원하지, 안 좋은 상황 또는 분위기를 만들고 싶어 하지 않아 한다. 그래서 상대방에게 듣기 좋은 말, 기분 좋은 말을 하거나 듣기 싫고 기분 나빠질 것 같은 말은 필요하다고 느껴도 안 하는 것이다. 이렇게 하면 팀원들이 느끼기에 좋은 사람으로는 느낄 수 있을 것이다. 하지만 과연 좋은 리더라고 말할 수 있을까?

그렇다면 좋은 리더는 어떻게 다를까? 정도의 차이는 있지만 리더가 되면 성과 창출의 책임이 따른다. 그래서 좋은 게 좋은 거라며 넘어갈 수가 없다. 얽힌 이해관계를 조율하며 목표에 다다라야 하다 보니 그 소통의 과정이 매끄럽기만 할 수 없는 것이다. 팀원들에게 쓴소리나 부정적 피드백을 할 때도 있고, 조직 차원에서 더 나은 결정을 하다 보니 누군가에게 불편함을 감수하게 해야 할 수 있다. 이렇게 할 경우 '나에게' 좋은 사람이 아니라고 해서(개인의 성향에 따라서는 나쁜 사람으로 보일 수도 있다) 좋은 리더가 아닌 것은 아니다. 좋은 사람으로만 남고 싶으면 팀원들이 듣고 싶어 하는 말, 그들에게 듣기 좋은 말을 기분 좋게 하며 '소통하는 척'을 하면 된다.

하지만 좋은 리더가 되기 위해서는 '소통하는 척'이 아닌 팀과 팀원을 위하는 진실된 마음으로 진심을 담아 소통해야 한다. 팀원들의 성장과 육성에 기반한 소통을 위해서는 팀원들이 듣기 싫어할 수 있는 말을 해야 하고, 그렇게 하려면 리더 또한 큰 용기가 필요한데 좋은 리더는 이를 탁월하게 잘할 것이다.

'좋은 사람'은 편안하지만, '좋은 리더'는 마냥 편하지 않다. 사람들이 '좋은 사람'이라고 생각하는 사람들은 어떤 사람들일까? '좋은 사람'의 기준을 고민해 보면, 일반적인 사람들이 느끼는 '좋은 사람'은 '내가 느끼기에 편안한 사람'이다. 즉, '사람을 만났을 때 마음이 편하고, 쉽게 다가갈 수 있는 사람!' 이런 사람이 좋은 사람일 것이다. 또한 좋은 사람은 누구와도 친하고, 누구에게나 좋은 말만 해 주는 그런 사람일 것이다.

그럼 '좋은 리더'는 어떨까? '좋은 리더'라는 말을 듣는 사람은 아마도 조직 구성원들이 그 리더를 항상 편안하게 대하지는 못할 것이다. 왜냐하면 좋은 리더는 그냥 좋기만 하고, 편안하게 대해 주기만 해서는 될 수 없기 때문이다. 경우에 따라서는 안 좋은 피드백도 해야 하고, 질책도 해야 하고, 불편한 소통도 해야 하기 때문에 좋은 사람들처럼 마냥 편안하기는 힘들다. 다시 말해, 조직 구성원들이 생각하는 좋은 리더는 '종종 불편하다!'라는 느낌을 주는 사람일 것이다. 하지만 이 불편함이 '아, 정말 싫어! 짜증나!'와 같은 것이 아니라 맞는 이야기지만 직접 들으니 불편한 정도의 것이다. 조직 구성원 중 '팀장님의 말씀을 듣다 보니 불편하지만 맞는 말씀인 것 같습니다. 제가 고치고 보완하도록 하겠습니다. 좋은 말씀 감사드립니다.' 이런 식으로 이야기한다면 이 조직 구성원은 이 리더에 대한 존경심까지 생길 수 있을 것이다. 즉, 좋은 리더는 불편하지만 그 불편함으로 인해 존경을 받을 수 있는 그런 리더라고 할 수 있다. 물론 좋은 리더가 되기 위해 조직 구성원들과 불편한 관계를 만들고 유지할 필요는 없다. 일반적으로 조직 구성원들이 생각할 때 좋은 리더는 마냥 좋기만 한 좋은 사람만은 아니라는 말이다.

지금 나의 조직 구성원들이 나를 마냥 편안하게만 대하고 쉽게 다가온다면 과연 나는 좋은 사람만은 아닌지 고민해 보고, 좋은 리더가 되기 위해 어떻게 해야 할지 스스로 방법을 찾아보자.

업무 중 실패를 했을 경우, '좋은 사람'과 '좋은 리더'는 다르게 행동한다. 업무를 수행하다 보면 누구나 실패할 수 있다. 그 실패로 팀의 성과에도 안 좋은 영향을 미칠 수도 있다. 팀 성과에까지 안 좋은 영향을 미치는 실패를 했을 경우, '좋은 사람'과 '좋은 리더'는 대응하는 법이 다르다. 우선 '좋은 사람'은 크게 화를 내지 않는다. 물론 기분은 나쁘고 화는 나겠지만 이를 표출하지는 않을 것이다.

오히려 실패로 인해 기가 죽어 있는 팀원이나 팀원들 모두를 상대로 이렇게 이야기할 것이다. "괜찮아! 그럴 수도 있지, 누구나 다 실수하고 실패하는 거야. 너무 기죽어 있지 말고 술이나 한잔하러 가자! 그리고 다음에는 실패하지 말자!" 등 이러한 이야기를 하며 팀원들의 사기 진작 및 기분 전환에 집중을 할 것이다.

'좋은 리더'는 이 상황에서 어떻게 행동할까? '좋은 리더'도 우선 기죽어 있고, 자책하고 있는 팀원에게 '좋은 사람'이 했던 것처럼 말하고 행동할 것이다. 그런데 '좋은 리더'는 여기서 끝내지 않고, 해당 팀원과 함께 앞으로 동일한 실패를 반복하지 않을 방법을 찾을 것이다. 또한 이러한 경험을 잘 정리해서 앞으로 향후 입사하는 직원들이 동일한 실수나 실패를 경험하지 않도록 할 것이다. "우리가 왜 실패했는지 지난 과정들을 하나하나 되짚어 보면서 어느 부분이 문제였고, 어떻게 했어야 하는지 등을 함께 고민해 보자. 그리고 이러한 실패나 실수가 재발하지 않도록 하려면 어떻게 하는 게 좋을까도 함께 고민해 보자. 마지막으로 이를 정리해서 팀 내 공유하고 다른 팀원들이 동일한 실수나 실패를 하지 않도록 해 보자!" 이처럼 '좋은 리더'는 실패했을 경우뿐만 아니라 모든 업무를 끝내고 나면 항상 이러한 절차를 거쳐 팀 성과, 나아가 회사 성과에 더 큰 기여를 할 것이다. 그리고 성과에만 집중하지 않고 이러한 프로세스를 통해 팀원들이 한 단계 더 성장할 수 있는 기회를 부여할 것이다.

지금까지 살펴본 것처럼 조직 내에서 좋은 사람과 좋은 리더는 '한 끗 차이'다. 스스로 아직까지는 좋은 사람이라고 생각이 든다면, 이 한 끗 차이가 무엇인지 잘 찾아 좋은 리더가 될 수 있도록 노력하자. 그렇게 노력하여 좋은 리더로 성장할 수 있다면 조직 구성원과의 좋은 관계를 유지하며 조직의 성과 창출에 기여할 수 있을 것이다.

성장:
향상(개선)시키고 있는가?

나는 선택받을 수 있는 리더인가?

코로나 쇼크는 리더십에 어떤 변화를 요구할까?

인류가 발생한 이래, 이렇게 작은 존재로부터 받은 커다란 타격은 처음이 아닐까? 보통 육안으로 볼 수 있는 크기는 약 10~40미크론이라고 하는데, 코로나 바이러스는 0.1~0.5미크론의 크기로 적혈구와 백혈구의 크기보다 작다고 한다. 그럼에도 이 작은 바이러스가 인류에게 던진 파장은 크기로 가늠하기 어려울 만큼 위대하기까지 하다. 전염병 바이러스가 세상을 뒤집은 최근 3년은 채용 시장에도 상상 이상의 격동을 몰고 왔다. 가장 눈에 띄는 변화는 신입사원 채용 시장을 냉각시키고 경력직 채용 시장은 크게 활성화

시킨 점이다. 위드 코로나 기조에 접어든 2022년 상반기에도 500
대 기업 절반이 상반기 신규 채용이 없거나 계획 미정인 것으로 확
인되었다. 기업들이 신규 채용을 하지 않거나 채용 규모를 늘리지
않겠다고 한 이유를 들여다볼 필요가 있다. 채용 시장의 격동의 시
기에 내가 경쟁력을 갖춘 리더인지 살펴보자.

직무 능력을 갖춘 인재 찾기가 하늘의 별 따기

기업들이 신규 채용을 하지 않거나 채용 규모를 늘리지 않겠다
고 한 이유 중 1위가 필요한 직무 능력을 갖춘 인재 확보가 어려
움(19.2%)이라고 했다. 이런 이유가 코로나 재확산으로 국내외 경
제 및 업종 경기 상황 좋지 않음(17.3%)보다 앞선 답변임에 주목해
야 한다. 코로나 쇼크로 인해 사업 구조의 디지털 전환은 가속화되
었고, 이공계 인력의 선호는 지속적으로 증가하고 있다. 채용 시장
에서는 신규 채용 10명 중에 6명은 이공계를 채용하겠다고 했는
데, 지난해 4년제 일반대학 졸업자 가운데 이공계는 33.7%로 10명
중 4명이 채 안 되었다. 수요는 증폭되었지만 최소한의 요건을 갖
춘 인재마저 당장 없는 것이다. 상황이 이렇다 보니 인문계 졸업자

들은 어떠하겠는가? 그렇지 않아도 적은 수요를 놓고 치열하게 경쟁 중인데, 경력직을 선호하는 시장 상황과 맞물려 이중고를 겪고 있다. 최근 언론에서는 '대퇴사 시대' 또는 '이직 러시' 등 자극적인 헤드라인을 많이 접하게 되는데 커리어를 잘 살릴 수 있는 이직에 성공하려면 인맥관리는 필수적이고 채용 시장의 환경이 급격히 바뀐 상황이므로 적응력을 장착해야 한다.

경력직 이직의 핵심은 평판조회

경력직은 네트워크의 힘을 보유한 자가 매력적인 일자리로 이직에 훨씬 유리하다. 새로운 일자리가 생겼을 때 당신을 적임자라고 추천해 줄 동료나 상사가 있는가? 이직을 위해 입사지원을 한 회사에서 여러분의 회사로 평판조회를 할 때 뒷담화가 전달되지 않을 만큼 인정받는 인재였는가? 경력직은 이직할 때나 승진을 할 때, 스펙보다 평판이 더 중요하게 작용한다는 것을 알아야 한다. 스펙은 혼자만 잘하면 되는 일이지만 평판은 나만 잘해서 되는 일이 아닐 수도 있다. 평판은 주위 사람들로부터 형성되므로 동료나 선후배 등 주변인들이 나를 어떻게 보는가에 달려 있다. 웬만하게 이름을 아는 회사로 이직을 계획한다면 평판조회를 준비해야 한다. 평판조회 전문가는 이를 뒷조사가 아닌 앞조사라고 표현하기도 한다.

검증 과정은 '사실조회'와 '평판조회'로 나뉜다. 사실조회는 학력이나 경력, 법죄 기록, 신용도 등 말 그대로 지원자가 이력서에 기재한 정보가 사실인지 확인한다. 해외학위의 검증은 더 깐깐해졌다. 평판조회는 주로 지원자의 전 직속 상사를 인터뷰하는 경우가 많다. 지원자가 임원급 등 핵심 인력일수록 심층 인터뷰를 진행하고, 이런 검증의 과정은 모두 지원자의 동의를 받고 진행된다. 많은 사람이 선망하는 외국계 기업 A사는 입사하는 모든 직원의 입사 전형 기간이 약 3개월에서 길게는 6개월까지 소요되기도 한다. 여러분이 원하는 회사로 이직하기 위해서는 그물망처럼 촘촘한 검증을 통과할 준비를 해야 한다.

채용정보와 인재정보를 독식하던 취업 플랫폼의 격동

이직이 꿈인 직장인이라면 〈리멤버 커리어〉를 리멤버remember하라! 2014년 명함 입력 대행 서비스로 시작한 리멤버는 새로운 시대의 커리어 플랫폼이 되었다. 리멤버의 슬로건은 이제 '손쉬운 명함

관리부터 커리어 관리와 일 고민 해결까지'를 넘어 '다운받고 스카웃 받자! 직장인 필수앱, 리멤버'로 바뀌었다. 이직 전성시대 '선두앱'으로 자리매김했으며, 이 영향은 전통적인 헤드헌팅 시장 매출에 타격을 주었다. 눈여겨볼 일은 또 있다. 리멤버는 지난해 1600억 원 규모의 시리즈 D 투자를 받아 네이버에서 독립했다. 사업 초기 네이버와 라인플러스가 지분의 80%를 가지고 있었으나 리멤버의 최대 주주는 사모펀드 아크앤파트너스로 바뀌었고, 기존 주주인 라인플러스는 2대 주주, 사람인HR은 3대 주주가 되었다. 그리고 대한민국을 대표하는 구인구직 사이트 잡코리아가 지난해 북미 글로벌 사모펀드 회사에 9천억 원에 팔렸다. 이 모든 일들이 지난 3년 사이 일어난 채용 시장의 격동이다.

현장에서 선택받는 리더십 사례

조직의 특성에 따라 원하는 리더십이 다르다. 많은 전문가들이 오랜 시간 리더십을 연구해왔으며 더 뛰어난 리더십에 대해 정의해왔다. 코로나 쇼크로 격동의 3년을 보낸 지금, 현장에서는 과연 어떤 리더십이 선택받는 것일까?

리더십은 크게 임원의 리더십과 팀장의 리더십으로 구분되기도 한다. 쉽게 설명하면, 팀장은 1년의 성과를 책임지는 사람이고 임원은 3년을 책임지는 사람이다. 연 단위로 성과를 책임지는 팀장에게 가장 요구되는 리더십은 무엇일까? 유능한 팀을 만들 수 있는 능력이다. 기업의 사례를 분석해 보면 팀장 직책을 오래 맡았다고 해서 매년 좋은 성과가 담보되는 게 아니다. 연이어 동일한 조직의 팀 리더가 되지 못할 때도 있다. 그렇다 보니 '어떤 팀을 맡아도 바로 성과를 만들어 낼 수 있는 조직관리 역량'이 강조되는 것이다. 이것이 대부분의 조직이 선호하는 리더십의 특징이라면 조직 특성에 따라 선택받는 리더십 스타일이 다를 수 있겠다. 각각의 사례를 통해 이를 살펴보자.

1) 게임 회사에서 추앙받는 형님 리더십

국내 중견기업 게임 회사에 신적인 존재로 추앙받는 본부장급 리더 A가 있다. 업무 특성상 리더가 전체적인 스토리를 만들어 내야 하고 창조적인 세계관을 이끌어가야 하는 게임 업계에서는 일명 '형님 리더십'이 빛을 발하는 사례가 많다. 일을 탁월하게 잘 해내지만 Top-dwon이 심하다는 평도 있다. 함께 일하는 개발자에게 당근과 채찍이 정확하다는 평이다. 특히 A 본부장이 이끄는 조직에서는 직책에 대한 보상이 확실하고, 근속 기간이 길수록 인정받는 구조로 되어 있다고 한다. A 본부장은 7년째 그 회사를 이끌고 있는데, 그를 따르며 7년을 견뎌냈다면 그것도 실력이라고 평가받는다. A 본부장의 장점은 유저와 소통에 능하고, 조직 내에서도 인기가 많은 리더라는 점이다. 직장인들이 익명으로 소통하는 블라인드에서 A 본부장은 다음과 같은 평가를 받기도 한다. "인센티브가 나왔는데 사실 A 본부장이 다 가져간다고 해도 이의를 제기할 수 없다." 라고 인정할 만큼 업무 성과가 탁월하다.

2) 대기업이 외부 수혈한 창의적 DNA를 보유한 리더십

유니콘 기업으로 성장한 스타트업에서 대기업 출신을 영입하는 사례는 이제 흔한 일이 되었고, 반대로 대기업에서도 스타트업 출신을 영입하는 사례도 늘고 있다. 대리, 과장 직급의 이직 러시는 과거와 다른 맥락이며, 이는 변화된 환경을 돌파할 수 있는 리더십을 가진 인재가 내부에는 없다는 판단에서 기인할 수 도 있다. 관심 있게 봐왔던 스타트업 대표 B가 있었다. 업무상 몇 차례 협업을 했었는데, 현장에서 만난 그는 매우 창의적이고 지구력과 학습력이 돋보이는 인재였다. 그는 오롯하게 집중해온 창업의 현장에서 10년을 보냈지만 사실 객관적으로 성공을 만들지는 못했다.

다만 청년 기업가로 뚜렷한 목표가 있었고 다양한 시도를 해왔는데, 그의 시도의 공통점은 창의적이고 열정이 담긴 상품을 만든 점이다. B는 전통시장이 살아남으려면 방앗간이 유지되어야 해서 참기름 방앗간을 시작했다는 이야기를 했다. 이뿐만 아니라 그는 해박하고 탐구적이며 열정적인 청년 대표였다.

B의 페이스북에는 딱 두 줄의 경력이 쓰여 있다.

"2013-2022 국내 1호 전통시장 도슨트"

"2016-2022 국내 1호 참기름 소믈리에"

"스타트업에서 대기업으로 출근하게 되었습니다. 많은 분의 배려와 도움으로 2011년 시작한 스타트업 라이프를 정리하고 식품 리드 기업인 C기업으로 2022년 적을 옮기게 되었습니다. C기업에서는 사내벤처 엑셀러레이터로서 사내 임직원들의 기업가 정신 발굴과 동시에 신성장 동력이 되어 줄 미래의 먹거리를 찾게 됩니다. 그간 사업을 영위하며 정말 많은 신세를 졌습니다. 부족한 저를 다독여 주시고, 응원해 주신 많은 분들께 이 글을 빌어 감사의 인사를 전합니다. 사회생활을 시작한 지 10년 만에 다시 사회 초년생이 되었습니다. 큰 용기를 내서 결정한 만큼 후회 없이 배워보려고 합니다. 그동안 전통시장 도슨트, 참기름 소믈리에와 함께해 주시고 쿠킷, 청춘 주유소, 연남 방앗간, 파운드 티를 아껴 주셔서 감사했습니다. 정말 행복했고, 정말 어려웠으며, 정말 외로웠던 10년이었습니다. 이제 미련 없이 보내 주려 합니다. 고맙습니다."*

B는 다행스럽게도 대기업에서 업무가 재미있다고 했다. 분 단위로 회의와 업무를 쪼개 쓸 만큼 한 주간의 업무가 바빴으며, 누군가는 회사일은 그렇게 하는 게 아니라고 할지 모르지만 사실 설렌다는 글을 남겼다. 10년이란 시간 동안 1인 기업 대표로서 지구력을 가지고 고군분투한 창의력의 리더십을 대기업에서 선택한 케이스다.

성장하는 스타트업은 훈련된 인재를 선호한다

J 팀장은 인사팀 업무 담당자는 아니지만 함께 일하던 동료가 회사를 떠나기로 결정할 때 식사나 티타임을 가지며 대화를 나누는 습관이 있다. 이전 직장에서 3년 넘게 채용 업무를 담당했던 경험 때문에 만들어진 습관이기도 하지만, 조직에서 누군가를 떠나보낼 때 잘 배웅해 주는 것이 중요하다는 개인적인 생각 때문이다. 며칠

---

* Heejun Lee, 2022-03-04, https://www.facebook.com/mycoblee

전에도 같은 팀은 아니지만 종종 협업하던 젊은 동료가 사표를 제출했다는 소식을 접하고 티타임을 요청했다.

그가 회사를 떠나는 이유는 간명했다. 이 조직 내에서는 비전을 가질 수 없다고 생각했고, 더 좋은 곳으로 이직이 결정된 상태였다. J 팀장은 이 회사에서 만 3년 이상 근무하면서 떠나보낸 동료가 30명은 족히 넘는다. 이 중에는 물론 역량이 부족하거나 조직에 적응하지 못해서 떠난 사람도 있지만, 절반 이상은 이 조직을 디딤돌 삼아 더 좋은 곳으로 이직한 사례다.

전체 구성원 50명 내외의 중소기업이 1~2년 훈련된 직원을 더 좋은 회사로 보내는 인력 사관학교 역할을 하는 이유는 무엇일까? 사실 이런 유사한 패턴은 이전 직장에서도 더 극명하게 경험한 바 있다. 개인적인 견해지만 이런 현상은 젊은 청년들이 원하는 리더십을 갖추지 못한 경영진의 리스크일 확률이 높다. 경영진의 리더십 부재가 비전을 만들지 못하고 조직이 같은 방향을 보고 달려갈 수 없게 만들기 때문이다. 경영진의 리더십 부재는 숙련된 인재를 놓치고, 제대로 된 성장을 경험하기 어렵게 만든다.

사회 초년생의 경우, 특히 5년 차 미만의 직장인은 어떤 환경에 놓이느냐에 따라 잠재력이 위대하게 발휘되는 사례를 종종 목도했다. 그런 젊은 동료들을 꼽으라면 열 손가락을 다 써도 모자랄 판이다. 이전 직장에서 경영진이 메인 비즈니스를 변경하면서 전체 구성원이 혼란에 빠지고 조직 변동 이슈가 발생한 경험을 했었다. 그로기 상태에 빠졌던 동료들 중에는 매력적인 창업가로 변신하거나 다양한 회사로 이직을 해서 유니콘 기업을 이끄는 주역이 되기도 했다. 그 시기가 불과 7년 전이다. 스타트업에서 새로운 시장을 선도하고 매력적인 서비스를 최초로 선보였던 회사였지만 그 회사의 이름을 지금 기억하는 사람이 거의 없다. 다만, 그 시기에 그 조직에 몸담았던 사람들 대부분은 현재 야놀자, 토스, 카카오, 쿠팡, 숨고 등에서 핵심 인재로 잘 자리매김하고 있다.

퍼스널 파워를 갖춘 리더십

코로나 쇼크 이후 카카오, 삼성SDS 등이 시총 10위권 안에 진입할 만큼 기술자는 살아남지만 매니지먼트만으로는 살아남지 못하는 시대에 살고 있다. 앞으로 이런 현상은 더 심화될 것이다. 19세 미만을 제외하고 이미 인문계열 대학에 입학했거나 졸업 후 경영사무직에 근무하는 수많은 문과생들에게는 절망적인 전망이 아닐 수 없다.

이직의 전성시대에 살고 있어도 이직을 해서 잘 적응하기도 쉽지 않은 상황이다. 이직을 했을 때 새로운 조직에 녹아들 수 있는 유연한 리더십을 발휘할 수 있는가? 우리는 이제 포지션 파워보다 '퍼스널 파워'가 강력해진 시대에 살고 있다. 무엇보다 회사가 제공하는 서비스를 돈으로 바꾸는 힘이 있는 인재, 빛의 속도로 변하는 외부 환경에 유연하게 대응하는 창의력이 돋보이는 탁월한 리더십을 갖춘 인재가 필요하다. 이직을 고민하고 있다면 경력보다 실력이 돋보이는 증거를 차곡차곡 만들어야 한다. 누구나 해내는 일 말고, 나만이 잘 해낼 수 있는 일이 부각될 수 있게 나만의 강점을 갈고닦아야 시장에서 경쟁력을 갖출 수 있다.

너 자신도 상품이야.
꾸미고 가꿔!

당장 창업 계획은 없고, 아직 경제적 자유는 먼 직장인들. 우리는 어떻게 독립할 수 있을까? 직장에서 커리어가 쌓여도 직장 밖에서 월급만큼 돈을 벌기 어려운 현실에서, '내 이름'을 알릴 방법이 있을까? 신박한 방법을 찾기 이전에 일단 '용기를 내는 것', 이것이 직장인들의 퍼스널 브랜딩의 출발일 것이다.

여러분은 회사를 떠나서도 생존할 수 있는, 홀로서기를 할 수 있는 힘을 가졌는가? 이 힘을 가져야 회사에서 내 목소리도 당당히 내고, 퇴사하고 싶을 때 언제든 퇴사해서 자신이 원하는 삶, 자유로운 인생을 살 수 있다. 그렇다면 이러한 '힘'은 어디에서 나오는 것일까? 바로 자신의 주특기, 즉 '전문성'에서 나온다. 팀장이라면 보통 30대 후반에서 40대일 텐데, 직장에서 "이것만큼은 그래도 다른 사람들보다 자신 있어!"라고 말할 수 있는 자신의 주특기를 떠올려 보자. 보고서 작성의 달인인가? 영업의 신이라고 불리는가? 개발자로서 충분히 인정받고 있는가? 이렇게 내세울 만한 분야가 없다면 전문성이 있다고 말하기 어렵다. 특히 팀장 세대와 달리 자신의 성장을 중요시하고, 언제든 회사를 떠날 준비가 되어 있는 MZ세대의 경우, 자신의 전문성 구축을 통한 자신만의 퍼스널 브랜딩 전략을 수립한다.

사회 생활의 연차가 쌓이다 보니 퍼스널 브랜딩에 대한 고민은 더 깊어지고 있다. 고민의 핵심 포인트 2가지는 '나는 어떤 일을 하는 사람이 되고 싶은가?', '내가 행복해지는 방법은 무엇일까?'이다. 이렇게 생각하기 시작하면, '디지털 노마드족'과 유사한 삶의 형태까지 닿게 된다. 2020년 기대 수명에 따르면 여자의 경우 86.5세, 남자의 경우 80.5세라고 한다. 기대 수명이 차츰 증가할 것을 감안하면 앞으로 50년 이상을 족히 살아야 하고, 그중 20여 년은 조직인으로 살 가능성도 있다. 생각만으로도 답답하다. 일은 즐겁지만 지속적인 행복을 위해서 하고 싶은 일과 함께 '시간적 자유'를 얻고 싶은 것이다. 또한 주변에 반면교사 삼을 만한 분들도 심심치 않게 보게 된다.

지금보다 더 나이가 들어 회사에서 나에게 준 권한과 자리를 지키기 위해 하루하루 버티는 삶, 일 잘하는 후배가 치고 올라올까 봐 전전긍긍하는 삶이 싫다. 밥값을 충분히 하는 멋진 선배, 배우고 싶은 선배, 회사에 도움이 안 된다면 떠날 줄 아는 우아한 선배가 되고 싶다. 그러기 위해서는 지금부터 회사가 아니더라도 삶을 영위할 수 있는 나만의 무기를 만들어야 한다. 그 무기가 바로 앞에서 말한 '전문성'이다. 이 전문성이 자신이 현재 몸담고 있는 조직에서 담당하고 있는 업무와 연결되어도 좋고, 자신이 덕질하는 관심사와 연결되어도 좋다. 다만, 이 힘은 갑자기 생겨나는 것이 아니라 오랜 시간 축적된 과정에서 그 누구도 무너뜨릴 수 없을 정도로 강해진다.

그럼, 어떻게 퍼스널 브랜딩을 시작해야 할까?

브랜딩을 위해 첫 발을 내딛었던 순간부터 그 이후 노력과 우연이 뒤섞인 몇 장면을 들려주고자 한다. 이야기를 듣기 전 다음의 '체크리스트'를 통해 스스로에 대해 먼저 점검해 보는 시간을 갖자.

<체크리스트>

☐ 나는 '회사 밖 인간'을 꿈꾸고 있다.

☐ 타인과 비교했을 때, 나는 유독 좋아하는 분야, 즉 덕질 분야가 있다.

☐ 내가 그 분야를 좋아하는 이유를 타인에게 명확하게 설명할 수 있다.

☐ 인스타그램 및 페이스북과 같은 SNS 계정 팔로워가 1,000명 이상이다.

☐ 브런치 및 네이버 블로그를 운영하고 있다.

☐ 덕질 분야의 전문 지식을 쌓고자 책을 사거나 강의를 수강하거나 등의 물질적 or 정신적 or 육체적 행동을 통해 전문성을 쌓고자 노력해본 경험이 있다.

☐ 덕질 분야에서 내가 VOD 유료 강의를 제작하게 된다면, 50,000원 이상의 강의료를 책정할 가치가 있다.

☐ 덕질을 통해 나는 이루고 싶은 꿈이 있다.

☐ 똑같은 덕질을 하는 사람들과 다른, 나만의 강점이 있다.

☐ 나는 덕업 일치를 희망한다.

10가지 항목 중 6개 이상이면, 퍼스널 브랜딩을 할 준비가 되어 있다고 볼 수 있다.

조직 문화 파트를 담당한 지는 7년 이상이 되었다. 매우 높은 직무 만족도를 가지고 있다. '사회에 선한 영향력을 미치는 사람이 되자'라는 인생 목표와 지금의 업무가 잘 연결되어 있기 때문일 것이다. 강한 내적 동기를 기반으로 업무에 몰입하다 보니 구성원들로부터 긍정적인 피드백을 받게 되고, 인정과 보상은 자연스레 따라왔다.

그러던 중, 우연히 좋은 기회가 왔다. 우리 팀에서 주도적으로 기획하고 실행한 프로젝트를 회사에서 언론에 공개하면서, 인사 담당자들을 대상으로 하는 플랫폼에서 직접 사례 발표회를 해달라고 제안해 온 것이다. 사실 조직 문화 직무를 수행하다 보면 구성원들 앞에서 마이크를 잡고 말하는 일도 많고, 경영진 대상으로 PT를 하는 일들이 많아 사람들 앞에서 말하는 것에 대한 부담이 크진 않았다(물론 매번…… 엄청…… 떨린다!!). 그렇지만 이 일은 다른 경우다. 불특정 다수를 대상으로 외부에 얼굴을 공개하고 진행한 프로젝트를 상세히 소개해야 된다. 사실 겁이 났다. 바로 승낙하기 어려웠다. 조직 문화 담당자들이 하지 않는 특별하고 혁신적인 일들이 아니었기 때문이다. 냉정한 시선과 냉혹한 평가를 받으면 어떡하나 걱정이 앞섰다. 그래서 처음엔 거절했지만 주변 동료들이 이런 기회가 흔치 않다며 용기를 내 보라고 했다.

그러자 문득 '망치면 어때? 못하면 어때? 평가받으면 어때?' 하는 생각이 들어 덜컥 하겠다고 말해버렸다. 발표 자료를 열심히 준비했지만, 발표 당일부터 덜컥 용기를 낸 그날의 나 자신을 원망했다. 그리고 발표를 시작하게 되었는데, 초반 1분은 목소리가 떨리며 긴장됐지만 그 후 1시간 동안 마음의 안정을 찾고 진행한 일들과 느낀 점들을 담담하게 말했다. 1시간이 어떻게 흘렀는지 모를 만큼 몰입하다가 끝났다. 그리고 '더 잘할 수 있었는데……' 하는 아쉬움과 함께 '재밌는데?' 하는 생각도 들었다. 그 후, 담당자로부터 수강생들의 강의 평가도 좋고 연락처를 알려달라는 사람들도 꽤 있었다는 피드백을 들으니 직장에서 수행하는 일과는 다른 성취감을 느꼈다. 진행했던 프로젝트를 소개하는 것만으로도 누군가에게 도움을 줄 수 있다는 사실에 행복했다. 그 후, 개인적으로 업무 관련 문의가 온 분들에게 아는 선에서 최대한 도움을 주고자 노력했다.

첫 번째 외부 강의 사건(?)을 경험한 후, 조직 문화 분야에서 실무자로서 다양한 경험을 쌓으며 전문가로 성장해도 좋겠다는 생각이 들었다. 내부에서는 회사 성장에 기여하고, 외부에서는 비슷한 일을 하는 동료들에게 미약하게나마 도움을 줄 수 있다면 참 좋겠다는 생각을 했다. 이를 계기로 가끔씩 외부 강의 요청이 들어올 때마다 응하게 되었는데, 여러 번 하다 보니 조직 문화 관련 기업 사례를 소개하는 기고 글을 써달라는 요청을 받았다. '글'은 또 '말'과는 달라 기록이 남는 것이다 보니 또 다른 부담이었다. 인사 전문 잡지라 얼마나 많은 기업들과 인사 전문가들이 읽을까 하는 생각에 고민했지만, 이번에도 역시나 도전해 보자는 생각으로 용기를 냈다. 주제 선정부터 초안까지 몇 날 며칠을 고민하며 썼고, 담당자의 도움을 받아 글을 정리해 나갔더니 꽤 괜찮은 글이 되었다. 막상 잡지에 실린 글을 보니 뿌듯했다. 쓴 글을 몇 번이고 읽다가 문득 이런 생각이 들었다. '있다가도 없어지는 걸 만들 것이 아니라 나에게 쌓이는 것을 만들자'라고. 이를 시작으로, 잘하진 못하지만 기록하는 것에 흥미를 느껴 채용 플랫폼 원티드랩이 운영하는 〈원티드 인살롱〉에 조직 문화 담당자로 글을 기고하기 시작했다.

기고 글들 중, 일하는 방식 변화를 통한 고성과 조직을 만들어 나가고자 기업에서 OKR과 Agile을 도입한 사례를 소개한 적이 있다. 기업 실무자로서 경험한 과정들을 비교적 상세하게 글에 담았더니, 이를 주제로 VOD 강의 제작 요청이 들어왔다. 이때, 축적된 시간의 힘과 연결의 힘을 느꼈다. 이렇게 외부 강의에 도전한 지 어느새 3년이 지났고, 그 시간 속에서 여러 번의 외부 사례 발표회에 참여했고 매달 조직 문화 관련 기고 글을 썼다. 가끔 기고한 글을 본 타 기업 조직 문화 담당자로부터 감명 깊게 읽었다며 업무 관련 문의와 기업 강의 요청이 올 때마다 '나한테 기업 강의를 요청한다고……? 왜……?'라는 생각이 들었다. 그래서 강의는 정중하게 거절하고, 고민되는 부분에 대해 경험을 토대로 동료로서 도움을 줄 수 있다고 말했더니 캐주얼 미팅을 제안해 줘서 두 기업 정도 방문한 적이 있다. 나이가 지긋한 부장급들이 '매니저님' 혹은 '선생님'으로 지칭하면서 업무 관련 고민을 털어놓고 어떻게 해야 할지 잘 모르겠다며 구체적인 경험을 나눠 주길 바랐다. 2시간가량 열정적으로 공유했다. 그랬더니 언젠가 도움이 필요하면 꼭 연락하라고 거듭 강조했다. 본인들도 꼭 한 번 도움을 주고 싶다는 것이다. 말만으로 충분히 감사했다.

이런 경험들을 한 후, 곰곰이 생각해 봤다. '나를 어떻게 알고, 내가 어느 정도의 역량을 갖춘 사람인 줄 알고 나에게 이런 요청이 들어올까?' 고민해 보니 지속적으로 브랜딩 작업을 하고 있었던 것이다. 우연히 발표할 기회를 잡게 되면서부터 누적된 기록과 활동은 어느새 시장에서 조직 문화 전문가로 자리매김하는 데 토대가 되어 준 것이다. 물론 더 훌륭한 사람들이 훨씬 많다는 건 알고 있다. 그들과 다른 것은 퍼스널 브랜딩을 통해 스스로를 마케팅을 해왔다는 점이다. 아무리 여러분이 조직 내에서 인정받는, 실력 있는 팀장이더라도 외부 시장에서 그 사실을 몰라 주면 말짱 도루묵이다. 아무도 여러분을 불러 주지 않는다. 여러분이 어떤 사람인지 내·외부에 적극적으로 알려야 한다. 결국 야생에 나와서도 완전히 홀로서기를 하기는 어렵다. 타인의 도움이 있어야 살아갈 수 있는 게 인간이다. 그러려면 평소에 회사 밖의 사람들과도 교류를 해 두어야 한다. 실제로 회사 선후배, 동료들보다 그저 알고 지낸 외부 지인들이 여러분에게 도움을 줄 때가 더 많다. 즉, 자신을 브랜딩하고 알릴수록 잠재적인 기회와 행운을 얻을 가능성이 더 높아진다.

자. 이제 다시 생각해 보자.

여러분은 회사를 떠나서도 생존할 수 있는, 홀로서기를 할 수 있는 힘을 가졌는가? 여전히 그 힘을 찾지 못했다면, 자신의 내적 욕망의 소리에 귀 기울여 보길 바란다. 한 책에서 감명 깊게 읽은 문장을 소개하며, 이 장을 마무리하고자 한다.

"직장인에서 직업인으로 변환하는 것은 내 삶의 주인으로서 욕망을 솔직하게 찾는 작업이다. 개성이나 강점과는 큰 상관없이 조직이 부여한 직책과 역할에 익숙한 조직 의존형 인간에서 벗어나 나의 개성과 재능, 강점과 욕구를 찾아가는 과정이다."*

* 김호, 『직장인에서 직업인으로』, 김영사(2020)

쫄지 마,
나 이거 아니어도 돼!

우리는 미래를 위해 어떤 준비를 하고 있는가? 직장 동료였던 A
는 틈틈이 경매 공부를 해서 인서울 대학교 지방 캠퍼스 인근에 땅
을 매입하고 채광이 좋은 투베이 구조의 분리형 원룸 12개가 있는
다가구주택을 직접 건축했다. A는 월세 40만 원에 공실은 약 10%,
건물을 지을 때 대출받은 원금과 이자, 건물 유지비를 제외하고 매
달 약 200만 원의 월세 순수입을 만드는 건물주가 되었다. 공실을
어떻게 10%대로 유지하느냐 물으니 부동산에서 방이 빠진 뒤 보
름 안에 임차인을 확정해 줄 경우 수수료 외에 한 달 치 월세를 줘
버린다고 했다. 덕분에 코로나 시기였던 지난 3년 동안에도 공실은

10% 내외를 유지하고 있다. A가 건물주가 된 나이는 47세였고, 그로부터 5년이 지났지만 현재도 급여소득자로 열심히 돈을 모으고 있다. 곧 새 건물을 짓고 있다는 소식이 들릴지도 모르겠다.

여고 동창 B는 지난해 3월부터 유튜브 채널을 시작했다. B는 현재 대기업에 재직 중이며 근속 25년 차로 연봉 1억이 넘지만, 불확실한 미래를 준비하기 위해 초보 유튜브 크리에이터로 고군분투 중이다. 업무 외 시간을 촘촘히 나눠 쓰며 매주 금요일마다 새로운 콘텐츠를 쌓아가고 있다. 금요일 퇴근 시간 무렵 어김없이 카톡으로 새로 업로드한 유튜브 링크를 보내 주는데, 신속하게 '좋아요'를 눌러주는 것이 내가 B를 응원하는 작은 실천이다. B가 유튜브를 시작한 나이는 51세였다. 때때로 회사일이 재미없다고 투덜대는 B에게 무조건 정년까지 꼭 채우라고 조언했다. 55세 전후 퇴직자의 평균 임금은 연봉 3천만 원을 받기도 어려운 것이 현실이니까.

또 다른 직장 동료였던 C는 80년생으로 부동산 중에서도 아파트 매매에 관심이 높았다. 핀테크 금융회사에서 채권추심 업무를 담당해서 숫자 감각이 좋고 민사소송 및 형사소송 등 법률관계도 해박했다. 다니던 회사가 어려워져 임금 체불이 발생하자 대부분의 직원들은 일부 금액을 포기하고 합의했지만, C는 회사를 상대로 소송을 통해 지연 이자까지 1원도 양보하지 않고 받아내는 실력을 발휘했다. 또래보다 이른 결혼을 하고 예쁜 두 딸을 키우던 C는 아파트 투자에 일찍 눈을 떠서 10년 전에 광명시에 아파트를 매입한 후 두 차례 사고파는 신공으로 시세 차익을 남겨서 서울에 아파트를 소유하는 쾌거를 이뤄냈다. 당시 C의 나이는 38살이었다.

월급 없이 버티기에 필요한 돈의 기준

지금 매달 꼬박꼬박 통장에 꽂히는 월급이 당장 다음 달부터 들어오지 않는다면, 얼마나 버틸 수 있는 자금을 보유하고 있는가? 2015년 도입된 서울형 생활임금은 2022년 기준 시급 10,766원 × 209시간 = 월 약 225만 원으로 3인 가족 기준이다. 서울시 생활임금 제도는 서울의 높은 물가 수준을 감안해 주거, 교육, 복지 등의 서울 생활이 가능한 최소한의 임금 수준을 고시하고 적용하는 제도다.

서울형 생활임금으로 3년 이상 놀고먹으려면 약 8,100만 원이 필요하다. 직장생활을 10년 이상 하더라도, 먹고 쓰고 남는 돈을 꼬박꼬박 모아도 통장에 1억 원 가까운 돈을 넣어 두고 살기란 쉽지가 않다. 물론 부양가족이 없는 나홀로족이라면 사정이 조금 다를 수 있겠다.

우리는 왜 Plan B를 준비하며 살아가야 할까?

어쩌다 보니 100세 시대를 살고 있고, 생각보다 꽤 오랜 시간 소득활동을 하지 않으면 노인 빈곤에 빠질 수 있기 때문이다. 국민연금만 믿고 살기엔 세상이 그리 호락호락하지 않다. 한국은 경제협력개발기구OECD 회원국 중 고령화 속도가 가장 빠른 데다 노인 빈곤율 1위를 당당히 고수하고 있다. 아직 실감하지 못할 수 있겠지만 65세 이상 고령 인구가 연평균 4.4%씩 증가하고 있으며, 지난해 9월에는 7대 도시 중 처음으로 부산시가 초고령 사회에 진입했다. 초고령 사회란 65세 이상 고령 인구가 20%를 넘기면 붙여지는, 그다지 아름답지 않은 이름이다.

최근 통계청의 '한국의 지속가능발전목표(SDGs) 이행보고서 2022*에 따르면 우리나라 66세 이상 노인의 상대적 빈곤율(중위소득 50% 이하 소득 인구의 비율)은 40.4%다. 이는 18~65세 빈곤율 10.6%보다 4배가량 높은 수치다.

또 18~65세 빈곤율 대비 66세 이상 빈곤율로 측정한 국내 고령층

---

* 통계개발원, https://kostat.go.kr/sri/srikor/srikor_pbl/10/index.board

의 상대적 빈곤 위험도는 367.8%로 OECD 국가 중 1위다. 상대적 빈곤 위험도 상위 국가인 스위스 250.0%, 호주 246.9%와 비교해도 압도적으로 높은 수준이다.

미리 준비하고 계획하지 않으면 폐지 줍는 노인으로 남은 인생을 살아갈 수 있다.

노년에 대한 준비가 돈으로 모두 해결될까?

우리는 인간의 존엄성을 유지할 수 있는 준비를 좀 더 빨리 시작해야 한다. 가장 기본이 되는 것이 돈이고, 돈이 있으면 선택의 기회가 많아지는 것은 사실이다. 우리가 발을 딛고 선 대한민국은 66세 이상 고령층에 대한 상대적 빈곤율이 높고, 수명은 점점 더 길어지고 있다. 가족이 해체되고 공동체 의식도 흐려지는 사회에서 돈에 의지하고 집착할 수밖에 없다. 하지만 돈에 집착한다고 해서 돈이 저절로 생기지는 않는다. 젊고 건강한 시절에도 못 벌던 돈을 늙고 병들어가는 나이에 어떻게 벌 수 있겠는가? 그저 돈! 돈! 돈! 하며 살 뿐이다. 특히 돈에 대한 대비는 빠를수록 좋다고 생각해서,

올해 중학교 1학년에 입학한 딸아이에게 주식의 기본 원리를 가르치고 있다. 이제 재테크는 Plan B의 기본이고, 가늘고 오래 일할 수 있는 자기계발이 필수인 시대에 살고 있다.

중년에 다시 일자리를 찾은 S

53세에 중소기업 영업지원부 부장으로 재취업에 성공한 S 부장은 입사 당시, 대표이사를 제외하면 회사에서 가장 나이가 많은 사람이었다. 신기술 관련 업체라 직원들의 평균 연령이 28.3세로 동료들과 나이 차이가 최소 23세였다. S 부장은 퇴직 후 단기 계약직 두어 곳을 거쳐 이 회사에 정규직 관리자급으로 안착했기 때문에 일을 대하는 마음가짐이 남달랐다.

퇴직 이후 S 부장은 인턴십 프로그램을 통해 3개월 계약직으로 입사를 했었다. 회사의 회계 정리를 위해 자료를 요구했을 때, 규모가 작았던 기업의 대표는 통장과 영수증 더미를 주었다고 한다. "그 당시 회계의 모든 것을 때려넣어 시스템을 완성했어요."

경영학부에서 회계를 전공한 S 부장은 자신이 할 수 있는 모든 것을 쏟았다. 이렇듯 열정을 다해 노력하는 모습 덕분에 3개월짜리 인턴십을 마치고 계약을 연장할 수 있었다. S 부장은 이후 직장생활에서 한결같이 최선을 다했다. 일할 기회를 가진 것이 진심으로 감사했기 때문이다. 기업이 원하는 포지션에 맞게 후회 없이 일하고 있는 S 부장은 다시 미래를 준비하고 있다. 취업이 더 이상 힘들어질 즈음을 대비해 상담 심리 박사과정을 밟고 있다. 박사과정을 끝내고, 이후 자신의 이름을 내건 심리 상담 센터를 오픈할 계획이다. 오랫동안 생각해온, 하고 싶은 일을 준비할 수 있는 소득 활동이 가능한 지금의 시간이 소중하게 느껴진다고 했다.

과감하게 사표를 던진 젊은 J

2020년 140억 원 규모 시리즈 B 투자를 받은 스타트업에서 마케터로 일하던 J는 어느 날 아무런 계획도 없이 과감하게 사표를 던졌다. 진짜 하고 싶은 일을 찾기 위해, 지금 하고 싶은 일을 하는 사람이 되기 위해서란다. 다시 취업하고 싶지 않아서 새로운 도전을 시작했단다.

J는 이미 3년 전부터 글로벌 워크스페이스의 N사의 사용자 모임을 주도했던 자신만의 강점과 역량을 갖추고 있었다. J가 퇴사 1주

년에 쓴 회고글에서 월급쟁이가 과감하게 Plan B를 선택할 수 있었던 이유를 확인 할 수 있었다.

J의 페이스북 글 갈무리

2020년 7월 31일, 365일 전 오늘, 아무런 계획도 없이 퇴사했다. 서울 생활을 할 수 있게 해준 소중한 회사다.

……(중략)……

나는 내 머리에서 떠오른 아이디어를 콘텐츠로 만드는 일이 즐거워서 글을 쓰고 영상을 만들었다. 그런데 회사에 가면 내가 하고 싶은 콘텐츠가 아니라 회사가 원하는 콘텐츠를 만들어야 했다. 아쉬웠다. 감사하게도 내가 쓴 글이나 영상을 좋아해 주셔서 유튜브는 1만 명, 브런치는 1,100명, 페이스북 그룹은 3.3만 명, 네이버 카페는 3,700명이 넘었다. 내가 콘텐츠를 잘 만들었다기보다는 운 좋게 OO이란 아이템을 잘 골랐다고 생각한다. 나는 지금 행복하다. 퇴사하면 그냥 행복하다고 하지만 더 행복하다. 취미는 특기가 되었고, 특기는 업이 되었고, 업은 수익을 가져다준다. 내 곁엔 좋은 사람들이 있고, 내가 가는 곳엔 맛있는 음식이 가득하다. 생산성과 스마트워크는 절대 끝나지 않을 산업이기에 이 분야를 그만둘 이유도 없다. 앞으로는 생산성, 스마트워크 분야의 전문가로서 더욱 성장할 것이다. 화려함 속에 치열함이 있었고, 다양함 속에 따뜻함이 있는 서울의 어느 한 카페에서.

퇴사 1주년 후기 끝.[*]

우리에게 평생직장이란 개념이 사라진 지 오래다. 뉴노멀 시대, 일의 의미와 가치가 달라지고 있다. 코로나19 이후, 앞당겨진 미래는 일에 대한 관점과 가치를 크게 변화시켰다. 평생직장이란 개념이 없어지고, 일하는 방식과 형태도 계속 진화하고 있다. 재택근무가 일상화된 지난 3년은 사무실로 출근하지 않아도 일할 수 있다는 경험을 갖기에 충분한 시간이었다. 코로나19는 미래를 더 빠르게 앞당겼으며, 오래전 여러분이 가장 효율적으로 일할 수 있는 장소가 바로 사무실이라고 정의했던 피터드러커의 이야기가 이제 현실이 된 것이다.

Plan B를 준비하는 일터의 현자들

초등학생과 유치원에 다니는 아들 둘을 키우는 P는 올 초 실무직원이 2명인 회사로 이직했다. 이유는 아내의 직장생활을 돕고,

[*] 전시진, 2021-07-31, https://www.facebook.com/sijin90

육아에 좀 더 시간을 할애할 수 있는 근로조건 때문이었다. 일주일에 하루 정도 출근하는 대신, 대부분의 업무는 생산성 도구를 활용하여 재택근무로 업무 수행을 허용하는 조직에서 일하기로 결정한 것이다.

외국계 기업에 근무하는 K는 연년생인 남매를 키우는 워킹맘이다. 초등학교 2학년까지만 육아휴직이 가능한데, 둘째가 초등학교 2학년이 되는 해에 과감하게 육아휴직을 신청했다. 그것도 승진 발령 이후 바로 육아휴직을 신청한 그녀의 용기에 박수를 보냈다. 업무적으로 실력이 출중했던 K는 육아휴직 후 복직한 뒤 2년이 지난 시점에 최연소 임원 승진을 했다.

교육기업에서 3년 차 재직 중인 H는 업무 관련 전문 자격증 2개를 추가로 취득했다. 그는 평소 1시간 이른 출근으로 자기개발 시간을 가지고, 금요일에는 1시간 정도 빠른 퇴근을 한다. 업무 수행력이 뛰어나고 전문 자격증으로 무장했기 때문에 회사 눈치를 볼 일이 없다.

스타트업에서 연구실장으로 근무 중인 Y는 '나무의사 자격증' 취득을 위해 틈틈이 공부를 하고 있다. 퇴직 이후 재취업으로 얻은 일자리지만 언제 또 회사를 그만두는 상황이 발생할지 모르기 때문에 60세가 넘은 나이임에도 자기계발의 노력을 늦추지 않고 있다.

우리는 조금 더 똑똑해질 필요가 있다. 우선 적성에 맞는 재테크 수단을 찾아내는 일이 중요하다. 그것이 부동산이든, 창작물에 대한 저작권이든, 주식이든, 자신이 잘 해낼 수 있는 분야를 빠르게 학습하고 실행해서 고도화시켜야 한다. 재테크에 일정 시간을 할애하는 것은 필수적이고, 늦지 않게 시작하는 것이 훨씬 유리하다. 월급이 통장을 스치도록 그냥 놔두지 말아야 한다. 조금만 자세히 들여다보면 딱 맞는 재테크 방법을 찾아낼 수 있다.

더불어 내가 관심 있는 분야에 대한 자기계발에 시간을 써라. 어느 날 문득 사표를 던져도 될 만한 준비를 촘촘히 해놔야 한다. 여러분의 Plan. B가 아름다운 현실이 될 수 있어야 하니까.

자기인식을 높이는 방법

[Birkman Method] Birkman Method는 직장에서 이루어진 철저한 경험적 연구를 거쳐 고안되었습니다. 1950년대에 개발된 이래로 250만 명이 넘는 사람들이 버크만 진단을 받았으며, 그동안 검사의 타당성과 신뢰도가 입증되고 당대 심리학 이론과의 일치 여부가 지속적으로 입증되었습니다. 버크만 메소드를 바탕으로 만들어진 버크만 진단은 자기이해와 리더십, 커리어, 조직 활성화, 팀 빌딩 교육에 활용이 가능한 다면적 평가도구입니다. 버크만이라는 프레임을 통해 자신이 다른 사람들에 대하여 어떻게 생각하고 있는지, 자신이 목표를 이루거나 기회를 찾아가는 데 어떠한 요소들이 영향을 미치는지 알 수 있습니다.

[Harrison Assessment] Harrison Assessment는 조직 심리학을 전공한 단 해리슨 박사가 30년 이상의 오랜 현장 경험과 연구를 토대로 대인 관계, 업무성취 리더십 영역에서의 개인의 행동 패턴과 역량(직무 적합성)에 따른 성과, 스트레스 가능성 등을 과학적으로 예측하여 임직원의 선발과 배치, 코칭과 자기개발, 경력개발 및 인사관리 등에 폭넓게 활용할 수 있도록 개발한 다목적/다차원 개인 역량 진단 솔루션입니다.

[**Hogan Assessment**] Hogan Assessment는 세계적인 리더십 및 성격 연구 권위자인 Hogan 박사에 의해 개발된 진단 솔루션으로서 Fortune 100대 기업의 60% 이상이 이용하고 있습니다. 모든 주요 산업군을 포함하여 400개 이상의 직군에 대한 데이터를 구축하고 있고, 2016년 기준으로 약 300만 명이 본 검사를 시행하였습니다. 현재 50여 개국 45개 이상의 언어로 진단 서비스를 제공하고 있으며, 매달 50,000건 이상의 검사 완수 실적을 보유하고 있습니다.

[**TKI**(Thomas-Kilmann Conflict Mode Instrument), **갈등관리유형검사**] TKI는 Kenneth W. Thomas와 Ralph H. Kilmann이 개발한 검사 도구로, 개인의 갈등 유형을 측정하는 검사입니다. 서로 다른 갈등 관리 방식이 대인관계와 조직 내 역동에 미치는 영향을 이해하기 위한 목적이 있습니다. 검사 결과로 5가지 갈등관리 모드MODE 중 자신이 가장 자주 사용하는 갈등 관리 유형을 파악할 수 있고, 갈등 상황에 적합한 MODE를 적용하는 훈련을 통해 갈등 해결 역량을 개발하여 갈등 상황을 효과적으로 관리할 수 있게 합니다.

[**BOSI**(Brain Orientation Suitability Inventory), **뇌인지적성검사**] BOSI는 브레인 OS 연구소가 국내외 최초로 인간의 사고와 행동의 근원인 뇌를 기반으로 하여 만든 뇌인지 적성검사로서, 피검사자의 타고난 뇌 성향을 분석하여 '자신의 뇌가 어떤 타입이며, 어떤 전공이나 분야에 적합하고, 어떤 사람과 잘 어울리는지' 알아보는 검사입니다.

[**DISC Assessment**] DISC Assessment는 컬럼비아 대학교의 심리학과 교수 William Moulton Marston에 의해 처음으로 소개되었습니다. William Moulton Marston 교수는 감정이 행동에 미치는 영향과 행동양식에 따른 유형화, 그리고 시간에 따른 행동의 변화에 대해 기술하였습니다. 또한 정서의 표현 방식에 따라 사람들을 4가지 유형으로 분류하였습니다. 관찰이나 측정 가능한 심리적 현상에 관한 연구를 통해 사람들에게 경험과 관계를 다루는 데 있어서 도움이 될 수 있을 실제적인 설명을 제공하고자 하였습니다.

[**FIRO-B**(Fundamental Interpersonal Relations Orientation-Behavior)] 대인 관계에 대한 성향이 개인의 행동에 어떠한 영향을 미치는지를 평가하기 위한 검사법입니다. 이 검사법은 대인 관계 요구에 대한 3가지 영역, 즉 새로운 관계 설정 및 다른 사람과의 연계와 관련된 소속 요구, 사람 간의 의사 결정과 영향, 설득과 관련된 통제 요구, 사람 간의 감정적 연계 및 유대관계와 관련된 호의 요구를 측정합니다. 그리고 각 영역에 있어서 개인이 어느 정도나 표출하고 원하는지도 측정하여 행동에 미치는 영향을 평가함으로써 경력 개발에 대한 시사점까지 제공해 줍니다.

[**MBTI**(Myers-Briggs Type Indicator)] MBTI는 Myers와 Briggs가 카를 융Carl Jung(스위스 정신분석학자)의 심리유형론을 토대로 고안한 자기 보고식 성격 유형 검사 도구입니다. 이 검사는 시행이 쉽고 간편하여 학교, 직장, 군대 등에서 광범위하게 사용되고 있습니다. MBTI는 다음과 같은 4가지 분류 기준에 따른 결과에 의해 수검자를 16가지 심리 유형 중에 하나로 분류합니

다. 정신적 에너지의 방향성을 나타내는 외향 또는 내향 지표, 정보 수집을 포함한 인식의 기능을 나타내는 감각 또는 직관 지표, 수집한 정보를 토대로 합리적으로 판단하고 결정 내리는 사고 또는 감정 지표, 인식 기능과 판단 기능이 실생활에서 적용되어 나타난 생활양식을 보여주는 판단 또는 인식 지표입니다.

[Enneagram] 에니어그램이란 '에니어ennea(9, 아홉)'와 '그라모스grammos(도형·선·점)'라는 단어의 합성어입니다. 즉, 그리스어로 '아홉 개의 점이 있는 그림'을 뜻합니다. 원과 아홉 개의 점들과 그 점들을 잇는 선으로만 구성된 단순한 도형이지만, 그 안에는 우주의 법칙과 인간 내면의 모든 것이 상징적으로 표현되어 있습니다. 에니어그램은 사람들을 9가지 유형으로 분류하고 있으며, 모든 사람이 그중 하나의 유형에 속할 수 있다고 봅니다. 그러나 그것은 사람을 9가지 유형으로만 구분, 획일화해 놓은 것이 아니라 9가지 유형의 문을 통해 들어가는 성격의 문과 같은 것입니다.

[CPI(California Psychological Inventory) 성격검사] CPI는 1956년 Harrison G. Gough에 의해 개발되었습니다. 총 27개 요인 434개 문항으로 구성되어 있으며, 일상적인 용어들을 통하여 개인의 성격을 측정함으로써 특정 상황에서 개인의 행동을 예측할 수 있습니다. 다양한 해석체계를 보유하고 있어 개인행동에 대한 예측력이 매우 높으며, 다양한 세부 측정 요인을 보유하고 있어 활용 분야 및 적용 대상이 다양합니다. CPI는 일상생활 혹은 업무 장면에 있어서의 개인의 성격과 동기, 대인 관계 방식 등에 대한 명확한 그림을

제공함으로써, 개인으로 하여금 자신의 강점과 개발이 필요한 부부에 대해 세부적으로 이해할 수 있도록 도와줍니다.

[TCI(Temperament and Character Inventory), 기질과 성격 검사] TCI 검사는 C.R.Cloninger의 심리 생물학적 인성 모델에 기초하여 개발된 검사입니다. 기존의 다른 인성 검사와 달리, 한 개인의 기질과 성격을 구분하여 측정할 수 있습니다. 기질과 성격을 종합적으로 평가하는 본 검사를 통해 한 개인의 사고방식, 행동 패턴, 감정 양식, 대인 관계 양상, 선호 경향 등을 이해할 수 있는 검사입니다.

모두의 팀장

초판 1쇄 발행 2022년 11월 18일
초판 4쇄 발행 2024년 3월 28일

지은이 김문경 김종원 노유진 서인수 오준엽 우시혁
　　　　이재하 이종찬 이치영 전수정 정보미

책임편집 지은정
편집 윤소연
표지 디자인 신은주
디자인 강수진
마케팅 총괄 임동건
마케팅 신현아
경영지원 임정혁 이지원

펴낸이 최익성
출판 총괄 송준기
펴낸곳 파지트
출판등록 2021-000049호

제작지원 플랜비디자인

주소 경기도 화성시 동탄원천로 354-28
전화 070-7672-1001 **팩스** 02-2179-8994 **이메일** pazit.book@gmail.com

ISBN 979-11-92381-28-2 03320